梁啓超 著

飲冰室合集

文集

第十五册

中華書局

飲冰室文集之四十二

無產階級與無業階級

我近來極厭聞所謂什麼主義什麼主義因爲無論何種主義一到中國人手裏都變成挂羊頭賣狗肉的勾當今日是有名的勞動紀念節這個紀念節在歐美社會誠然有莫大的意義意義在那裏在代表無產階級——卽勞動階級的利益來和那些剝奪他們利益的階級鬥爭

階級鬥爭是否社會上吉祥善事另屬一問題且不討論但我們最要牢記者歐美社會確截然分爲有產無產兩階級其無產階級都是天天在工場商場做工有正當職業的人他們擁護職業上勤勞所得或救濟失業起而鬥爭所以鬥爭是正當的有意義的

中國社會到底有階級的分野沒有呢我其實不敢說若勉强說有則我以爲有產階級和無產階級不成對待名詞只有有業階級和無業階級成對待名詞什麼是有業階級如農民（小地主和佃丁都包在內）買賣人（商店東家和夥計都包在內）學堂教習小官吏與及靠現賣氣力吃飯的各種工人等這些人或有產或無產很難就產上畫出個分野來什麼是無業階級如闊官闊軍人政黨領袖及黨員地方土棍租界流氓受外國宣傳部津貼的學生强盜（穿軍營制服的包在內）乞丐（穿長衫馬褂的包在內）與及其他之貪吃懶做的各種人等這些人也是或有產或無產很難就產上畫出個分野來

中國如其有階級鬥爭嗎。我敢說有業階級戰勝無業階級便天下太平。無業階級征服有業階級便亡國滅種。哎很傷心很不幸現在的大勢會傾嚮於無業勝利那條路了。

無業階級的人臉皮眞厚手段也眞厲俐。他們隨時可以自行充當某部分人民代表。路易十四世說『朕卽國家』他們說『我卽國民』他們隨時可以把最時髦的主義頂在頭上靠主義做飯碗記得前年上海報上載有一段新聞說一位穿洋裝帶着金絲眼鏡的青年坐洋車向龍華去。一路上拿手杖打洋車夫帶着脚踢。口中不絕亂罵道『我要趕着赴勞工大會你誤了我的鐘點該死該死』這段話也許是虛編出來挖酷人其實像這類的怪相也眞不少。

前幾年我到某地方講學。有一天農會商會工會聯合歡迎到了幾十位代表我看着都不像農人商人工人的樣子大約總是四民之首的「士」了我循例致謝之後。還加上幾句道『希望過幾年再赴貴會看見有被蓑衣拿鋤頭的農人有剛從工場出來滿面灰土的工人』哎這種理想何年何月才能實現啊。

可憐啊可憐國內不知幾多循規蹈矩的有業階級都被他們代表了去還睡在夢裏。

可憐啊可憐世界上學者嘔盡心血發明的主義結果做他們穿衣吃飯的工具。

勞動節嗎紀念是應該紀念但斷不容不勞動的人插嘴插手如其勞動的人沒有懂得紀念的意義沒有感覺紀念的必要我以爲倒不如不紀念免得被別人頂包剪綹去了。

歐美人今天的運動大抵都打着『無產階級打倒有產階級』的旗號。這個旗號我認爲在中國不適用。應改寫道。

「有業階級打倒無業階級」

爲滬案敬告歐美朋友

這回上海不幸事件。表面上雖像僅屬一個市內偶然的騷動。其實關係中國人和外國人將來的關係和東方平和。都有很重大的意義。我們不勝憂慮。願對歐美各國賢明的政治家學者。及各界領袖人物說幾句話。現在北京上海的英國官吏的意見。和我們中國人距離極遠。但其他的外國人的觀點。卻很不一致。如北京的教會學校三十多家。早已有替中國人抱不平的宣言。即上海北京的英國人爲同樣宣言的也已有多起。可見這回事實眞相。萬不能以英國官吏一面之詞作爲根據。

我做這篇文章時。事變發生已十日。我住在天津。所得雙方互歧的報告不少。惟事情未經實地調查以前。我原不敢說我所得的資料絕對正確。但依我分析觀察。這回事件應分兩段落。一爲五月三十日以前。一爲其後。前期爲上海市民權的抗爭。後期爲人道的抗爭。

前期抗爭的主要目的。爲反對工部局新頒之碼頭捐律和印刷律。此事已醞釀許久。適值青島日本工廠有慘殺華工事。市民乃將反對該律和哀悼華工事併作一案。爲游行示威的表示。實五月三十日午后二時的事。反對該律而出以游行示威的手段。是否合理。我們應注意下列的事實。——上海市財政由華人負擔者實居最大部分。而市中一切法律。僅由「外國人納稅會」專決。華人納稅者在該會中不能有選舉權。立法及財政事項一切不能參與。該兩律一爲增加華人負擔。一爲限制華人出版自由。提出以後。各報館著論抗爭。總商會等團體請願廢止。已不止一次。租界當局悍然不理。所以除了用羣衆運動的方式表示意思求當局反省外。實無他種救濟之法。

羣衆運動。當然感情很激昂。其中演說辭及印刷傳單。有無不謹愼的話。我不敢保證。但有一點乃萬人共見不能掩飾的事實。卽當時的羣衆都是徒手的。

不幸英捕槍擊羣衆。當場死十一人。傷多人。隔兩天又有第二次槍擊。前後死傷確數現尙未知。據華人方面說已死七十人。卽英捕方面亦承認已死二十人以上。因此上海及各地人民激昂到極點。我政府向使團提出抗議。使團答覆。把責任全推在羣衆身上。一面英捕房還繼續高壓手段。逮捕人民。解散學校。搜索家宅等事。日有所聞。因此羣情更憤。只得以罷工爲自衞的對抗。現在上海罷工工人。已達二十萬以上。還有擴大的形勢。全國處處動搖。危險不可言狀。

慘殺責任所歸。英巡捕雖有種種强詞辯護。但我們所知道確實可據的。有如下之事實。

1 羣衆都是徒手的。

2 肇事以來。巡捕不惟未死一人。並小小傷痕也沒有。房屋未損傷片瓦。卻是中國人死了幾十。傷的不計其數。

3 英捕頭愛活生親口說。開槍前之警告時間僅十秒鐘。

4 一連開槍四十四響。

5 死者的槍彈。最少已知道有七人是從背上穿過。

在這種事實之下。而北京使團始終拒絕我們受害人的中國政府之抗議。一次兩次至三次。至今還沒有公平解決的誠意。我很想請教各國賢明的政治家學者……等等。我們該怎麼辦。

這回事情現在在很嚴重的狀態之下。我們很盼望各國主持正義人道的朋友們。在輿論上幫我們仲理。促英國當局反省以求得一結束。但此還不過目前的事。凡一件事變之發生。必含有許多原因。不把激動事變的原因設法解除。恐怕一波未平一波又起。總是不了之局。關於這一點。我更想為外國朋友們進一言。

中國的租界。實算得最不合理的一種畸形組織。在我們領土中劃出這樣一個特別市。一切大權總攬於幾個頭腦極舊的外國官吏之手。行政不必說了。立法方面如前文所講過中國人納最多量的租稅。而市內大小規律及財政出入事前事後絲毫不能過問。司法方面。外國人享受領事裁判權不待論。卽華洋交涉案件。亦由一個極黑闇的會審公堂處理。這公堂主席由英國官憲指派。實際上不過行政機關的附屬品。華人訴訟殆絕無公平伸理的希望。假使歐美人在這種政治組織之下。試問能否一天過活。中國人相安無事過了幾十年。其溫良忍耐恐怕在世界上再找不出第二個這樣的國民了。但須知道從前我們關着大門在專制政治底下生活。許多事當然可以熟視無睹。但自白種人替我們開了大門之後。萬事都有比較了。「不出代議不納租稅」一類的格言。法國人權宣言書裏頭所列舉各種天賦自由條件。我們也都念熟了。全國人民智識普及的程度。雖然和我們所期望者距離還遠。但比較二十年前。確已判如霄壤。可惜此種消息。各國駐華外交官領事官等都很少了解。尤其英國官吏和英國上海之有力商人。他們極頑强的抱定百年前「東印度公司」的傳統思想。以為掠奪和壓制是他對付東方民族的特權。這回英捕之草菅人命及英使館之狡卸責任。都是由這種心理發出我以爲白種人——尤其英國人若不從根本上剷除這種心理恐怕這回事件雖了結以後愈演愈劇的慘變更非我們所忍想所忍言。

還有一件各國資本家因貪中國廉價的原料和工錢用極速度的馬力布設他們的不良經濟制度於中國因此和這種制度孳生的勞資階級鬥爭問題也跟着輸入這個問題到了中國卻突呈變相在各國是把國內人民劃分資本勞動兩階級在中國則資本家是外國人勞動者是中國人所以階級鬥爭不發動則已一發動立刻就變成國民或國家的鬥爭險象實比旁的國度增加幾倍尤爲難處者在外國都有一個政府超然於兩階級之上有公平的法律來監督或調劑外國人在中國所設工廠他們各本國的法律拘束他們不住我們中國法律也拘束他們不住他們盡量的在自己利益立場上虐使我們工人我們政府對於廠裏的事平日一毫不能過問鬧出事來卻要我們彈壓在這種狀態之下請各國關心勞資問題的朋友們替我想想有何辦法我很擔心這件事以爲不趕緊想個公平處置不久便要成爲東方大亂的導火線這個大亂我們的痛慘固不在言歐美人在東方的經濟基礎也會因此破壞無餘。

我的意見希望歐美人因這回事件的教訓得一種徹底覺悟努力將你我間的國際關係好意的從根本改造只要不從片面的歷史上權威着想不從目前特別某階級的近利着想而肯從將來彼此永遠共同利害上着想那麼許多合理且有益的條件原不待我們要求各國也很應該自動的提出但這是將來的話目前原難倉卒辦到我希望目前所先行辦到的有下列三條件。

一租界內有一個完全立法機關並監督財政出入凡納稅華人都有選舉被選舉權和西人一樣。

二、廢止會審公堂。在中國國家司法權之下建設一個合理的審判機關處理華洋訴訟。

三、租界內外任何國人所設工廠。關於勞動待遇。都要遵守中國政府所頒的勞工法令。

這三個條件。絕不含有對於這回虐殺事件處分的性質。不過因這回所得的教訓。令我們聯想起將來釜底抽薪的方法。覺得非如此不可。這個條件。除了「迷信東印度公司傳統思想萬能」之外。更說不出可以駁回的理由。我希望各國關心東方大局有遠識主持公道的朋友們。在言論上實際上給我們充分的援助。

對歐美友邦之宣言

前週上海公共租界英國巡捕。於中國領土之內。慘殺多數中國市民一案。造成一種嚴重的局勢。想已爲歐美人民所注意。此事就表面觀之。似爲一局部的問題。實則對於中西人前途之關係。以及遠東和平。均有重大之影響。鄙人今以極沈痛懇切之意。願爲友邦一言。

此案經過事實。其毫無疑竇者數端如下。

一、自此案發生以來。中國人被殺者。據上海當局所自認。共二十一人。而照中國報告。則死者已有四十一人。負傷者尤數倍於此數。

二、所有中國學生及工人。參加此次羣衆遊行者。全未攜有任何軍器。

三、槍殺中國人之英捕。無一死亡或受傷者。

四、照英捕頭聲稱。警告羣衆時係用英語。且發警告與實行開槍。相距約僅十秒鐘之時間。

五。連開槍數排。共發子彈四十四枚。

六。至少發見七人係由背後槍殺者。彈子由背穿入洞胸而出。

以上事實如此顯駭。故中國政府方面已向有關係之外國公使館正式提出兩次抗議。甚至外國教士及其他僑民亦頗覺英捕妄加暴戾於無抵抗力之中國人民。公開宣言明其不平。而外國公使乃仍否認該租界當局殘殺之責任。而欲以轉嫁諸無軍器之遊行運動者。同時公共租界之英國當局繼續採用高壓政策。大索羣衆。解散學校。搜查人民家室。種種暴戾。不一而足。由是全國憤怒。抵制英貨及罷工風潮日見蔓延。現在已經罷工之職工人數。已達二十餘萬。中國其他部分繼起援助者。日益衆多。局勢險惡。誠有不堪設想者。

此種嚴重局勢。何由而來。果何由而有此實現之可能。欲答此問題。必需先有數語之解釋。

所謂上海公共租界工部局者。實一極奇怪之畸形的公團。係由租界內納稅外僑舉出之外國商人組合而成。並無條約之許可。而於中國政府劃出原爲外商僑居之上海地面。攫有最高行政權。且實際上行使其無限制之警察裁判權。即於司法行政權內。該工部局亦曾以不法行爲奪據而管理之。在該區域內倘有外國人民犯法或被控。自由各該國在華代表審詢。至中國人爲被告時。則須由會審公堂裁判。所謂會審公堂者。即原有之中國審判官廳。而自革命以後。爲外國領事團所攫取。其中裁判官現由外國工部局委任。所有在租界居住之中國人民。每年納稅達全租界收入百分之七十。然對於工部局董事之選舉。則無投票權。所有租界中任何法律及規則之訂立。不得有所參與。工部局組織之可駭。大略如此。

本年初。上海工部局提議改訂關於碼頭捐及印刷兩項新律。二者對於中國人民之自由及利益。均有重大影響。前者則以增加中國人民之納稅負擔。——租界所有稅務負擔中國人任其最大部分。——後者則以限制中國新聞界之活動。中國居民既無參與立法之權。則不得另覓他法以發表其意見。故報紙有反對新律之社論。商會亦有呈請工部局廢止新律之舉動。然無論如何反對。而彼當局始終堅持强欲由外國納稅之代議士通過執行。因此中國各界早有極不滿意之感覺。適日本某紗廠中國工人罷工風潮發生。廠主槍斃無軍器之工人數名。市民爲對於無辜被殺之工人表示同情。且擬對於反抗行將由外國納稅代議士通過之新律爲最後之表示。於是租界中之中國學生及工人乃於五月三十日組織和平的羣衆遊行。是日英國巡捕所慘殺二十餘人。槍傷尤多數者。卽此無軍器之遊行羣衆。

吾人對於上海租界英國當局此種恐怖殘忍之高壓政策。提出抗議。且願申訴於歐美友邦人民。求其援助吾人得直於英國政府。

但僅得解決此案。實不足以改進永久之局勢。如欲防止將來同樣事變之發生。且欲奠立在華外僑與中國人民間之關係於較穩固而滿意之基礎上。則不能不求一根本解決之法。所謂根本解決之法安在乎。卽改訂中外現行條約是也。此類條約成立約一世紀。而其性質不外鴉片戰爭戰敗者之代價。其所根據。實以東印度公司所習用之壓迫與侵掠弱國政策爲精神。此種條約之必須改訂。在公理上固無待言。卽事勢上亦已迫不容緩。因中國時勢潮流業經大變。普及敎育之標準。較之二十年前增高甚多。現今中國智識階級愛護法治政體之根本原則。其熱烈實不在西方人民之下。例如「不出代議士則不納租稅。」以及其他原則載於法國擁護人權之宣言者。中國人士固已知之深。而持之固矣。故外國人非有徹底的覺悟。拋棄其「東印度公司的傳統思想」而以善意容納吾人改正條約的要求。吾恐將來繼續所演慘劇。更有不忍言者。

若謂改訂條約條緒紛繁。非今日所能立決。則至少下列三事應卽舉行。

一．租界內須有一個完全立法機關。納稅華人有選舉被選舉權。和西人一樣。

二．廢止會審公堂。在中國國家司法權之下建設一個合理的司法機關處理華洋訴訟。

三．租界內外任何國人所設工廠。關於勞工待遇。都要遵守中國政府所頒的勞工法令。且受其監督。

第一第二兩項之理由已見前文。至第三項之重要。今請附以說明。外國資本家爲利用中國低廉人工及便利原料計。紛紛在中國設工廠。於是資本制度之惡跡。與其所孳生之勞資衝突的禍根。遂牽率而移植於中國。移植之後。變本加厲。其禍較諸他國尤惡烈。蓋在他國。則資本家與勞工者皆本國人民。而在中國。資本家常爲外國人。而勞工則純係中國人。所以階級鬥爭不發動則已。一發動立刻變成爲國民或國際的鬥爭。言念及此。眞令人不寒而慄。

尤有難處者。在其他各國。皆有超立於兩階級以上之政府。兩者衝突。則可以公允法律解彼糾紛。中國則不然。外人所有之工廠。旣不服從中國勞工律。亦不受其本國法律之管轄。在現行治外法權之下。中國政府對於外國人所有工廠之管理及其待遇勞工各問題。一切無從干涉。但無論何時。外國業主與中國工人間發生衝突。則工人舉動。又需中國政府負責。此種局勢若不亟求改良。則前途擾亂。誠無底止。非特中國人民受其痛苦。恐歐美各國在遠東經濟利益之基礎。終必有完全崩潰之一日也。

上舉三事。應視爲歐美與中國間之共同利益。蓋其對於東西民族間所希望之諒解及互助精神之發展。影響至巨。不佞甚望熱心於遠東改造問題者。因這回事件的教訓。得一徹底覺悟。於中國目前危難之中。予中國人民以充分之援助。以伸公道。而維和平。不勝大願。

致羅素電

羅素先生並轉著作家協會諸君鑒。此間事變。想已聞知。上海警官槍殺徒手游行羣衆廿一人。正在羣情憤激中。而漢口英海軍又演同樣慘劇。死者八人。我政府數次抗議。貴國政府毫無悔禍之心。高壓手段。且日烈。現在解決路絕。人民要求絕交開戰。全國心理一致。形勢岌岌不可終日。此事全由在中國之英人思想頑陋觀點錯誤而起。上海英商挾百年前東印度公司之貪慾及驕態以臨中國人。平昔淩踐本已不堪。今復草菅人命以造大禍。北京駐使明知其非。顧欲保向來之權威。乃極力袒庇。變本加厲。以現在形勢論。政府若不宣戰。人民必將對於英國之政治特權取直接革命的行動。英國武力縱會一時鎮壓得下。然縱觀歷史先例。幾見有專恃高壓而可以保持權威者。徒使積怨日深。結果將英人在中國經濟上之地位全部喪失而已。英使英商强指此事由共產黨煽動而起。冀以聳歐洲資本家及政府之聽。就令游行羣衆中有共產黨在其間。然彼固爲一有主義之政黨。旣不携帶武器擾害治安。何能濫加戕殺。況共產黨在中國方始萌芽。勢力甚微。何能動此大衆。但高壓政治。最能助長被壓者之勢力。英當局若長此頑迷不悟。勢不至敺全中國人而爲共產黨不止。此不可不深長思也。先生素以愛和平尊人道爲職志。於我國尤篤致友愛。切盼發抒讜論。俾英國國內人民共知北京之英國官僚及上海之英國商販其見解實錯誤。其舉動實橫謬。共警督貴政府勿爲所愚。以造浩刼。不勝大幸。恃愛直陳。

口無擇言並請轉達著作家協會諸賢共了眞相力予援助感激何極

談判與宣戰

我本來想暫不說話了爲什麽又作這篇(一)因滬上談判決裂移京辦理交涉前途固然益加棘手但局面總算變換一下我覺得我們關於交涉方略想有所貢獻於政府還當趁這時爲最後之努力適又看見丁在君胡適之兩先生的論文和晨報淵泉君的社論又有點觸發想對於他們的話稍爲引申或修正(二)因社會上對於我前幾次發表的論文頗惹起點誤會不能不再加解釋我覺得自慘案起後全國人心理——根本精神完全是一致的至於應付方法——緩急先後等等當然各人見仁見智不能盡同但總要相互尊重各人人格知道無論作何議論都是從愛國心發出對於與己不同的議論格外要鄭重研究來作自己的補助一面發議論的人倘已惹出誤會便須切實反省若終覺自己主張不錯便須將可以發生誤會之點詳細解釋令人了解總之當這危急存亡的時候萬不可在輿論界有分裂破綻致爲敵人所乘所以我對於自己的意見認爲有再行補充修正及說明的義務

在正文以前還要附說幾句看見今日晨報上海電載商界決定五月初一開市該報附以『外交失敗第一聲』的字樣這話我認爲不對罷市性質和罷工不同本來是丁君所說的「無益的犧牲」我們知道這辦法上當翻過來並不是屈服開市後得有餘力以「組織提倡國貨會並籌款接濟工人」如該電所云云豈不反可以增加罷工的持久力嗎所以這種消息我們聽見不必沮喪還是鼓勇氣去做應做的事

丁君「高調與責任」文中對於主戰深懷疑懼怕『又把庚子的悲劇來再演一番』我以爲這話太過了不瞞丁君說我自己從滬案發生後每到感情衝動時便起「寧爲玉碎」之想這種衝動每天總有一兩次(大抵早上看完報時最烈)我雖努力把這種感情捺下去但又常想着若敵人長此狡賴蠻橫採挑戰的態度又怎樣對付呢然則淵泉君說的第三步絕交第四步宣戰我們雖極力求避免但同時也須有萬一不能避免時的覺悟和計畫所以我這篇文將談判和宣戰兩件事並着研究

(一)談判的研究

談判有兩種．(一)預備開戰的談判．(二)不預備開戰的談判．預備開戰的談判．只要主張公理．不管對手方有無容納之餘地．不容納．便用來作宣戰口實．——這種談判不過戰前一種程序．有時且含有挑戰的意味．——不預備開戰的談判．要在對手方可以容納的範圍內．務以平和手段取得本國利益．我幾次發表的意見．始終未敢從開戰上着想．所以凡說的談判方略．都屬於第二種．此處所論．仍在這個範圍內．

無論預備開戰不預備開戰．談判第一步．總以辦到令英國政府對於慘殺責任無從狡賴．纔算成功．當各國——交涉應專對英．不應對各國外交部．此着錯了．不待論．——第一次駁回我抗議時．本應立刻提議『會查』此着辦到．不但能塞狡賴之口．且能如丁君所說「開干涉租界一個絕好先例」——今日報載英外長張伯倫答國會質問．亦主張調查．但單獨調查．我們是不承認的．非『會查』不可．——當時若這樣辦．勝算可操八九．今雖稍遲．但欲使談判得强實基礎．始終非經過這種程序不可．淵泉君謂『英使如不承認．卽訓令駐英公使向英政府交涉』．我以爲英政府當然也是和英使一樣的狡賴．結果仍非歸到『會查』不可．所以我還是贊成丁君的具體辦法第一條．(見後)立刻提議組織這會．

我想若是我們對於第三國的外交手腕稍爲靈敏一點．英人決不能單獨拒絕這提議．若悍然拒絕．便是宣戰最好的口實．因爲慘殺事件本已共見．連公開會查都不敢．顯是情虛希圖狡脫．關於開戰責任問題．除慘殺外更加一層口實．

【附帶說明】讀者切勿誤認會查或會審爲把滬案變作法律問題若是法律問題則當領判權未撤銷以前英捕殺人只有英領能審他
我們如何能會審所以會查會審正是政治行爲

責任確定之後纔可以入到談判正文了談判條件不外對於這回慘變之懲罰補償和將來同樣慘變發生之防止關於談判步驟我極贊成胡適之君分兩步——第一步滬漢事件本身的解決第二步不平等條約的根本解決——的辦法尤其贊成者是在進行第一步時先把第二步伏脉——要求於六個月內開修改條約會議我的主張本來也是如此（看對歐美友邦宣言文）但沒有胡君說的淸楚今很願意將我原提議補充修正把這一條加在我所提『最低限度三條件』之前

但我所提『最低限度三條件』我還認爲在第一步時必要辦而且可以辦到的因爲改正條約問題是極複雜的英國答應還要徧問各有約國幸而會議開成也斷非短時間所能議定議定後實行又須有種種準備總而言之縱令我們的要求完全貫徹也不是三五年內可以受到實益我的意思是想靠這回罷工罷市的大犧牲博得三幾件重要『現錢現貨』到手我所提三條件都是對於外國人沒有條約根據的行動或違反條約的行動設法裁抑收回所以不必等改正條約後纔辦又都是對於這次滬案之發動有直接關係所以在第一步交涉時提出其勢甚順所以我熱望胡君和各界愛國者和政府都採納我這點主張總之我覺得題目愈大愈難辦到收效愈遲所以在這彼我相持的期間內關於大問題能辦到一個『承認原則』已算滿足但不能說在大問題未辦到以前小問題便一切不管——何況問題也並非小——我是希望我們外交當局眼明手快抓着一個機會凡可以恢復些國權者不管大小得寸則寸得尺則尺倘能辦到一點就令大家駡我不知大

體。我也甘心承受的。

我所提出三條件中爲什麼無『收回租界』這一條。不能不更加說明。（看見有一「猛進雜誌」很責備我「不主張收回租界」想來這類的誤會還不止這雜誌。所以要說明）

我以爲收回租界不是提出條件的事。我們若有開戰決心軍事行動開始。頭一手就把租界拿過來便是了。戰勝。當然不會把租界還他們。或者要快意報復在倫敦開個中國租界也可以。戰敗。就讓他們把租界擴充到全國。這都是將來的話。現在誰耐煩滴滴答答去提條件。若無開戰決心僅靠交換照會。此類『與狐謀皮』的條件。人家理你嗎。明知無效何必多此一提。我們誠心誠意替國家打算盤。何如多留點交涉餘力在較易辦到的條件之下得寸得尺呢。若說人家不理也好。我便用來作宣戰口實。這也不對。方纔說過既已決心開戰。便只要拿。不要提。例如一旦開戰當然要沒收匯豐銀行。難道好說先提個條件請把匯豐交給我他不答應。便好作宣戰口實嗎。所以無論從那方面看。提出收回租界當條件。總是白提。

或者說雖明知無效。提提何妨。漫天要價落地還錢。借來做騰挪不好嗎。我說。不好。第一這問題牽涉國分太多。一提出便把許多國都變成對手方。於我們不利。——我所提三條件。雖也牽涉多國。但性質不同難易有別。——第二這問題內容太複雜。有內地雜居礦業權等種種問題和他對待。牽扯多着哩。談判起來倒會把本題鬆了勁。於我們不利。

總之收回租界是全國人所熱望。何消說得。若想切實辦到收回。我以爲只有兩條路。一是戰勝。二是各國善意的諒解和公平的利益交換（租界是不平等的條約的結果。不待言。但外人也說內地不許雜居是不平等條約。所以這兩個問題是要同時交換解決的。日本便是前例。）我們若是能戰。戰而能勝。這些問題自然迎刃而解。即不然。這回慘案最少也將租界罪惡暴露。令各國主持公道的人得一大覺悟。我們繼續努力宣傳。善意諒解的程度自然加增。不久也有水到渠成之望。若不能在戰場上眞刀眞槍拚個你死我活。又不肯用水磨工夫和人家協議。專靠搖旗吶喊的示威運動。就想立刻解決百年來盤根錯節的宿題。天下斷沒有這樣便宜的事。所以收回租界。當然是要在胡君所謂第二步——改正條約裏頭一個子目。此時無單獨提出之必要。——這問題太複雜。就是到改正條約時。我們該不該主張。還很要研究哩。諸君切勿忘記收回租界的對案。就是外人內地雜居權。外人內地土地所有權。礦業所有權。這是萬萬不能逃避的。在我們現在的政治之下。拿租界換這種權。孰利孰害。不可不十分考慮。這問題說來話長。改天討論罷。——所以在未收回租界以前。我們不能不努力求得將租界現狀改善的條件。我提那三條件的意思全在此。希望讀者諸君原諒我的苦心。表我一點同情。

(二)宣戰的研究

以上所說。都是平和談判的話。英國人有沒有談判誠意。尚不可知。何論條件。萬一談判中止或談判不調。那麽。只有兩條路可走。不是屈服。就是宣戰。

宣戰不是說着頑的事。除了軍事當局知己知彼外。我們這些白面書生如何插得上嘴。論理現代任何國家要和別國交戰。總是在多少年前先假定一個『理想敵』。一切軍事教育軍事設備都針着他。此外還有『伐謀』『伐交』的種種手段。一切布置萬全。臨時尚且兢兢業業不敢輕發。照這樣說。我們還配做宣戰的夢嗎。但左傳說的。『國不競亦陵。何國之爲。』又說。『鹿死不擇音。鋌而走險。急何能擇。』人家若逼着我們到沒有路走。還有什麼別的話可講。所以現在北京主戰空氣昂進。我不敢完全附和丁君的話說是『奇怪的高調』。但我有幾句話要和熱血青年們說。主戰當純出以哀痛之心。不可雜以一毫虛憍之氣。換句話說。我們並不是有能戰的勝算而戰。其實是以『等是一死不如戰死』的決心而戰。所以非到平和手段用盡了之後。不宜輕發。諸君以爲何如。

若到必不得已而戰的時候。該怎樣戰法。我們門外漢當然一個字說不上來。但我覺得有兩點不能不特別注意。

第一。總要想法令日本勿加入戰團。——據六月十三日晨報載馮玉祥將軍演說。大概言『對於戰事。確有把握。英人海軍盛而陸軍少。我則兵數多而民氣盛。可以持久。』這話不知果出馮將軍之口。勝敗是否可以怎麼簡單的理由來測定。也很是問題。今且不細說。但我國民須有痛切的覺悟。對一國宣戰。已是冒着萬險。若牽涉到兩國。眞是萬險又加上萬險。現在國民運動是對英日兩國。英日又是攻守同盟之國。若不能把日本剔出戰團。便不能專拿英國陸軍來做標準了。所以我們若做對英宣戰的準備。此時便不能不下工夫令日本中立。這種工夫誠然很不容易下。但我總望馮將軍和主戰諸君都十分注意。

第二。不要借重外援。尤其是俄人。——蘇俄這回對我們如此熱誠援助。我們實在感激。但兩國戰爭若有第三國參加。當然會惹起第四國第五國。況且歐美各國提起『赤化』兩字。便『相驚以伯有』。現在英人方以此誣我。則利用各國的恐怖心。希冀減少對我的同情。若俄人仗義相援。各國怕會圜視而起。那麼我們眞成了『

以一敵八』了、所以當這示威時代。俄人在言論上主張正義。從經濟上救濟工人。我們極所歡迎。若眞到宣戰。我覺得還是請他避點嫌好。

以上都是假定到不能不戰的時候。我所認爲應注意之點。其實我旣沒有軍事智識。又是不敢輕於主戰的人。所以對於宣戰的研究。實在說不出什麼有價値的話。請讀者原諒。

總而言之。開戰是另一件事。未開戰以前。總要在罷市罷工戰爭中求得相當之實益。我們須一面知道罷市罷工。縱獲勝利。也非戰勝後城下盟可比。勿太奢望不易得的結果。乃並其可得者而亦失之。一面又須知罷市罷工之持久。實非易易。我們除用全力謀後方之戰費接濟外。尤當趁此前線陣脚未動時。急爲之計。這是我刳心嘔血之談。望全國愛國之士垂憐賜聽罷。

致段執政書（滬案）

滬案起後。啓超因茲事所關太大。匹夫有責。曾走謁崇階。貢其一得。承賜嘉許。且對於進行條理。委曲垂詢。方深感幸。乃事逾半月。未見實行。今滬上交涉停頓。情勢益棘。竊懷榱崩僑壓之憂。敢忘被髮纓冠之救。是用不避危疑。更申前請。惟垂察焉。

滬案交涉要點有二。一在結束本案。二在防止同樣事件之再發。結束本案。則有如懲兇賠償謝罪等等。防止同樣事件之再發。其大而遠者。則在根本改正條約。其切而近者。則在立刻將租界內不合理之組織。擇其重要者厲行革除。俾外人不正當之權力。不能濫用。而兩者之總前提。則尤在明定慘殺責任之所歸。使對手方不能狡賴。蓋彼方唯一應付手段在狡賴。狡賴過去。則不惟此次直接處分無從責以擔承。卽關於將來防止再發。彼亦將以「排外」「赤化」等口實淆亂視聽而置我提議於不顧也。當慘變初發之第三日使團第一次駁覆未發出以前啓超與朱桂莘范靜生顧少川諸君熟議。逆料敵人必出此着。故聯名用英文發一宣言。主張速組「會查委員會」根據公認事實作談判基礎。復推論事變所由起。在外國人濫用政治特權。而希望其因本案敎訓得一覺悟。以善意贊助吾人改正條約及改良租界組織之要求。凡此皆不過欲爲政府外交後盾。希望政府以快刀斷痲之手段迅將第一步——結束本案辦到。卽注全神以進行第二步——防止再發之提議及辦法。不料遷延二十餘日。茫無頭緒。現在滬上交涉已停頓。重心移至北京。政府應付方略如何。雖非局外人所宜過問。然以啓超杞憂所及。倘仍循二十日來之覆轍。我以嚴重抗議往。彼以嚴重抗議來。徒消磨光陰於筆墨官司。令敵人得俟我士氣疲惰之後。以逞其欲。則天下事眞不可問矣。竊以爲宜乘移京交涉之便。速提出「可以發生結果之談判」大略如下。

其一。單獨照會英國。略謂

『此次滬漢慘殺事件。全由貴國領事、捕房、軍艦有意故殺。事實如……等。衆目共見。早經本政府迭次抗議在案。惟貴使堅不承認。各執一是。終無了局。今本政府以最友好最誠懇的意思提議組織雙方會同、公開、自由的會查委員會。並許第三國參與。雙方要預先承認該會調查所得事實。卽爲慘殺責任所歸。不得有異議……云云。』

其二。分致各有約國。（不是致使團。但英國亦當然致一份）略謂

『此次上海不幸事件，本政府認爲實由中外人感情不融洽而起，所以不融洽之故，其總因在現行條約，我國不能在國際上享平等待遇，全國人民之不平，蓄積已久，其分因則由外國人在租界內濫用條約外之權力，以致發生無限糾紛，今除關於此次慘殺直接責任，已向英國提出嚴重抗議及表示願以最公平的方法迅求解決外，關於防止同樣事件之再發生，本政府深信各國政府皆與本政府有同情，且願意因此次所得教訓，共謀正本清源之策，本政府今以極友好的意思，提出治本治標辦法共四條如下，

治本辦法一條　定期開改正條約會議

（理由）因現行條約皆八十餘年前所定或續定而沿用八十年前別國之約，均霑利益者，現在時勢變遷，多不適用，非依據平等的原則根本改正，彼我決不能相安，且交受其害，

治標方法三條，

（一）上海公共租界內納稅華人應有選舉權，

（理由）此次爭端本由反對工部局所擬頒之四律而起，上海市稅華人所納占百分之七十以上，而不能參與立法及監督財政權，殊乖市自治之原則，若此着不辦，到紛爭決無已時，

（二）收回會審公堂，

（理由）領事團占據會審公堂，原屬違約行爲，又實爲上海市民不平之焦點，年來磋商收回，本將就緒，宜趁此時立卽實行，表示外人有守約誠意，

（三）租界內外之工廠宜遵守中國之勞工律，並受監督，

〔理由〕日本工廠毆斃華工。實爲此次事變原因之一。各國工廠。既不受各該本國法律之拘束。又不受中國法律之拘束。以致廠主虐待工人。屢惹事變。此種狀態若不改變。將來爲勞資爭執問題便引起國際爭議。彼我皆不利。

因此本政府提議以上四條。其後三條希望立即實行。其前一條亦希望此時先予承認。在六個月內着手進行……云云。』

以上辦法皆啓超十日前造謁時所面陳經蒙我公嘉許者。恐談話間或有違誤。謹再筆述其概略如右。不過當時啓超主張分兩步提出。以爲第一步辦到後。則第二步更爲有力。今事勢已變。覺有同時並提之必要。啓超自信對於滬案交涉癥結頗有所窺見。以爲政府方面所採方針。關於結束本案宜用嚴正迅厲手段明定責任。關於提議防止再發諸條件。宜用穩和諒解手段博得同情。此意既經我公嘉許於前。諒必能堅持於後。中間雖經蹉跎。時機稍逝。亡羊補牢。今猶未晚。伏望毅然主持。爲國造福。不勝大願。

我們該怎麼樣應付上海慘殺事件

關於上海慘殺事件。我曾隨同住在天津的幾位朋友用英文發表一篇宣言。對於慘殺責任所歸及辦理處分最公平的手續與夫外國人應具之根本覺悟都有所論列。那篇宣言是預備給外國人看的。有許多話不便說。事件一日未了結。對手方一日未覺悟。只有繼續我們的工作以求達最後目的。我們的工作該怎樣做法我也有一點意見試寫出來求國人商榷。

甲　作戰計畫

我們現在與强敵相持完全在「平和的戰爭」之狀態中一著不能鬆一步不能錯怎麼纔能「爲不可勝以待敵之可勝」我們須有一定的計畫

(一)戰略　戰略要取攻勢自無待言但攻勢要取最有效的——能攻著敵人要害的所以游行示威不能算攻勢止有罷工纔是眞攻勢現在上海差不多已達到總罷工程度可謂深得戰略要領我們應該以全力援助罷工增加他强硬和持久的程度惟上海方面卻不必再爲罷工以外之示威行動不獨是血肉之軀犯不著和虎狼相搏尤恐羣衆聚集感情衝動萬一鬧出點事給敵人加我們以暴動的罪名有理反成無理那卻値不得了至於上海以外的援助運動對於這一點尤宜兢兢注意

(二)戰線　戰線廣漠非惟難得照顧而且易生破綻所以範圍愈縮小愈好——後方援助固然以多爲貴前線對壘總要集中一點——我們要認淸題目這回義憤是專對「上海英捕房」所以

(1)英國以外的外國人當然不是我們敵人——美法等國固不待言乃至日本雖屬靑島事件之起因但問題焦點既移到上海則將靑島事另案辦理暫將日本除外也未始不可總要神不外散戰鋒集中英國一國總而言之能減少一個敵人則我們多得一分利益

(2)上海以外之任何都市我們絕不拿來做陣地——這回事件純屬上海市民自由權之爭犯罪的是上海租界行政當局故此我們不得不忍痛加以懲創至於住在上海以外的雖英國人倘使他不直上海英捕

房之所爲而和我們表同情。我們原樂得認他爲友。即使他沒有什麼表示。我們亦可以暫且不認爲敵。所以在各都市宣傳事實經過喚起各地市民合力援助上海市民。我以爲是必要的。若在上海以外各租界各自和英人宣戰。在他們可以說罰不當其罪。在我們則勢分力薄。倒反會把上海鬆勁了。所以對上海以外之英人罷工。我以爲也不必鼓吹。至於上海以外各都市之罷市。我不能不極端昌言反對。上海法租界尚且不罷市。華界更不用說。此外都市罷市。究竟目的何向。若說借此對英人示威。試問北京南京……等地罷市。於英人有何損失。他怕你甚麼。我們要知道。一個地方罷市一天所招的損失。最少足够供給上海罷工工人一天伙食而有餘。三十個都市各罷市一天。便是減少援助上海工人三十天的力量。我們何苦消耗自己實力爲敵人竊笑呢。至於「罷課爲學生自殺」這句話早已經多人提醒。若說借此爲示威手段。則敵人最願意我們青年從此不進學校。他們纔得有永遠馴良的奴隸。他只有拍手大笑。點頭贊成。何威之可示。所以我以爲上海以外各都市之市民。只宜努力於宣傳事實與募集戰費。若在本市直接作戰。無論採何種戰術。都是無益有害。

(三)戰費。　我們既認定罷工爲唯一的戰略。則此戰之勝負。自當以罷工之持久力如何爲決定。據上海電報。現在罷工者。已有廿五六萬人。這些人都是我們前敵唯一的戰士。我們還盼望人數再加多。則戰鬥力再加厚。但是餓著肚子打仗。爲義憤所激。一天半天猶自可。過此如何能捱下去。以現在戰地形勢論。斷非短時間內所能決勝。而敵人財雄勢大。又遠非我所及。若後方給養不繼。則此飢疲之卒。終必有全線崩潰之一日。如此則前功盡棄。永遠無翻身之望了。須知此戰雖在上海。其勝敗結果。則全國共之。第一。勿誤認爲僅屬學生之戰。第二。

勿誤認爲僅屬工人之戰。第三勿誤認爲僅屬上海一隅之戰。學生工人不過站在前線。以上海爲戰場。若全國人不做後援。結果必至失敗。後援之法除了「經濟總動員」外更無別路。我們只有鼓起全副精神向這方面盡力。別的都是廢話。

乙　媾和條件

戰爭不過一種手段。爲什麼戰爭。當然有最終目的。非達到目的不肯停戰。目的所表現出來的便是媾和條件。戰爭勝負雖不能預期。媾和條件則不可不早決定。

現在政府雖提出抗議。卻未提出條件。我們不能知其主張何如。以政府立於有責任的地位。具體條件不容輕易提出。我們很能爲政府原諒。但此次本屬市民自動的奮戰。政府交涉。不過替市民作承轉機關。所以決定條件這件事。在市民實責無旁貸。

各界所提條件見於報紙者已經不少。大約可分爲二類。第一類關於這回事件之結束。如懲兇。賠償。道歉等等。我起他一個名叫做枝葉條件。第二類關於國際地位之改造。如收回租界。撤退領事裁判權等等。我起他一個名叫做根本條件。

這些條件。都是全國人心理所同然。我更不能有絲毫異議。但是我們會要價。人家也會還價。結果我們總不能不有所讓。該讓那部分。讓到什麼程度。我們不能不定出個不能再讓的最低條件。

拿根本條件和枝葉條件相比較。自然是枝葉輕而根本重。若經過這回戰爭。竟不能替將來開出一線光明的路．僅僅補一補這回事變的直接傷痕而止．然則我們所受的犧牲．豈非白饒嗎．所以我以為若到必須讓步的時候．寧可在枝葉條件上讓步．不可在根本條件上讓步．（枝葉條件讓步．當然也須有最低限度．不必多說了．）

根本條件．如收回租界……等等．一了百了．當然爽快．但剛纔說過．我們會要價．人家也會還價．到底還是採「漫天要帳不買拉倒」的態度好呀．或是採「格外克己言無二價」的態度好．此中頗費商量．依我看與其賣不成．寧可喫虧賣．據我個人私見．該提出不能再讓的根本條件三條如下．

第一．租界內須有一個完全立法機關．納稅華人須與西人有同等的選舉權．——租界本是像殖民地非殖民地的一種畸形怪物．將來必要達到收回目的．自無待言．但一日未收回．我們便對於他本身的惡劣組織一日不能放過．就算是殖民地．罷．印度埃及財政權尚且操諸本地人所選舉的議會．上海為我們領土．租稅收入．我們所擔負占最大部分．『不出代議士不納租稅』任憑你是怎樣兇惡魔王．終不能有話來拒絕我們這種正當要求．

第二．廢止會審公堂．——人人都說領事裁判權是恥辱．領事裁判權就算恥辱嗎．還有甚於此者．上海租界內非惟外國人不受中國裁判．連中國人也不受中國裁判．司法權都在那萬惡的會審公堂．會審公堂制度．並非條約所規定．不過因前清官吏糊塗鶻突．以惰性的習慣而得存在．民國以來．我們提議廢止．不知幾次．英人雖無詞以拒．但總是死皮賴臉．借故延宕．現在廢止領事裁判權．縱使辦不到．這個魔宮．非一拳打碎．我們誓不甘休．

第三。租界內任何國人所設工廠。關於勞工待遇。都要遵守我們政府所頒的勞工法令。——各國資本家紛紛到我們領士開設工廠。利用我們豐富的原料和低廉的工錢。謀他們過當的利益。恃租界爲護符。無法無天的驅使我們同胞當牛馬。平日廠內的黑闇鬼蜮。我們絲毫不能監察。鬧出事來。便責備我們替他彈壓。我們實在負不起這種責任。這個現代最重大最艱險的勞資問題。不是你一個廠的利害關係。乃是我們全國乃至世界全人類的利害關係。我們萬不能坐視。你們若不願意服從我們法律。就請別要來。若來。非服從不可。

以上三個條件。或爲各界所已提及。或未提及。依我看這回事變。本來在上海鬧起。因爭市民自由權鬧起。因抗議惡稅鬧起。因援助勞工鬧起。我們要認清脈絡。抱定本題。方爲名正言順。不騖虛名。專求實益。所提者爲對手方沒有可以駁回之理由的條件。而辦到後我們國際地位可以改善幾分。以全力持之。務求必得。如此纔不枉費氣力。我所以提這三件作爲不能再讓之根本條件者以此。是否妥當。還望全國人士精嚴討論。督促政府實行。

滬案交涉方略敬告政府

政府這回對於滬案交涉。能順從民意。嚴重抗議。我們表示相當的滿意。但應付方法。像有點手忙脚亂。不得要領。我們在旁邊看着。不由得不着急。忍不住要說幾句話。

（甲）交涉對手

兩次抗議、都以公使團爲對手方、在政府意思、因爲事情發生於公共租界、租界當局、各國都有人在裏頭、這種看法也未嘗無理、但『公使團』這個東西、本來不過交際上名詞、並非法律上名詞、我們兜攬恁麼多國聯起來做敵手、實屬不利、應該專和英國——或英日兩國——交涉、若慮與公共租界意義不符、寧可對於各國分發照會、不可再照會所謂公使團者。

（乙）交涉程序

這回交涉訣竅、最要緊是明慘殺責任之所歸、責任確定、處分條件自迎刃而解、然欲確定責任、最要緊是事實的證明、詳細點說、即（1）巡捕爲維持秩序計、是否有開槍之必要、（2）開槍是否經過合法手續、如警告猶豫等、關於這些事實、我們固然已經得有千眞萬確的證據、但對手方一味狡賴、不肯承認、『公說公有理、婆說婆有理』、似此對打筆墨官司、消耗時日、有何用處、所以須立刻組織一個會查委員會、其組織及職權略如下、

（1）雙方各派有名望能負責任之若干委員、第三者亦可加入（此會非議決及執行機關、故人數多少可不必爭）

（2）本會有票傳當事人及證人到場訊取口供之權。

（3）口供字字記錄、無誤無遺、雙方預先承認這種記錄、作爲決定事實之基礎。

(4)雙方預先承認既根據事實決定責任之時。負責任者甘受充分的處分。

這會組成後著手做會查的工作時情形怎麼樣呢。試舉一端而論。例如把喝令放槍的捕頭傳到案。假定問答如下。

問　巡捕開槍打人。是否下級巡官可以任意發令。抑須請示長官。

答　要請示。(或不要請示)

問　你請示過沒有。

答　沒有。(或請示過)

問　你放槍前向羣衆警告沒有。

答　警告過。

問　用的是英話還是中國話。

答　英話。(或中國話)

問　警告後經過多少時間纔開槍。

答　十秒鐘。

問　你們放槍多少響。

答　四十四響。

問　……………。

答……

將這些口供牙淸齒白個個字錄出。令該捕頭簽下花押。傳別個當事人和證人也是如此。總要令所有事實都當場公開。幾面證明無可狡賴。然後可以根據事實一五一十和他算帳。若像現在樣子空派蔡曾兩位大員去片面的調查。縱查得千眞萬確的證據。他總說是我們一面之詞。他還像鱔魚一般捉不上手。我們有何辦法。我兩天前曾和朱啓鈐君顧維鈞君丁文江君等八人發表一篇英文的宣言。內中最注重的就在這一點。但社會上只愛聽慷慨激昂的話。不愛聽條分縷晰的話。對於我們所建議像很少人注意。但我們終確信交涉程序非如此不可。希望政府採擇先做這交涉前的交涉。諒來對手方該無辭以拒我。

(丙) 交涉條件

現在各界所提出條件很多——我據報紙所載的略一數。除去重複。總還在三十件以上。這些條件。自然都是國民心理所同然。但在有責任的政府。卻不能自認專做承轉機關。把國民意思傳達到對手方。便算了事。最少要經一番研究整理。分別緩急輕重。作成一個具體方案。要價要到什麼程度。讓步讓到什麼程度。都要先行內定。胸有成竹。進行起來。纔能槍法不亂。現在政府是否已有方針。方針如何。我們一概不知。無從下批評。但據我的愚見。選定條件。須根據以下兩個原則。

第一。勿專看重關於這回事件的雪恥條件。務要取得對於國際現狀能彀改善的條件。

第二。條件宜爲實際上比較的容易辦到的。不可徒盡爲理想的。

關於這兩點，我昨天曾發表一文，內中有媾和條件一節，大概都已說過，在這種範圍內，應提具體條件，如何，當然有多方面可以着想，但我所認爲不能讓步的三個條件，今不嫌重複再述一遍。

一　租界內須有一個完全立法機關，納稅華人有選舉被選舉權，和西人一樣。

二　廢止會審公堂，在中國司法權之下，建設一個合理的司法機關，處理華洋訴訟。

三　租界內外，任何國人所設工廠，關於勞工待遇，都要遵守中國政府所頒勞工法令，且受其監督。

（丁）交涉地點

當然要在北京，上海租界當局是犯罪人，我們爲什麼和他交涉，且交涉安能有效。

（戊）交涉輔助

交涉以博得世界同情爲第一要著，所以歐美輿論，最要注意，現在通信機關，都在敵手，如路透電之類，都作有益敵人的宣傳，我們如何纔能令各國主持公道的人們了解眞相，不可不十分努力，這事自然各界人士都要分擔責任，但政府也不能不注意。

趕緊組織「會審兇手」的機關啊

前幾天我們八個人發表一篇宣言，主張立刻雙方會同派員組織一個會查事實委員會，我們怕對手方不肯照辦。所以在輿論上想做點援助。發表之後。本國輿論界一點反響沒有。倒是有些第三者的外國人——還是有責任的——以爲這辦法很對。督責英當局。英當局聞已露可以勉從之意。但我政府至今還沒有這種提議。聽說曾有人問過外交當局。當局也頗贊成此說。因爲學界反對。不敢提出云云。這話不知確否。果確。我有幾句垂涕而道的話。請學界人和當局垂聽。

我想許是因我們英文原文詞句太簡單。或是譯文不明瞭。致使讀者對於我們所謂「會查委員會」的性質未能了解。因而冷視或誤會。我們本來因爲那宣言是給外國人看的。措詞不得不含蓄。今既有些誤會。我只得揭穿說了。我們是主張立刻組織一個「會審兇手委員會」以確定罪名作交涉基礎。

會審兇手委員會——即宣言中所謂會查委員會——辦些什麼事呢。我昨天在本報上曾着論詳細說明。即雙方各派公正委員。用公開的方式傳訊人證。把當場行兇情形逐件盤根究底問個牙淸齒白。犯人和證人的口供。個個字記錄無誤無遺。然後把各種口供。——或於我有利的或於敵有利的——參伍鉤稽以明定責任之所歸。

「殺人償命」這個原則。敵人雖强暴也不能不承認。現在他所狡賴者是說『他不是故意殺人。是爲自衛計不能不殺人。』我只管罵他只管賴。試問非經過一個雙方承認的有責任機關公開審訊明白之後。成天價對罵對賴。這種局面何日是了。

我們確信英捕故意殺人情眞罪確。一經這番審訊——即前日宣言所謂調查——之後。犯人決無從躲閃。然後我們纔能堵住他的嘴。加他以應得的處分。我們以爲這種辦法是一定於我們有利的。所以敢於作此主張。

這種審訊手續我們不會同辦嗎他卻單獨辦了你不看上海電報嗎他正在那個「由工部局委派委員長的會審公堂」裏頭左傳訊一個右傳訊一個造成他種種無罪的證據來搪塞我們來欺騙第三者我們派去的蔡廷幹曾宗鑑連旁聽也彀不上任憑你一天一百個電報報告事實他只拿「一面之詞」四個字都抹殺了我們以爲政府一定是要辦這件事纔派蔡曾兩位大員去誰知他們乃是去和總商會學生工人接洽辦法辦法嗎殺人償命那裏有第二句話說但是要想怎樣方法令犯人服了公開判決纔能執行死刑

哎眞急死人眞氣死人十來天工夫白白過了徒令敵人多得機會來做消滅眞證僞造反證的工作遲一天形勢不利一天怎麼好怎麼好

諸君啊千萬勿誤認我們所主張這種辦法是軟弱除了戰爭解決之外若還用談判解決我以爲沒有比這種辦法更强硬的了此外別的硬話都是表面硬按到實際全是空的

諸君啊講義憤嗎我梁啓超雖不肖也不在諸君之後依我看此事若發生在別個國家除了開戰外更有何話說但回頭一看我們絞盡全國所養的三百萬大兵怎麼樣不由得人不索然氣盡現在只靠上海二十餘萬嗷嗷待哺的無槍勇士和敵人相持以待談判我們不從談判上想切實辦法一味唱高調吶喊喊到喉嚨啞了拉倒對得住死者嗎對得住前敵的無槍勇士嗎諸君啊若說要戰爭不要談判我便不必開口既談判嗎若更有好的談判方法我很願意請教如其沒有盼望一致贊成我們的宣言

答北京大學教職員（滬案）

誰說滬案單是一個法律問題

但我確信要拿法律上事實上證實英人的政治上罪惡。

請問「會審委員會」爲什麼會「淆亂滬案眞相」

我對於滬案所要說的話已大概說過。本來不願再說了。今日在晨報上看見北大教職員發表「關于滬案性質的辯正」一文。內容純是對於我賜教的。我不能不再說幾句答謝他們的盛意。

滬案是否有人認爲是單純的法律問題。我不知道。但諸君宣言裏頭說『有些人看過了政治方面而把滬案縮小到一個極簡單的法律問題。於是有主張趕緊組織會審兇手機關的提議。見梁啓超氏在晨報發表的一文……』我敢說諸君對於我的觀點完全看錯了。也許是沒有看見我前後的文字。斷章取義。亂下批評。我有「對歐美友邦之宣言」一篇（此文是十日前作的。中間經翻譯鈔寫郵寄。直至六月十三才在晨報登出。）全文五分之四說的都是政治問題。我因爲在歐美的外國人多半不知道我們中國人在國際上所受的特殊恥痛。因此便不了解我們這回抗爭的意義。所以我極簡單極翔實的敍述這回事實之後。便說明這種慘劇「何由而來。」我說。

『所謂上海公共租界工部局者。實一極奇怪之畸形的公團。……並無條約之許可。而於中國政府畫出原爲外商僑居之上海地面。攫有最高行政權。且實際上行使其無限制之警察裁判權。……甚至會審公堂。即原有之中國審判官廳。自革命以後。亦爲外國領事團所攫取。……』

我又說．

『但僅得解決此案實不足以改進永久之局勢．如欲防止將來同樣事變之發生……則不能不求一根本解決之法……卽改訂中外現行條約是也……此種條約成立約一世紀．不外强賣毒藥之戰所得戰利品……其必須改訂在公理上固無待言．卽事勢上亦已迫不容緩……外國人非有徹底的覺悟拋棄其「東印度公司的傳統思想」．而以善意容納吾人改正條約的要求吾恐將來繼續所演慘劇更有不忍言者……』

諸君所說『外人在中國領士上特權地位．是引致這次滬案的主因．這種特權地位不打破．同樣的事變還要繼續發生……』我認爲很對但這些話原是全國人心坎中的話．我雖無識亦也曾在諸君大文發表以前早說過了．倒不勞諸君賜敎．

關於交涉條件．我看見各界所提出的太多了．其中不免有些涉於空廓或涉於瑣碎．而關於懲兇……等件．我尤覺其列舉太繁所以我把他略分爲根本條件枝葉條件兩種．勸國民把視線注集於根本．我說

『拿根本條件和枝葉條件比較．自然是枝葉輕而根本重．若經過這回戰爭．竟不能替將來開出一線光明的路．僅僅補一補這回事變的傷痕而止．然則我們所受犧牲．豈非白饒嗎……（晨報六月　日「我們該怎麼樣應付上海慘殺事件」文）

我又說．

『勿專注重關於這回事件的雪恥條件．務於取得對於國際現狀能彀改善的條件．』（晨報六月十二日

「滬案交涉方略敬告政府」文）

諸君說『若是僅僅依法懲辦租界吏役個人．……不成了小題大做嗎』這一點也和我所見相同．我很盼望諸君能多拿這些話喚醒羣衆——尤其是上海的羣衆令他們把眼光放遠些．但我自己卻早已了解這點道理．不勞賜敎．

以上所說．並不是和諸君拌嘴．也不是附和諸君的話以爲榮．因爲諸君所說的話．我原已說過的．諸君所說『看過了政治方面而把滬案縮小到一個極簡單的法律問題』完全不是我的意思．諸君費那麼大氣力做這篇「關於滬案性質的辨正」若對於別人辨正．我當然不管．若對於我辨正．我可惜諸君是無的而放矢了．

然則我們主張「會審委員會」是什麼意思呢．簡單說．我們是『要用法律上嚴正的手續證明事實．確定責任所歸．用來作政治上談判基礎．』

【附帶說明】這個會並沒有判決的權能因爲他在國際法上無根據去年曹家兵在豐臺殺人事件我們連外國人觀審也不許呢難道這個臨時發生的會可以判決兇手的罪嗎北大宣言說『只可以解決殺人償命之一點……』這話不對這個會並不是「解決」機關「解決」仍須靠雙方外交當局不過這會能供給我們以有利的「解決資料」所解決者卻不止殺人償命一個問題

諸君爲什麼定要反對「調查事實」我眞百思不得其解．諸君說『英人在中國享有特權．以及英人特權爲此次事變發生之根本原因．難道亦須調查嗎……』不錯不錯．但是英人享有特權．以及特權可以爲發生事變之原因．並不自今日始．爲什麼我們從前不發生强烈運動．不提起嚴重抗議．而獨在此時發生提起．因爲英國濫用特權所演出的慘殺事實．給我們全國人以莫大刺激．並惹起世界上多數人同情．我們總要靠確定公認的最初發生之事實．明定政治的犯罪行爲之責任．然後有談判之可言．——就是將來鬧到要宣戰．也須以事實爲規定戰爭責任的基礎——現在我們說事實如此敵人說事實如彼不獨第三國的視聽莫衷一是易受敵人的揑詞虛報減少了同情卽彼我談判間先已接不了頭左交換一張照會右交換一張照會這種戲臺上掉鎗花的辦法掉到何日是了

諸君說『糾問工部局責任是小題大做』這句話我絕對不能贊成因爲工部局的責任就是英領事的責任英領事的責任就是英帝國國家的責任我所謂「確定罪名」就是要從事實上證實英國皇帝所屬官吏的罪名諸君列舉某種某種事件說『難道也是個人行爲嗎』誰說是個人行爲「殺人償命」自然是要問教唆殺人的人難道一個紅頭巡捕在窰子裏酗酒殺人我們也要糾問他的責任問題嗎諸君說這種辦法『是給對手國以避脫重大的政治責任之機會』我以爲適得其反我的提議全注重在扣緊對手國的政治責任若將此着放鬆纔是給他以避脫責任的機會哩請諸君平心想想

諸君說『對於滬案交涉要認淸步驟』這句話我十二分贊成依我看最有利的步驟就是一面提出抗議一面要求組織一個共同機關「使用司法的調查程序」約定這機關所公開調查得來的事實是要雙方承認的就將這些事實作爲交涉基礎如此纔能把政治責任問題扣緊才有政治交涉之可言諸君說『這種程序當在政治問題交涉就緒以後』諸君若主張立刻開戰無須交涉我便無話可說若還說交涉嗎不經過這種程序只怕連交涉也接不上頭還有什麼「就緒」不「就緒」呢

諸君又說『至少政治的談判和司法的調查也要同時並舉』這話總算公平極了諸君啊我並沒有說不要作政治的談判但我以爲至少要兩者「同時並舉」現在政治談判政府已儘力進行不勞我再加督促我對

於認爲應「同時並舉」」的司法調查．提出一個最有利的方法促政府注意．有何對不起國民之處．諸君何以見得便是『自甘屈辱』何以見得是『一般國民所不能承認』呢．

唉．懷抱「東印度公司傳統思想」的英國人沒有交涉誠意我們也早已看穿了．不過既已在交涉談判中．我們不能不將自己所認爲最有利的步驟．提出來供國民和政府的參考．——這點自由諒來總該有罷．——我們癡心妄想以爲這一着若能辦到．也算得我們交涉頭一著先占了優勢萬不料幾句稍爲近於理性的話．便可以觸惹最高學府大學者先生們的盛怒勞動諸君開一次大會作一篇大文來「辨正」我奉勸諸君怒也不必怒辨也不必辨．政府是萬不會聽梁啓超「妖言惑衆」．的便想聽．也遲了．機會已過去了．

看着我們這回一定要和英國宣戰了．老實告訴諸君罷．自事變發生以來．宣戰論沒有一天不在我腦子裏頭轉幾次．我有痛切的感覺覺得貪殘狡滑驕傲之英帝國政府非有人加以膺懲不可．我又在那裏妄想．中國久衰的民氣．或者一戰可以振起．無聊的內鬨．或者一戰可以減輕．我又嘗以我那不懂軍事的眼光瞎猜以爲但使能設法令日本不加入戰團專敵英國一國．我們雖無必勝之劵．他的海軍陸戰隊也到底不能征服我們……

……這些問題雖不敢說有確能自信的判斷．卻都已思之爛熟．內中最難解答的．卻是誰人去戰的問題．我想既已戰爭至少也須有個統帥．我希望在張作霖馮玉祥吳佩孚蔣介石四位名將裏頭由他們互推出一個統帥．把所有全國軍隊都交他節制調遣．——最低限度也須各方軍隊赴前敵時梗在路上的軍隊要讓他通過．我這種希望．諒來還不算過度罷．好在各位大軍閥們個個都是「枕戈待命」．「同仇敵愾」．豈有連這一點都辦不到之理．縱然他們有點不願意．許多愛國的大學者們「責以大義」．他們誰敢不「唯唯承教」．只要這一着辦到。我們有什麼不可以戰呢。再露骨點說。只要不像對德宣戰的前例。以對外戰起而以對內戰終。那麼。勝固可望。敗亦有榮。在這種條件之下的主戰論。我不惟雙手贊成。連雙脚也舉起贊成。

我還要和政府諸公說幾句話。你們意思怎麼樣啦。若看定談判辦不下去。便要趕緊作軍事動員的準備。你們到底向各位「太上執政」請示過沒有。他們除發幾封「枕戈待命」的電報之外。還有什麼具體辦法。總之無論政治問題或法律問題。無論談判解決或戰爭解決。政府總要負起責任去幹呀。若自己一點主意不出。一點實事不做。一味跟着羣衆唱高調。充當留聲機器。把羣衆的話承轉到敵人。就算盡了你的責任嗎。

復段芝泉執政論憲法起草會事

執政鈞鑒。承諭相邀參與憲法起草事。所以督敎之良厚。啓超年來耽治學業。於現狀的政治久已間隔。且不願聞問。使來述鈞旨。謂此屬國家永久事業。與一時的政治施設異撰。非愛國者所宜漠視。啓超亦何說以辭。但夙昔所懷。有不得不豫爲陳述者。謹因來命略傾吐之。啓超痛心疾首於憲法之不成立。以是爲民國莫大之辱。發爲言論。大聲疾呼。已非一度。民國六七年間。曾唱國民制憲之議。思得一善良之草案。而決之以全民投票。茲事體大。當時莫或能舉之者。則亦付諸空論而已。舊國會復集。啓超嘗作哀告議員一文。勸其勿行使一般職權。萃全部精力日力以從事制憲。制憲權在國會。啓超夙不謂然。然而不敢堅執。故見者冀國憲早一日出現。而政軌早一日得所依據也。議員不省。荏苒三秋。辜天下之望。直至前年倉卒公布。國人對之冷視者什八九。反對者什一二。啓超及二三同志則發爲承認憲法。不承認選舉之議。明知當時所布憲法之內容及其程序。不滿人意者甚多。然猶作此主張者。望之既久。慰情勝無也。事變相薄。至於今日。並此慰情勝無者不得不棄擲。啓超誠甚痛惜。以爲國憲之爲物。惟不屢遷。乃得以形成信仰。昔日所立。今日可以一戰之威而廢之。今日所立。他日還可以一戰之威而廢之。似此迭爲循環。則蜩螗沸羹。云胡底定。是以獨居深念。憂傷如擣。嗒然常覺前途曙彩。未有所期。但事已至此。新經扶出之偶像。既無復禋祀之可歆。他日欲更衣以葆而列諸龕。微論未必可能。即能焉而威嚴抑已瀆矣。然則中華民國遂爲無憲之國以終古。即不爾。而今之從政者。更無一法以軌律其行動。其爲危險抑何勝言。故我執政主張創造制憲機關。啓超雖不敢信爲將來長治久安之良謨。抑亦認爲現時救焚拯溺所必要。顧猶有過慮者。法之可貴。不在其能立也。而在其能守。憲法者。所以規定國家諸機關之權限。使權力不得濫用者也。故最爲有權力者所不便。而恆思所以弁髦之。蹂躪之。民國以來。人民全不感法之有價值。而愛法之念日以薄蝕。良由於此。今茲議制新憲。能否依原定程序而通過。而成立。且勿論成立後將來能否不見摧翻。更勿論。今國人所懷疑者。乃在中央及地方擁有權力之機關。其守法之誠意及能力爲何如。如其誠欲守。且誠能守也。則雖以根據較薄之新憲。苟內容良善。而信奉謹嚴。則經過若干時日之後。或可以漸喚起國人信仰。而植其基於不敝。而不然者。此亦一裝飾品。彼亦一裝飾品。更何必廢置如奕棋。以增天下迷惑。此啓超所欲爲我執政及內外當軸者。預有切實覺悟之表示。以挽回久失望之人心於萬一也。啓超爲十餘年來最渴望國憲之一人。對於憲法內容。亦頗有一二懷抱。苟起草會中皆屬愛國之學者。各能平心靜氣。爲國家策利病。而不雜以政客捭闔之技。內外當軸者。復無所操縱於其間。俾各得自由以從其良心之所命。則啓超廁一末席。以拾遺補闕。原未始不可。否則自爲一草案布諸社會。以供會中採擇。抑亦所以報我公之知愛也。謹布腹心。伏惟裁察。啓超再拜.

復餘姚評論社論邵二雲學術

餘姚評論諸君.

得書知欲刊邵二雲先生研究專號.甚盛甚盛.承屬草一文.屬方避暑海濱.無書可檢.不敢率爾應命.謹就記憶感想所及復此短札.若承不棄.取附卷末.幸甚.

餘姚邵氏自魯公先生曾唯承陽明門下徐曰仁一派之緒.主餘姚書院.爲王學嫡嗣.其孫念魯先生傳家學.復從學梨洲.於是「姚江書院派」與「證人書院派」匯流爲淸初王學一大結束.念魯復有偉大之史識與史才.所著東南紀事、西南紀事、王陽明傳、劉蕺山傳、陽明弟子傳、蕺山弟子傳、姚江書院志等書.或傳或不傳.其傳者皆義例精絕.其思復堂文集.章實齋謂『五百年無此作.』蓋浙東學風.端本於義理.致用於事功.而載之以文史.自陽明梨洲以來.皆循此軌.以演進.念魯則具體而微焉.二雲則念魯從孫.其家學淵源所蘊受者如此.

二雲與戴東原周書昌等五人同以特徵入四庫館.名譽藉甚一時.其著書已成者僅一爾雅正義.故世之論二雲者僅知其長於訓詁之學.然二雲實史學大家.並時最能知其學者.惟其友章實齋.故欲研究二雲.當以實齋所作邵與桐別傳爲基本資料.

二雲之爾雅正義.學者或病其簡略.謂不如郝蘭臯爾雅義疏.其實郝在邵後.中多襲取.從著述家道德上論.已不無可議.且郝務炫博.其所臚引.或本爲邵所吐棄.二雲自言『此書苦心不難博證.而難於別擇之中能割所

愛耳』用「苦心」於「別擇」是二雲治學方法最主要者

二雲所欲著之書造端宏大而年僅中壽生平精力多用於官書中晚年復嬴病故叢稿雖多而寫定甚少據吾輩所想像四庫總目史部提要出二雲手者恐將過半但無從確指某篇爲其所作最可惜冀將來或有意外史料出現證明之耳

薛居正舊五代史從永樂大典輯出而綴輯成書實費莫大工作提要中已具言之據二雲弟子章貽選說則此書蓋全成於二雲手也

畢秋帆續資治通鑑據章撰別傳云曾經二雲覆審全書改觀以寄畢畢大悅服謂迥出諸家續鑑上但今所刻者乃原本而二雲改定本當畢家藉沒時已失去此實我史學界不可回復之大損失也

二雲畢生大業在重修宋史仿陳壽三國志例名曰宋志先爲南都事略以當長編但不惟宋志未成卽事略亦僅有殘稿身後且散佚盡矣實齋深嘆息謂『以數百年聞叢見集若將有以待其大成者一旦散失不可復聚不特君之不幸亦斯文之厄也』

實齋族子廷楓二雲弟子也述實齋評二雲之言曰『二雲以博洽見稱而不知其難能在守約以經訓行世而不知其長乃在史裁以漢詁推尊而不知宗主乃在宋學』此言可謂能知二雲之眞而浙東學派之特別精神亦於是乎在矣

餘姚以區區一邑而自明中葉迄清中葉二百年間碩儒輩出學風沾被全國以及海東陽明千古大師無論矣朱舜水以孤忠羈客開日本德川氏三百年太平之局而黃氏自忠端以風節厲世梨洲晦木主一兄弟父子爲

明清學術承先啓後之重心。邵氏自魯公念魯以迄二雲。間世崛起。綿緒不絕。詩曰『高山仰止。景行行止。』又曰『昔吾有先正。其言明且清。』生斯邦者。聞其風。汲其流。得其一緒。則足以卓然自樹立。貴社懸斯職志以相淬厲。豈惟鄉邑邦之人實尸祝之矣。

鄙人於前年春夏間。曾爲朱舜水年譜一書。約十萬言。因一小部分未成。久未付印。今爲諸君子盛心所感發。當速成之以蘄作桴鼓應。不審貴社於馬氏校刻之舜水全集外。尚有資料足供參考否。二雲著述。除爾雅正義外。如南江札記等。皆隨手記錄之作。不足以見其學。不審貴社更能搜得遺稿否。書便希示一二。

中華圖書館協會成立會演說辭

（一）

諸君。我們國內因爲圖書館事業日漸發達。大家感覺有聯絡合作之必要。於是商量組織全國的圖書館協會。籌備多時。幸見成立。又適值美國圖書館學專家鮑士偉博士來游。我們得於協會成立之日順帶着歡迎。尤爲本會榮幸。鄙人對於中國圖書館事業之前途及圖書館協會應負的責任。頗有一點感想。今日深喜得這機會和本會同人商榷。並請教於鮑博士。

鮑博士到中國以來。在各地方在北京。曾有多次演說。極力提倡羣衆圖書館——或稱公共圖書館的事業及其管理方法等項。大指在設法令全國大多數人能彀享受圖書館的利益。與及設法令國內多數圖書館對於貯書借書等項力求改良便利。這些都是美國「圖書館學」裏頭多年的重大問題。經許多討論許多試驗得有最良成績。鮑博士一一指示我們。我們不勝感謝。我們絕對的承認羣衆圖書館對於現代文化關係之重大。最顯著的成例就是美國。我們很信中國將來的圖書館事業也要和美國走同一的路徑纔能發揮圖書館的最大功用。但以中國現在情形論。是否應從擴充羣衆圖書館下手。我以爲很是一個問題。

圖書館有兩個要素。一是「讀者」。二是「讀物」。美國幾乎全國人都識字。而且都有點讀書興味。所以羣衆圖書館的讀者滿街皆是。因爲羣衆既已有此需求。那些著作家自然會供給他們。所以羣衆圖書館的讀物很豐富。而且日新月異。能引起讀者興味。美國的羣衆圖書館所以成效卓著。皆由於此。現時的中國怎麼樣呢。頭一件就讀者方面論。實以中學以上的在校學生爲中堅。而其感覺有圖書館之必要最痛切者。尤在各校之敎授及研究某種專門學術之學者。這些人在社會上很是少數。至於其他一般人。上而官吏及商家。下而販夫走卒。以至婦女兒童等。他們絕不感有圖書館之必要。縱有極完美的圖書館。也沒有法兒請他們踏到館的門限。這種誠然是極可悲的現象。我們將來總要努力改變他。但在這種現象沒有改變以前。羣衆圖書館無論辦理得如何完善。我敢說總是白設罷了。第二件就讀物方面論。試問館中儲備的是什麼書。外國文書嗎。請問羣衆中有幾個人會看。中國舊書嗎。浩如煙海未經整理。叫一般人何從讀起。讀來那能有興味。然則只有靠近人著作和外國書的譯本了。我問有幾部書能適應羣衆要求。令羣衆看着有趣且有益。若講一般羣衆最歡迎的讀物。恐怕仍是施公案天雨花……一類的舊書。和禮拜六……一類的定期出版物。這些讀物。難道我們還有提倡的必要嗎。所以現在若要辦美國式的羣衆圖書館。叫我推薦讀物。以我的固陋。只怕連十部也舉不出來。事實既已如此。所以據我的愚見。以爲美國式的羣衆圖書館。我們雖不妨懸爲將來目的。但在今日若專向這條路發展。我敢說。他的成績。只是和前淸末年各地方所辦的「閱書報社」一樣。白費錢。白費力。於社會文化無絲毫影響。

然則中國今日圖書館事業該向那條路發展呢。我毫不遲疑的提出答案道。

一　就讀者方面。只是供給少數對於學術有研究興味的人的利用。縱使有人駡他是「貴族式」。但在過渡時代。不能不以此自甘。

二　就讀物方面。當然是收羅外國文的專門名著和中國古籍。明知很少人能讀。更少人喜讀。但我們希望因此能產生出多數人能讀喜讀的適宜讀物出來。

（二）

以上所說現在中國圖書館進行方針若還不錯。那麼。我們中國圖書館協會應負何種責任呢。我以爲有兩種。

第一　建設「中國的圖書館學」。

第二　養成管理圖書館人才。

學問無國界。圖書館學怎麼會有「中國的」呢。不錯。圖書館學的原則是世界共通的。中國誠不能有所立異。但中國書籍的歷史甚長。書籍的性質極複雜。和近世歐美書籍許多不相同之點。我們應用現代圖書館學的原則去整理他。也要很費心裁。決不是一件容易的事。從事整理的人。須要對於中國的目錄學（廣義的）和現代的圖書館學都有充分智識。且能神明變化之。庶幾有功。這種學問非經許多專門家繼續的研究不可。研究的結果。一定能在圖書館學裏頭成爲一獨立學科。無疑。所以我們可以叫他做「中國的圖書館學。」

諸君都知道。我們圖書館協會的專門組內中有「分類。」「編目。」兩組。若在外國圖書館這些問題早已決定。只消把杜威的十進表格照塡便了。何必更分組去研究。中國書卻不是這樣簡單的容易辦了。試觀外國各大圖書館所藏中國書都很不少。但欲使閱覽人對於所藏書充分應用能和讀外國書一樣利便只怕還早得很哩。外國圖書館學者並非見不及此。也未嘗不想努力設法求應用效率之加增。然而經許多年。到底不能得滿意的結果。此無他。這種事業是要中國人做的。外國學者無論學如何淵博決不能代庖。

中國從前雖沒有「圖書館學」這個名詞但這種學問卻是淵源發達得很早。自劉向、劉歆、荀勗、王儉、阮孝緒、鄭樵、以至近代的章學誠。他們都各有通貫的研究。各有精到的見解。所留下的成績如各史之藝文經籍志。如陳振孫晁公武一流之提要學以至近代之四庫總目。如佛教之幾十種經錄。如明淸以來各私家藏書目錄。如其他目錄學專家之題跋和札記。都能供給我們以很豐富的資料。和很複雜的方法。我很相信中國現代青年。對於外國圖書館學得有根柢之後。回頭再把中國這種目錄學（或用章學誠所定名詞叫他做校讎學）加以深造的研究。重新改造。一定能建設出一種「中國的圖書館學。」來。

圖書館學裏頭主要的條理。自然是在分類和編目。就分類論。呆分經史子集四部。窮屈不適用。早已爲人所公認。若勉强比附杜威的分類。其窮屈只怕比四部更甚。所以我們不能不重新求出一個分類標準來。但這事說來似易。越做下去越感困難。頭一件分類要爲「科學的。」（最少也要近於科學的）第二件要能把古今書籍的性質無遺。依我看這裏頭就包含許多衝突的問題。非經多數人的繼續研究。實地試驗。不能決定。

就編目論．表面上看像是分類問題決定之後．編目是迎刃而解．其他如書名人名的便檢目錄．只要採用外國通行方法．更沒有什麽問題．其實不然．分類雖定．到底那部書應歸那類．試隨舉十部書．大概總有四五部要發生問題．非用極麻煩工夫將逐部內容審查清楚之後．不能歸類．而且越審查越覺其所跨之類甚多．任歸何類．皆有偏枯不適之處．章實齋對於這問題的救濟．提出兩個極重要而極繁難的原則．一曰「互見」．二曰「裁篇別出」．這兩個原則在章氏以前惟山陰祁家淡生堂編目曾經用過．此後竟沒人再試．我以爲中國若要編成一部科學的利便的圖書目錄．非從這方面下苦工不可．

我們圖書館協會所以特設這「分類」「編目」兩專門組．就是認定這兩種事業很重大而很困難．要合羣策羣力共肩此責任．

此外我還有一個重大提案．曰「編纂新式類書」．編類書事業．我們中國發達最早．當梁武帝時「五〇二至五四九」已經編成多種．其目見於隋書經籍志．此後如太平御覽永樂大典圖書集成……等．屢代皆有．大率靠政府力量編成．這些書或存或佚．其存者供後人研究的利便實不少．但編纂方法．用今日眼光看來．當然缺點甚多．有改造的必要．這件事．若以歷史的先例而論．自應由政府擔任．但在今日的政治現狀之下．斷然談不到．此而且官局編書．總有種種毛病．不能適合我們的理想．我以爲應由社會上學術團體努力從事．而最適宜者莫如圖書館協會．因爲圖書館最大任務．在使閱覽人對於任何問題着手研究．立刻可以在圖書館中得着資料．而且館中所設備．可以當他的顧問．我們中國圖書館想達到這種目的嗎．以「浩如煙海」的古籍．眞所謂「一部十七史從何說起」．所以除需要精良的分類和編目之外．還須有這樣一部博大而適用的類書．才能令圖書館的應用效率增高。

以上幾件事若切實做去。很穀我們中國的圖書館學者出大汗絞腦髓了。成功之後。卻不但爲中國學術界開出新發展的途徑。無論何國的圖書館關於中國書的部分都能享受我們所建設的成績。凡屬研究中國文化的人都可以免除許多困難。所以這種工作可以名爲世界文化工作之一部。

我所說本協會頭一件責任「建設中國的圖書館學。」意見大略如此。其詳細條理。容更陸續提出求敎於同人。

至於第二件「養成圖書館管理人才。」這種需要。顯而易見。無待多說。明圖書館學在現代已成一種專門科學。然而國內有深造研究的人依然很缺乏。管理人才都還沒有。而貿貿然東設一館西設一館。這些錢不是白費嗎。所以我以爲當推廣圖書館事業之先有培養人才之必要。培養之法。不能專靠一個光桿的圖書館學校。最好是有一個規模完整的圖書館。將學校附設其中。一面敎以理論。一面從事實習。但還有該注意的一點。我們培養圖書館人才。不單是有普通圖書館學智識便算滿足。當然對於所謂「中國的圖書館學。」要靠他做發源地。

（三）

由此說來。中國圖書館協會所以有成立的必要。也可以明白了。我們中國的圖書館學者。實在感覺自己對於本國文化世界文化都負有很重大責任。然而這種責任。絕非一個人或一個圖書館可以擔負得下。因此不能不實行聯絡在合作互助的精神之下。各盡其能力以從事於所應做的工作。協會的具體事業。依我個人所希望。最重要者如下。

第一　把分類編目兩專門組切實組織。大家抖擻精神幹去。各圖書館或個人。先在一定期間內各提出具體方案交換討論。到意見漸趨一致的時候。由大會公決。即作爲本協會意見。凡參加本協會之圖書館即遵照決議。製成極綿密極利便的目錄。務使這種目錄不惟可以適用於全國。並可以適用於外國圖書館內中國書之部分。

第二　擇一個適當都市。建設一個大規模的圖書館。全國圖書館學者都借他作研究中心。所以主張「一個」者因爲若要多設。一則財力不逮。二則人才不彀。與其貪多騖廣鬧得量多而質壞不如聚精會神將「一個」模範館先行辦好。不愁將來不會分枝發展。

第三　在這個模範圖書館內附設一圖書館專門學校。除教授現代圖書館學外。尤注重於「中國的圖書館學」之建設。

第四　這個模範圖書館當然是完全公開的。如鮑博士所提倡不收費許借書出外種種辦法都在裏頭斟酌試驗。

第五　另籌基金。編纂類書。

以上五項。都不是一個圖書館或一個私人所能辦到的。不能不望諸圖書館協會。協會所以成立的意義和價值。我以爲就在此。

我所積極希望的事項如此。還有消極反對的兩事

第一　我反對多設「閱書報社式」的羣衆圖書館。羣衆圖書館。我在原則上並不反對，而且將來還希向這條路進行。但在今日現狀之下。我以爲徒花寃錢決無實益。

第二　若將來全國圖書館事業籌有確實基金之後。我反對現存的圖書館要求補助。頭一個理由。因爲基金總不是容易籌得的。便籌得也不會很多。集中起來還可以辦成一件有價值的事業。分開了效率便等於零。第二個理由。因爲補助易起爭論。結果會各館橫生意見。把協會的精神渙散了。目的喪失了。

今日所講雖是我個人私見。我想在座諸君也多半同感。我信得過我們協會成立之後。一定能替全世界的圖書館學界增一道新光明。我很高興得追隨諸君之後努力做一部分的工作。

十四年六月二日

如何纔能完成『國慶』的意義

雙十節講演稿

本校行祝賀國慶禮禮節單程序上列有我的講演恨我一時粗忽沒有看淸楚日子誤以爲是十月十日行禮九日下午竟因別的事進城去了到行禮時聽說用電話到處找我到底找不着十日早上我在城裏應了兩處的講演下午兩點鐘趕回學校才知道典禮已於昨日行過當時還累校長及同事同學諸君白白等了一個鐘頭實是抱歉萬分我預定的講稿既未能當場宣說只好將大概寫出登在週刊上還求諸君指教和原諒

十四．十．十一．啓超．淸華北院二號．

今日是國慶日是「薄海臚歡」的好日子記得我當二十五年前在新民叢報上因舊曆元旦有所感觸做過一篇短論文說道『我國沒有政治上值得全國永遠記念的那一天國人僅靠天體運行上無意義的元旦作爲共同娛樂的佳節實在可恥』現在已經有了這「雙十節」而且經過十四回了昨今比較論理該如何歡喜踴躍啊

但是全國大多數人對於今天到底怎麼樣呢凡到過美國的人——未到過的也該聽見——諒來都知道七月四日那天他們喜躍到狂的樣子他們並不是做門面給外國人看他們個個都知道這國家是應矜全國人的志願合全國人的心力造成的現在和將來都靠國家的庇蔭纔得有個人存在和發展所以對於建國紀念那一天就像過着父母生日做兒女的「不期然而然」從心坎中發出喜悅來還觀我們的「雙十節」怎麼樣莫說鄉下老百姓始終沒有把他當一回事就算堂堂首善的北京城裏只怕除卻城門車站公署紮幾座綵棚在大街上商店奉警廳命令照例掛國旗外絕無慶悅的現像表示內中對於這佳節稍爲鄭重的算是學校恐怕大多數學生的歡天喜地還是因得着放假頑一天機會此外更沒有什麼深切愉快的感想

這樣說來豈不是中國人麻木不仁到十二分嗎換句話說難道中國人竟沒有愛國的良知良能嗎是決不然

我對於這種現像可用兩種原因來解釋他

第一凡人無論對一個人或一件事物發生摯愛必定先對於那人或事物有迫切的需求費了許多心血勞力纔得到手那末珍重愛護之心便不知不覺的時常流露而且永遠不會消滅中華民國是否成立於這種條件之下呢我們可以毫不遲疑答道完全不是這回事中華民國不過由少數所謂偉人者「代人民革命」所產

之結果大多數人民不惟對於民國之建立沒有迫切之需求簡直就不知民國是何意義再詳細點說中華民國並非建設在何等堅牢基礎之上並非他自身能有力量成立不過清帝國拼命自己戕賊恰到該「壽終正寢」時候「代人民革命」的偉人們便用偷關瞞稅的手段把民國招牌豎起來左傳開卷第一葉記一段故事『鄭莊公寤生驚其母姜氏故名曰寤生母遂惡之』四萬萬老百姓睡裏夢裏從半天掉下一個怪物——民國來恰恰是一種「寤生」情狀他們不實行「那『遂惡之』三個字已算是賞臉了」若想在這種關係之下要求熱烈的愛情迸發到底沒有可能性

第二從別方面看一個社會的建設本來是靠少數領袖人物帶着路往前幹多數人一時未能家喻戶曉也屬無可如何現這種現狀之下那末就要看領袖人物行爲如何既已徼倖成功豎起這面招牌倘使從此認眞將舖子內容整理貨物陸續辦齊自然不同情的人也要同情不信仰的人也要信仰就令未能立刻把成績顯出只要當事者有一點忠誠之心表示出來也足以維繫人們的希望十四年來的中華民國怎樣呢說起來眞可痛哭凡做政治生活的人所有一切舉動無不與民國生存的原則背道而馳萬人唾罵的軍閥固不用說卽自命手造民國的偉人實際上所行與所言無一不相反我敢大膽說一句十四年來政治舞臺上活躍的人一個個都是帝王思想的游魂對於「民國」這兩個字的眞意義都未嘗夢見也並沒有人想替這兩個字出一點力各人都是以自己個人或一黨一系的權勢利益爲本位把國家和人民犧牲到若何程度皆在所不顧天天演的把戲不是戰國時代縱橫捭闔式的聯盟就是梁山泊好漢們的「火併」這種「挂羊頭賣狗肉」的勾當一直鬧了十四年還不知鬧到何時是了鬧得四萬萬人個個都不知命在何時個個都有『時日曷喪予及汝

偕亡』的感想。生活在這種狀態之下的老百姓們。想要他當着民國誕生日破顏一笑。除卻全無心肝的人。恐怕做不出這副假臉來。

諸君啊。莫怪我在今天大好日子偏說些不吉祥的話。倘若再這樣鬧三五七年。只怕連這面騙人的金字招牌也挂不牢了。幸而清室本是廢物。不會死灰復燃。倘使他那邊稍爲有幾個像人的人。只怕把這局面翻過來恰如摧枯拉朽。以後若有個「洪憲皇帝第二」出現。只怕老百姓們念「阿彌陀佛」者不知多少。再不然。更會把「救民水火」的希望。移到外國人身上去。那麽豈惟「民國」兩個字。便「中華」兩個字也萬刼不復了。且慢。難道我們說一派悲觀話便了嗎。難道我們準備着替中華民國發訃聞辦喪禮嗎。不。不。我們決不甘如此。只要我們不甘如此。事實上便也決不至如此。人事只是人做成的。壞也由人。做好也由人做。——牡丹亭傳奇裏頭有句話說的最好。『生生死死隨人願』。要替中華民國湔出新生命。只看現在中華民國的人的願力如何。

中華民國的人多著哩。到底指望那些人呢。試把國家比人身。把人民比身上的血球。當然要血球個個健全。身體纔能强健。但現在久病纏綿的民國。這種希望當然一時不能到手。試再把國內的人略細分一分類。第一類是軍閥的大部分(仰軍閥鼻息的官僚也包在內)和黨人的大部分(黨籍不明的政客也包在內)他們都是滿含黴毒的壞血球。國家元氣大半斵喪於其手。現在正要和他們奮鬥。或是消滅他們。或使他們改變現狀。第二類是獨善其身的老先生們和安分守己的老百姓們。他們是帶淡色的血球。雖然沒有毒。卻也沒有多少防毒消毒的能力。第三類是知識階級的青年——尤其是在大學裏或游學外國。全國人所屬望爲將來各界領袖人物的青年他們好比心房新迸出來的鮮血球具有摧滌瘀毒榮養全身的能力和責任中華民國的新生命能否締造全看他們的「能力率」和「責任心」何如

所謂「責任心」者並不是人人都去做政治活動政治固然是國家生存最重的要素然而國家生存要素卻不止政治一件倘使四萬萬人都做了政治家你想這國家又成個什麼樣子呢所以各人該因自己性之所近各從事於一種正當職業不必直接做政治活動纔算愛國這是顯而易見的常理但無論揀擇何種職業總別要忘記我這種職業也為國家成立要素之一我這種職業做得好不好於國家的榮瘁存亡有重大關係常常把愛國精神鎔注在自己職業裏頭作職業生命必如此然後這種職業纔有他存在的意義和價值例如當教師決不是依著學校契約的鐘點上堂不缺課便了決不是僅把自己從前所能受的一點學識像當轉運公司的照例傳撥給學生便了總要常常想我是替中華民國養成幾年後在社會上任事的人物如何纔能令他們做一個最適合於當時此地需要的人才如此纔算盡我的責任纔算我的職業有生命例如做實業家決不是自己賺幾個錢便了要常常想著我這種實業影響於國家權利者何如影響於勞動及消費者之生計何如我該怎麼樣纔能令我這種實業對於國民經濟合體有相當的價值……諸如此類件件職業都可以發見其對於國家的關係都可以在自己職業範圍內充分盡自己對於國家的責任

諸君切切不可忘記諸君是在社會上已經占了大便宜的人試看全國一萬個人裏頭有享受高等教育的機會的能得幾個他們天賦的聰明才力並不見得一定在我們之下不過為家計或他種關係所虐待或簡直不能求學或僅受底等教育便算滿足我們何德何能該享這種特權既享特權須知特別責任便跟著來壓在你

頭上現在已經是如此倘若你將來學成之後在社會上得有優越的地位或名譽時須知「水長船高」你的責任增重恰與你的地位名譽成正比例一般人盡一般的責任便很彀了當領袖人物的人不能盡領袖的責任便等於不盡責任

上一段話是專對不直接做政治活動的人說的諸君切勿誤會以爲我不勸人做政治活動『人類是政治動物』政治不良一切皆無所托命如何能看輕政治有些人以不談政治爲淸高這全是「舊名士」習氣決非今日青年所宜學所以我雖不希望人人都做政治家但以爲無論做任何職業的人總須有相當政治常識到必要時還常常參加政治活動之一部至於政治界的專門領袖人物在國家生存上關係尤爲重大青年中若有量自己性質和興趣與這方面相近者便毅然努力負荷這是對於國家最有益而且必要無待多言

志願做政治界領袖的人對於國家生存和發展負「直接責任」比於間接者所關尤大他們積極方面應負責任很多在今天很短的講演期間恕我不能一一列舉卻是政治社會本來是混濁的中國今日尤甚當政治領袖的人造孽的機會也獨多所以積極把國家弄好這種責任能否負得起還屬第二件頭一件起碼不要因我政治活動把國家弄壞這種消極的責任在今日中國最宜注意我請就我所見到的列舉以下幾個信條及禁條但我先要聲明以下所列舉都是就「羣衆運動式」的政治活動而言至於軍閥式官僚式的做官活動家我絕對不認爲政治活動所以用不著作什麼矯正的批評

第一民衆政治是要民衆自己去做的決不可由一個人或少數人代他們做尤萬不可假冒他們的名義做民衆政治所以必要民衆自己親做的道理顯而易見頭一件由自己親下勞力經過甘苦纔得到手的東西自

然會愛惜珍重。這樣希望纔有永遠保存的可能。否則他出之以「滿不在乎」的態度。絕對不會認識這件東西的價值。而且不能令這東西有價值。第二件。政權若由民衆自己費了血汗纔到手。他們自然會有力量來抓住他不放。否則便容易被別人搶去。第三件。他們抓得著政權。自然會有實地練習的機會。判斷力也漸漸有了。辦事能力也漸漸有了。如此。他們自己替自己打算。——決不會開自己頑笑。自然會把事情弄得好。否則縱使別人突然間把權讓給他們。他們也是「猴子得塊薑」。一點辦法沒有。

明白這種道理。便可以知道民國十幾年來民治不立之總原因了。辛亥革命。那時候。民衆消極的厭惡清室的官吏則有之。積極的民衆革命活動。卻未嘗有。消極的厭惡。決不足為革命之成因。例如人民對於現在民國的政治也算十二分厭惡。但並沒有因此便把民國的命革掉。因此可知辛亥革命別有成因。即少數黨人(當時的革命黨立憲黨都包在內)和少數下級軍官的活動。便是這些人便是革命主體。雖然我們大吹大擂說人民革命。但大多數人民沒有參加這回革命。確是事實。古語說得好。『種瓜得瓜。種豆得豆。』人民革出來的命。政權當然歸人民。黨人軍官革出來的命。政權當然歸黨人軍官。然則十四年來黨閥軍閥之禍國。乃是因果法則所當然。又何足怪。而人民所以對於革命產生的民國。始終拿「滿不在乎」的態度冷視他。又何足怪。清帝遜位詔書雖說『政權交與人民』。民國約法雖說『主權在國民』。然而民衆一直到今日。到底沒有接受著這個權。即使今日真有人把政權讓出來。民衆也沒有能力接受。這又何足怪。

有人說。『命既已必要革。多數民衆又不肯革。不會革。少數人替他執行。也屬無法的事。而且總比不革好點吧。』這種理論。我絕對不能贊成。孟子書裏說一段笑話。『宋人有憫其苗之不長而揠之者。芒芒然歸。謂其人曰。

「今日病矣余助苗長矣」其子趨而往視之苗則槁矣』這便是「代人民革命」最確切的比方助苗長那苗斷不會因助而長只有把他可以慢慢長的本能連根拔盡中華民國人民所以至今站不起來從一方面看喫辛亥年「揠苗助長式革命」的虧也實在不小

代人民革命還有一個很大的毛病是把他個人和人民的界限弄不清楚生出名實混淆的惡結果本是一個人或少數人做的事偏說是多數人或全體做的你可以這樣說別人也可以這樣說洪憲稱帝全國勸進我們都罵他「強姦民意」不錯但強姦民意的決不僅袁世凱且並非由袁作俑袁還可以反脣相稽說『你們也是強姦民意我不過從你們那裏學得一個乖來』因為「民」固沒有贊成「袁皇帝」的「意」却也沒有建設民國的「意」彼此都是一樣的「假冒本號招牌」諸君啊切莫以為『不過招牌罷了』借一借用有什麼要緊』孔子說得好『唯名與器不可以假人』你看十四年來軍閥火併黨閥火併學閥火併前前後後大大小小不下幾百次那一次不把什麼「民意」「公意」的招牌擡出來甚至隨便一個流氓發一封「快郵代電」也說代表公民幾千幾萬人同一個學校的教職員或學生同一天同在一張報紙上登出兩個互相攻訐的啓事都是代表學校或學生全體這種醜態眞把中國人臉面丟盡了最可憐四萬萬馴良老百姓被大大小小偉人們「輪姦」得身無完膚却向誰伸辯青年們啊大丈夫磊磊落落『一人做事一人當』你自己有什麼主張或是反抗某個人某件事儘可獨立發言獨立實行苟確然有所自信便舉世沒有人附和也什麼要緊壞事不該做壞話不該說自無待言就是做好事說好話最好一個人負責任去說去做不要瞎吹吹到什麼多數什麼全體身上去

近幾年來罷工風潮可算得社會上一種流行現象我也曾大概把各次的罷工比較分析一下凡由工人自動的——純粹爲生計上切身利害問題而發動的大抵能堅持能妥協結果能比較的良好凡雜有政治作用被政客先生們煽動利用的大抵條件鬧得很兇時間鬧得很長結果工人得不著利益或者還吃虧爲什麼呢凡自動者必善自爲謀根據事實有個分寸怎樣發怎樣收都恰如其分他動者反是煽動的人別有目的拿工人作犧牲所煽動者不過少數人而此項少數人不過借端謀個人利益並沒有替全體打算所以失敗時當然工人本身受其害成功時也未必能受其利青年們啊我們稍有天良總不該做這種缺德的事

孟子說了「宋人揠苗」那段笑話之後自己下幾句解釋道『以爲無益而舍之者不芸苗者也助之長者揠苗者也非徒無益而又害之』這幾句話眞說得好想改良民國政治總要國民全體——最少也要大多數有自動的意志與自動的能力如何纔能令他們有這種意志和能力便是「芸苗」工夫這種工夫絕非短時期所能成工的悲觀派的人或者認爲沒有成功的可能這是「以爲無益而舍之」翻過來有些人等很不耐煩說道『你不幹我替你幹罷』無論他的動機或出於利用的壞意或出於助長的好意結果都是莊子說的『代大匠斲必傷其手』孟子說的『非徒無益而又害之』諸君啊這是我過來人一段極沈痛的懺悔話我從前雖自信沒有做惡意的「代斲」但頗喜歡做善意的「代斲」近來我纔覺得害人不淺今後叫我做「不芸苗」的人我到底不肯但叫我做「揠苗」的人我也再不敢了諸君啊別要「以爲無益」我們還是埋頭埋腦去「芸苗」罷

第二不可以手段爲目的更不可不擇手段

做政治活動的人不能不有點手段。這個原則。我也相當的承認。但手段不過爲達某種目的的工作途上一種過程。決不能把他當成目的。而且手段是一種危險的事。譬如含有毒性的藥。只可偶用。不可常用。不得已而用之時。極須審愼揀擇。這些話本來是老生常談。不待申說。但是愛用手段的人用慣了便會忘了形。不知不覺便犯了前列兩種毛病。所以有志政治的青年們不可不引爲大戒。

第一件。違反目的的手段絕對不能用　後漢書南蠻傳記某蠻俗。『長子生則殺而食之。謂之宜弟。』任何人讀到這句話諒來都不能不失笑。既以有子爲目的。爲什麼殺了現成兒子求將來的呢。將來的得著得不著未可知。現成的早已送掉了。不幸現代號稱文明國民也有和他同類的奇異觀念。試舉一個例。蘇俄共產政府所標榜的不是「大多數人民自由幸福」嗎。然而據外報所說。該政府成立以來。因喪亂刑罰饑餓而死的人已不止一千萬。現存的人最少也是一切自由剝奪淨盡。幸福更不必說了。雖或敵國過甚其辭。但任你打折頭來估算。蘇俄現代人民之遭殃。已成無可諱的事實。他們自己辯解——或信仰共產的人替他們辯解一定會說道。『爲將來永遠幸福計。一時犧牲是免不掉的。只得忍受。』但是這種辯解在天理人情上能彀容許嗎。將來永遠幸福這句話根本上已不能成立。『人之生也與憂患俱來。』無論何時。總不會有萬人圓滿的幸福。最良的政治。不過爲「當時此地」之人民求得比較的幸福。便算盡責。到社會情狀變遷。應該怎樣增進「那時彼地的」幸福。自屬那時彼地政治家的責任。若把現代人幸福一切不顧。說他們的苦痛是將來幸福代價。天下古今斷沒有如此而可名爲政治者。現在共產主義已變成「新經濟政策」了。紅色已變成灰色了。將來幸福仍是遙遙無期。死去的一千多萬冤魂問誰償命。嘻。『一將功成萬骨枯。』共產黨人固大慶成功所難堪者人民而已。平心而論這種手段的分寸。本來很難確定。凡政治上一種改革、總要有一部分人受苦痛或者將來利益爲現在多數人看不出『非常之原黎民懼焉』這都是免不了的事。政治家瞻顧太多便會一件事都做不成。雖然最少也要自己立個防閑。愛兒子要兒子學好駡他打他乃至監禁他都可以。若把他殺了還說是愛他無論如何總說不過去。這種理論一昌。徒供野心家「芻狗百姓」自謀私利之具。有心人萬不宜出此。

第二件。和自己從前的言行相矛盾的手段絕對不能用　政治上善惡利害本來沒有絕對的。各人有各人的看法。如何主張。當然隨人。但自己曾經主張過的事。便是把自己將來行爲加一層束縛。不能任意變更。例如金佛郎案是否應辦另一問題。但以去年曾發通電反對此案之段祺瑞忽然辦起來總是不作興的。又如段祺瑞張作霖是否可以做政友。另一問題。但以對德宣戰時曾經宣言討段討督軍團而且始終標榜打倒軍閥的孫文忽然鬧起三角同盟來總是不作興的。（諸君勿誤會。我並不是挑剔這兩個人。因爲要舉出人人共知的近例。不得不引及。）要之政治家若爲一時的利害拋棄自己的「言責」成功與否。尚不可知。先把自己的人格價値喪失了。有志政治的人。眞不可不引爲厲禁。

第三件。違反倫理的手段更絕對的不能用。　政治家以忠於國家爲惟一的倫理。起碼。斷不能爲別國人的利益。加本國以損害。犯此者謂之謀叛。現在正有人在外國政府及軍官監督指揮之下帶著成千成萬外國人或甘心服從外國的中國人來占據中國土地殺戮中國人民。這是那一位大政治家的「一時政治手段」惹出來。現在也不便深問。頗聞這個外國以此爲未足。更廣用金錢來收買學界青年。青年中受其誘惑者且已不少。我很盼望這種風說完全靠不住。如其有之。則小之侮辱我們青年個人的人格。大之侮辱我中華民國全國的人格。以言國仇。仇莫大於是。青年裏頭若有一個人因此賣身。便是玷辱炎黃以來祖宗遺體。把中國人的沒志氣沒出息暴露於此界。以言國恥。恥莫大於是。青年們啊。你信仰什麼主義。當然是你的自由。但我老實不客氣告訴你。『你的信仰動機若帶有半點銅臭。你的信仰便沒有一毫價值。』青年們啊。頂天立地一條好漢。何至一月幾十塊錢。犯恁麼大的罪惡。貽國家以恁大的恥辱。『有則改之。無則加勉。』我眞不能不垂涕泣而道了。

在這一段末了。請總括幾句古人說『經權並用。』政治家偶然用些手段。原非絕對不能容許的事。但斷不能把手段當作家常茶飯。卽用手段也自有不可踰越的範圍。孟子論伯夷伊尹柳下惠孔子四人不同道。求其同的一點。則『行一不義。殺一不辜。而得天下。皆不爲也。』那三位且不說。伊尹是一位『治亦進亂亦進』的『聖之任。』然其嚴守藩籬也如此。這幾句話看來像迂闊不堪。決非現代時髦的人們所願垂聽。其實一個政治家若沒有這種節操。則才調愈高。其禍天下也愈甚。孟子又說。『人有不爲也。然後可以有爲。』愛用手段的充類至盡。可以「無所不爲」做政治青年們啊。你想投身政治來救今日的中國。請千萬勿忘記這一點罷。

第三。須尊重異己的意見。不可橫肆摧殘壓制。

政策無絕對的是非利害。只要是以國家爲前提。則見仁見智。終可以有兩相反的議論。而彼此都不失爲愛國者。持甲派意見之人。雖不可以容易屈從乙派。但對於乙派意見最少要聽其有充分發表的機會。更進一步要有虛心容納引爲攻錯的雅量。多數壓少數。已經不可。若並非實緊多數。而以幾個人兇悍刼持。利用羣衆畏事或不屑與爭的消極心理。便以少數而冒多數的名義。更用以威嚇其他之當事者或羣衆。此種政治活動方式。其造孽於社會眞不可紀極。青年們啊。請你回想一想。近幾年來所謂什麼什麼風潮。那一回不是從此而起。試問得什麼好結果。只怕除却把局面扯得稀爛外。更無所得。須知民治主義。要在充分的意志自由言論自由之下纔得發生。若壓制異己派之自由。無論壓制者爲多數爲少數所用壓制方式爲明壓爲暗壓。總之是把民治萌蘖摧毀。與民國生存不能兩立。青年們若不把這種壞脾氣根本剷除。則所有活動。不過替民國做催命符便了。

在這一大段末了再總束幾句。我的主張是。第一。青年們宜各因其性之所近。擇定職業。從自己職業上看出對於國家的責任。第二。無論擇何等職業。皆須有政治常識。並且於必要時參加正當的政治活動。第三。預備專做政治生活的人。須一反十四年來黨人政客之所爲。且具有抵抗惡風氣之決心。刻刻注意。政治上的道德責任。

以上算把「責任心。」大略講完。

所謂「能力率」者。我們想救國。決非空口說白話。『救呀。救呀。』便會救得轉來。總須「挾持有具。」所挾之具。又有力量大小之不同。例如救火。若赤手空拳。只靠吐點唾沫去救。便叫做「無具。」拿水桶打水。總算有具了。然而力量有限得很。用水龍乃至用最新式的水龍。力量便加大。一定能把火撲滅。能力愈强。效果亦愈大。這種比例增率。叫做「能力率。」我們若要誠心誠意的救國。當然要把自己的能力率盡量擴大。這是自明之理。諒來無論何人不會持異議的。

若承認這個原則。那麽對於「近來所謂黨化教育運動」我又不能不提出抗議了。十三四歲小孩子都煽誘他們入黨。常常叫他們在學校內部作「所謂政治行動」者或拋棄學業在校外作政黨式行動。這種黨化策略。在教育上會發生絕大惡影響。自無待言。在政治上怎麽樣呢。能否有好影響來補償。我們應該用綿密的觀察來作公正批評。我們素來主張無論何級學校都要由淺入深授學生以政治常識。還主張在高級學校給學生以模擬式的實際政治訓練。但這都是給他們一種原理及技術的練習。替他們養成將來應用的能力。並不是叫他們現在就當場搬演。正如學校裏教授木工金工。卻不是叫學生登時就開木場鐵廠。既名爲學生。當然一切都在「學」的時期。固然要「學以致用」。但用總該在學成以後。黨化教育的把戲。不等學成便用。他正如把未熟的果摘來吃。假使那人原沒有政治天才。結果也變成「小政客」而止。現在政治社會之黑闇腐敗。無可爲諱。既當了「小政客」。出過幾次鋒頭。便十個有九個品性墮落。而且學業再不會長進。往後在社會上再不能得正當職業。只好在黨裏頭充「波士」（美國政黨走卒的名稱）。在辦黨的人需用此項「波士」。越多越好。難怪他們拼命製造。但以對人道德論。已等於「誘良爲娼」。造孽不少。從國家方面設想。滿坑滿谷的「波士」。分布在中央和各地方政界。政治更安有清明之一日。所以這種黨化教育運動。我們絕對的認爲戕賊人才。流毒社會。不能不嚴重抵抗。並且諄勸自愛的青年。萬不可以白玉無瑕之身輕易在淤泥裏嘗試。

「及時救國」。這句話在動機上絕無可反對。當這種內賊鴟張外侮憑陵的時候。連我們五十多歲的人還有時刺激得要發狂。何況血氣正盛天眞爛漫的青年。如何能忍得住。但我們要發問。我們能否做「董仲舒」的純粹信徒。『正其誼不謀其利。明其道不計其功。』只要盡我的心。不管有効無效。抑或想救國眞救出點結果來．若還想點結果那麼．孟子說得好．『子欲手援天下乎』．想救火．該聚起一羣人在街上吶喊吐唾沫．還是該去找水龍．有人問『沒有水龍怎麼好呢』．『趕緊去造呀』．『造來時房子已燒光了』．『不錯．不造水龍．光吶喊光唾吐沫房子就保得住嗎．不如還趕緊造．第二次再遇火災時．却有辦法了』．救火和救國雖有大小之殊．理論法則原只是一樣．『及時救國』這句話．不是現在纔發明．二十多年前已經是學界裏流行熟語了．每一次事變起．總有若干千百的青年做了這句話的犧牲品．最少也把他們的修學時光犧牲了一部分．犧牲所不惜．但犧牲代價總要換回點點結果來纔值得呀．假使二十年前的青年肯把吶喊的工夫去做一點實際預備．或者這垂死的國已經救轉一部分來．也未可知．如今一天一天蹉跎過去．吶喊了二十年．依然故我．或者更「一蟹不如一蟹」．試問這是「及時」呀還是「失時」．青年們呀．遠的事不必徵引．最近「五卅」慘案．青年們及時去救．不爲不出力．到底救得轉什麼來．

青年們呀．你知道嗎．滿街上張貼的散佈的「打倒英日帝國主義」廣告或傳單．用布寫的都是英國布．用紙寫或印的都是日本紙和墨．連罵英國的布都要英國供給．連罵日本的紙都要日本供給．國民沒出息到這步田地．還有什麼面孔向人打話．面孔且不管他．試問這樣的國民．天地雖大．更何處容我們立足．在這種狀態之下．不知恥．不知懼．不知奮．不打起精神預備一兩件看家本領．替國家爭垂絕之命．成天價像孝子嚎喪一般．直著乾喉嚨乾哭幾聲．給旁人好看．或者趁熱鬧「打、打、打」的聲浪高唱入雲．就算「愛國之能事畢矣」．這是及時呀．還是失時．請諸君想想．

閑話少提．講的是能力率．究竟能力率如何纔能增進．我們正要切實商量．據我所見．宜注意者有下列各事．

第一能利用各人性之所近發揮自己的特長則能力率加增否則減少這種理論幾於人人共曉不必申說了但人類又往往有「好用其所短」的壞脾氣青年時代又往往見異思遷因此把自己良能失掉給社會以「人才不經濟」的損失我希望青年們自己常常注意

第二集中精力則能力率增加易否則難古語說得好『一個人若想無所不知無所不能結果必至一無所知一無所能』天下應做的學問無窮應做的事也無窮一個人如何能包攬得許多廣東俗話笑那貪多務名的人說道『週身刀仔沒有一張利的』與其週身刀都不利不如一寸匕首便可殺人社會上把一件事交給我做——不管那事大小只要盡我的心力能做到躊躇滿志便算完了我的責任能決勝廟堂運籌帷幄打倒一個大敵國和能彀製最合用的布或紙供給寫打倒敵國的檄告或傳單這兩種人所貢獻於國家者並無差別我們只怕自己責任上該做的事做不下來不必問事之大小和職業之高下

第三凡學問之應用能適合於「當時此地」則能力率增大否則學問雖極好有時效率或等於零這一點留學外國或受純粹外國式敎育的青年們最宜注意外國的敎法越敎得好的越是適合於他們的「當時此地」而他們「當時此地」和我們「當時此地」情形懸隔太甚所以學得的東西回來也許一點用不著完全變成「洋八股」所以要時時刻刻打算怎樣的應用所學到本國才不至把國家育才之費擲諸虛牝

第四能力率隨實行歷練而增加專持書本上學問和理論決不切實而且靠不住孫中山知難行易怪論只是不打算實行——不打算實踐其言的人絕妙護身符其實天下事行起來那裏全有易的『困於心衡於慮然後發』一切才智都是經過實行的困難纔磨練出來只要多行一次能力便增長一次理想任憑你飛上九天

做事總要脚踏實地如此則能力可以與年俱進了。話說得太多了姑且就此爲止再說幾句以當結束我們這位十四歲的小祖宗（借紅樓夢稱呼賈寶玉的名）——中華民國沒有足月便出世生下來千災百難以至今日前途還有多少魔星誰也不敢說但他是我們身家性命所托賴不把他扶轉出來我們便沒得日子過扶轉之法頭一步治病源第二步養元氣治病源首在人人躬踐道德的責任心養元氣首在人人增長實際能力率而表率多數人者則爲受高等教育之青年們青年們若知道國之興亡係汝一身各人自强不息以荷此艱鉅我希望這位小祖宗到二十歲整壽的時候「國慶」的眞意義可以完成。

復劉勉己書論對俄問題

勉己足下。

我當回你信以前先和你說一段笑話晚明的智識階級最會拌嘴那時講「良知」正是最時髦的名詞有人說良知卽「赤子之心」有人說良知像一張白紙於是發生「良知赤白問題」朱舜水集裏頭有句話『我不管良知是赤是白』就是由此而來良知赤白沒鬧得淸楚滿洲人却已進關了現在打的帝國主義赤白官司恰好和那時遙遙相對。

你要我在對俄專刊上做篇文字我老實告訴你這幾天看見報上筆墨官司打得熱鬧已經把我的「晚明遺傳習氣」惹動心癢難熬想加入拌嘴團體來了但是頭一件因爲要討論這問題須得先把自己對於經濟制

度的主張拿出來立論纔有根據我不是沒有主張但把他寫出來也要費好幾天工夫我現在被學校功課絆住竟沒有這點空閑時候第二件我要講的話好些被別人搶着講去了因此把我插嘴的興會打斷許多我的文章所以許久作不成爲此

你要逼我說話嗎那麼最少我得先把我的經濟主張標出個題目來我的主張是很平凡的——或者也可以說很頑固的也許連你都不贊成我不懂得什麼人類最大幸福我也沒有什麼國家百年計畫我只是就中國的「當時此地」着想求現在活着的中國人不至餓死因此提出極庸腐的主張是『在保護關稅政策之下採勞資調節的精神獎厲國產』不妨害這種主張的——無論中國人外國人我都認爲友妨害的都認爲敵因此一方面普通所謂帝國主義者不用說當然是我們大敵因爲他用他的資本來搾我們的膏血連我們自衞的防身刀——保護關稅也搶去妨害我們獎厲國產當然是我們大敵別方面不管是「赤色的帝國主義、」是「赤色的共產主義」或者是「灰色白色的共產主義」只要有破壞勞資調節精神的意思及行爲便與獎厲國產的目的不能相容一樣也是我們大敵

蘇俄友敵問題我就是這麼簡單幾句算答覆了

赤色的帝國主義之有無和蘇俄是否帝國主義者這是兩件事不能併爲一談想辨論赤色的帝國主義之有無先要問「帝國主義」這句話作何界說若在帝國主義上加上一個「經濟的」或「資本的」形容詞變成「赤色經濟的」或「赤色資本的帝國主義」那麼我也承認他沒有可能性但是帝國主義只有這一種嗎最少還有政治的帝國主義就讓一步說這是歷史上名詞但眼面前有赤色的人把歷史的古董重新搬演

試問我們能否替他另起一個雅號不叫做帝國主義

問蘇俄是不是帝國主義者我毫不沈吟的答道他是帝國主義的結晶他是帝國主義的大魔王他是帝國主義的……俗語說得好『江山易改品性難移』一國的國民性可是換一面招牌就改得轉來嗎俄國人頑的政治對內只是專制對外只是侵略他們非如此不能過癮不管蘇不蘇赤不赤頑來頑去總是這一套馬克思便是化身的希臘正教上帝列寧便是轉輪再生的大彼得全俄人民從前是「沙」的脚下草現在便照例承襲充當執行委員的脚底泥中國從前是「沙」的夢想湯沐邑現在便是紅旗底下得意的拋球場蘇俄啊你要辨明你不是帝國主義嗎你那一天把在中國的活動停息我們那一天立刻就相信你但是能嗎

蘇俄一定說『我並不是侵略你們不過我覺得我的共產主義好可憐你們不懂受罪我來替你們宣傳革命救你們』莊子說『庖人雖不治庖尸祝固不越尊俎而代之』國內偉人們「代人民革命」我們老百姓受賜已經受够了那裏還當得起外國人來「代」以一個外國來代我們做什麼做什麼——不管做的好事壞事總之已經把我們當做被保護者兒孫奴才這樣不算帝國主義怎樣才算帝國主義

共產主義好不好和我們中國相宜不相宜且不管算是好算是相宜蘇俄應否以外國人來替我們幹也都且不管讓一百步他果是爲共產而運動共產我們對他總可以幾分原諒容赦但是眞的嗎蘇俄本身是共產國家嗎若是共產的國家怎樣會「大人虎變君子豹變」翻一個觔斗會變成新經濟政策來喂可憐天眞爛漫的青年們聽啊你信仰共產主義教你信仰的人却並沒有信仰馬克思早已丟在毛廁裏了因爲侵略中國起見隨意掏出來洗刮一番充當出廟會的時候抬着騙人的偶像喂青年們傻子聽啊我老老實實告訴你蘇俄

現狀只是「共產黨人」的大成功，却是共產主義的大失敗，你跟他們走，自己以爲忠於主義，其實只是替黨人張牙舞爪當鷹犬，和你腦子裏理想的主義相去不知幾萬里，儍子可愛的青年們，醒過來罷。

青年們啊，我告訴你，蘇俄現在是想做一個「國家資本主義」的國家，他能否做得成功，現在我還不敢說，如其成功嗎，青年們須知道，須猛醒，國家資本主義的侵略壓迫，還要比私人資本主義加十倍百倍千倍，首當其衝的便是偺們中國，他們爲他自己本國起見，自然把中國打得稀爛，是他們的利益，愛國的青年們啊，你爲着什麼來。

總答「赤色帝國主義有無」和「蘇俄是否帝國主義者」這兩個問題，我的答案如下，『蘇俄是灰赤色的國家資本的帝國主義者。』

勉己足下，我胡亂寫這封信算交卷罷，我希望我在較近期間能得一點空，再把我那篇極陳腐的經濟制度主張寫出來，請教讀者們。

一四，一〇，二三，啓超，淸華。

飲冰室文集之四十三

龍游縣志序

昔章實齋以曠代史才不獲藉手述作國史乃出其緒餘以理方志方志託體之尊自章氏始也章氏論方志善矣其所譔纂自和亳永清諸州縣志以迄湖北省志皆卓然自成一家言且所業與年俱進雖然尚有未能盡慊人意者專注重作史別裁而於史料之蒐輯用力較尠一也嫉視當時考證之學務與戴東原立異坐是關於沿革事項率多疏略二也其所自創之義例雖泰半精思獨闢然亦間有爲舊史觀念所束縛或時諱所牽掣不能自貫澈其主張者三也夫以章氏於斯學爲大輅椎輪勢固未能立造極詣且以羈棲幕府之身所敍述者非所夙習憑官力以採資料既常不獲如意而咻而吠之者復日集其旁則所就者不能如所期亦宜然耳獨怪章氏嘵音瘏口弘闡斯學於今既百有餘年後之作者匪直不聞有所光大損益並踵其成規深知其意者且不一睹焉士之識錮而志偷不能有所負荷也非一日矣吾友龍游余越園恥之雖任國立法政大學教授校課繁忙猶矻矻述作以四年之功成其縣志四十二卷爲紀者一曰通紀得卷凡一爲考者五曰地理曰氏族曰建置曰食貨曰藝文得卷凡六爲表者三曰都圖曰職官曰選舉得卷凡八爲傳者二曰人物曰列女得卷凡四爲略者三曰宦績曰節婦曰烈女得卷凡二有半爲別錄者二曰人物曰列女得卷凡一有半右二十三卷是爲正志叢載一卷掌故八卷文徵八卷是爲附志都四十卷卷首曰敍例則自述其治斯學所心得泐爲一家言以詔來許是

為前錄。卷末曰前志源流及修志始末。則馬班序傳之遺恉也。是為後錄。越園之治學也。實事求是。無徵不信。純采科學家最嚴正之態度。剖析力極敏。組織力極强。故能駕馭其所得之正確資料。若金在鑪。惟所鑄焉。其為文也。選辭爾雅而不詭澀。述事綿密而不枝蔓。陳義廉勁而不噍殺。凡此善讀越園書者當能自得之。無取吾喋喋也。吾所欲言者。越園此書在方志學中其地位何如。越園之學得諸章實齋者獨多。固也。然以此書與實齋諸志較。其史識與史才突過之者蓋不尠。掌故文徵兩部。實齋特剏。越園因之。然實齋之永清志掌故部分題曰政書。雜廁書中。棼其倫脊。其湖北志則與正志並列為三書。未免躋附庸於宗國。越園別為附志以隸於正志。主從秩然。其長一也。實齋著書義例。皆散見各篇敍傳中。徵引駁詰。動輒萬言。其為後學開拓心胸。增益神智者。功誠不在禹下。雖然。此乃述學非作史也。故和亳諸志之文。可移諸永清。永清之文。可移諸湖北。掎摭者譏其蕪累。又何以自解。由此言之。謂實齋為傑出之史學批評家則可。謂所著述遂為良史。蓋未可。越園述學之恉。具見敍例。其正志則以胸中繩墨自檢束。而不雜置繩墨於壁牖間。以汩其構造之美。寓文理密察於潔淨精微中。其長二也。實齋以鄙薄考證之故。所作諸志。惟憑固有資料。用自己獨創之史裁加以新組織。其資料有闕漏者。罕予蒐補。越園之書。如氏族考。調集數百家譜牒。經極詳慎之去取別擇。而得其經緯脈絡。其清代職官表。康熙後既無所憑借。乃蒐斷片於文集筆記詩歌質劑或祠壁井闌中。天吳紫鳳。縷錯織文。常人所不注意者。字字皆歐心血鑄成。其餘他篇類此者尚夥。徵引之書。不下四五百種。實為蒐集史料辨證史料之最好模範。其長三也。實齋諸志皆有前志列傳。謂所以辨祖述之淵源。用意良美。乃其永清志於舊志之文刪削殆盡。間采數十條。則以為駁斥之資而已。夫舊志泰半蕪穢。見蔑固宜。然一切拉雜摧燒。則新著又安所據。越園以平恕之心。衡量前人。既不盲從。亦不輕侵。舊志舛者訂之。可存者采之。一經甄冶。轉成璆琳。其長四也。實齋知紀傳相經緯之義。且極言宜采其意。以用諸方志。乃其所作諸志。除鄂志之皇朝編年紀已佚外。餘則僅有皇言恩澤等紀。純屬部分的官樣文章。不足爲全書綱領條貫。則作紀之志荒矣。越園通紀之作。綜一縣二千年間大事。若挈裘振領。爲考表傳略之尺度。俾得所麗。其長五也。實齋知族屬譜牒之要。乃其永清志士族表。專取科第之家。所載繁而不殺。一般民庶概付闕如。其和志之氏族。鄂志之族望等表。今已散佚。計體例亦正相類。蓋爲唐書宰相世系表之成法所束縛。不克自廣。越園之氏族考。根據私譜。熟察其移徙變遷消長之跡。而推求其影響於文化之優劣。人才之盛衰。風俗之良窳。生計之榮悴者何如。其義例爲千古創體。前無所承。其功用則抉社會學之祕奧。於世運之升降隆汚。直探本原。其長六也。舊志藝文猥蕪特甚。實齋以正史藝文經籍志例繩之。釐正其名實。厥議偉矣。其所著關於此門者。鄂志已佚。永淸志缺焉。獨於和州志見其梗概。其大蔽則在執向歆錄略之舊。以强馭後世著作之分類。斷斷於校讐義法。而於作者年代本書內容。反罕措意焉。越園之藝文考略。仿朱氏經義考例。詳錄其序例解題。或自作提要。間加考證。令讀者得審原書價值。以年代爲次。一展卷而可見文學盛衰之大凡。其長七也。實齋之鄂志食貨考。今所存者僅一篇。誠不愧爲一代傑作。惜全豹未睹焉。若其永淸志。則此等極重要之民生事項。悉以入政書之戶科。與其他官書之陳腐條文相雜。蕪累實甚。越園茲考。以戶口田賦水利倉儲物產及物價爲次。什九皆憑實地采訪。加以疏證。其必須參考官書格式者。則入諸附志之掌故。以期體裁峻潔。讀者不迷。其長八也。實齋之重表也至矣。顧其所作諸志。於地理部分有圖有考而無表。越園創立都圖表。道里遠近。居民疏密。旁行斜上。一目瞭然。兼以與氏族考互證。其長九也。名宦與人物異撰。宜專紀宦績。實齋言之備矣。然宦績揚善隱惡。猶沿舊志成見。越園采康對山武功志之意。美惡並書。非但以存直道。亦將以儆官邪。俾圖治者得所鑑焉。其長十也。越園書既成。使啓超爲之序。啓超爲校課所煎迫。日不暇給。僅得略事繙讀。殊不足以窺其美富。顧吾常以爲實齋以前無方志。故舉凡舊志皆不足與越園書較。以越園書較實齋書。其所進則既若是矣。無實齋則不能有越園。吾信之。越園宜亦伏焉。然有實齋不可無越園。吾信之。實齋有知。當亦頷首於地下也。夫方志之學。非小道也。吾儕誠欲自善其羣以立於大地。則吾羣夙昔遺傳之質性何若。現在所演進之實況何若。環境所熏習所毆引之方嚮何若。非纖悉周備。眞知灼見。無以施對治焉。舍歷史而言治理。其言雖辯。無當也。中國之大。各區域遺傳實況環境之相差別蓋甚賾。必先從事於部分的精密研索。然後可以觀其全。不此之務。漫然摭拾一姓興亡之跡。或一都市偶發之變態。而曰吾既學史矣。吾已知今之中國作何狀。此又與於不知之甚也。有良方志然後有良史。有良史。然後開物成務之業有所憑藉。故夫方志者。非直一州一邑文獻之寄而已。民之榮瘁。國之汙隆。於茲繫焉。今者士之偷日以甚。飽食終日。無所用心。與夫好行小慧。言不及義之流。既不足責。上焉者稗販異域學說。不問其與國情相去若何道里。貿然欲見諸施行。或則墨守古訓。不恤時俗變遷。以責無實之效。操術雖異。其爲游談則一而已。誠能一縣中有如越園者一人。孳孳焉爲其縣泐一信史。以待國之良史受成焉。以爲言治理者之資。國其庶有豸也。夫越園之史才。固非可以責望於人人。雖然。其書成規具在焉。創者難爲功。因者易爲力。但能如越園之勤求與其徵實。雖無其才。亦安在不能爲其書也。嗚呼。其毋使龍游縣志爲我國方志學中獨傳之作也。

民國十四年十一月十八日梁啓超序於清華學校北院賃廬。

清華研究院茶話會演說辭

陸侃如
劉節 合記

校長．諸位先生．諸位同學．

今天是研究院第一次茶話會．本來早就要開．因王靜安先生有不幸的事發生．到上海去了．所以緩後了許久．到今天大家有個聚會的機會．我很高興．

我們研究院的宗旨．諸君當已知道．我們覺得校中呆板的教育不能滿足我們的要求．想參照原來書院的辦法．——高一點說．參照從前大師講學的辦法——更加以最新的教育精神．各教授及我自己所以在此服務．實因感覺從前的辦法有輸入教育界的必要．故本院前途的希望當然是很大的．但希望能否實現．却不全在學校當局．還在諸位同學身上．我所最希望的．是能創造一個新學風．對於學校的缺點加以改正．固然不希望全國跟了我們走．但我們自己總想辦出一點成績．讓人家看看．使人知道這是值得提倡的．至少總可說．我們的精神可以調和現在的教育界．使將來教育可得一新生命．換一新面目．

現在的學校．大都注重在智識方面．却忽略了智識以外之事．無論大學中學小學．都努力於智識的增加．智識究竟增加了沒有．那是另一問題．但總可說現在學校只是一個販賣智識的地方．許多教員從外國回來．充滿了智識．都在此發售．學生在教室裏若能買得一點．便算好學生．但學問難道只有智識一端嗎．智識以外就沒有重要的嗎．孔子說過『知仁勇三者．天下之達德也．』又說『知者不惑．仁者不憂．勇者不懼．』又說『好學近乎知．力行近乎仁．知恥近乎勇．』這都是知仁勇三者並重的．不但中國古聖賢所言如此．即西國學者也未嘗不如此。所謂修養人格鍛鍊身體。任何一國都不能輕視。現在中國的教育眞糟。中國原有的精神固已蕩然。西洋的精神也未取得。而且政治不良。學校無生氣。連智識也不能販賣了。故我們更感到創造新學風的必要。本院同學一部分是受過大學教育的。一部分是從名師研究有素的。在全國教育界佔最高位置。受到這種最高教育的人。當然不能看輕自己。從本院發生一個新學風。是我們唯一的責任。若仍舊很無聊的冒充智識階級。便不必在此修學。既到這裏。當立志很高。要做現代一個有價值的人。乃至千百世的一個有價值的人。孟子說。『士何事。曰尚志。』孔子說。『吾十五而志於學。』立志高的人。猶恐未必成功。何況立志不高的人。諸同學既在這全國最高學府內修業。必當發憤做一個偉大的人——小之在一國。大之在世界。小之在一時。大之在千古。

所謂偉大的人。必如何而可。不能不下一解釋。這並不看他地位之高低與事業之大小來斷定。若能在我自己所做的範圍以內。做到理想中最圓滿的地位。便算偉大。從前日本一個老學者。在日俄大戰以後。說東鄉大將的功勞。與做皮靴的工人一樣。因爲沒有大將。固不能戰勝俄國。然沒有好的皮靴。也不能戰勝。所以不能拿事情的大小來比較價值的高低。只要在自己所做的事業中。做一個第一流的人物。便算了不得。諸同學出校後。若做政治家。便當做第一流的政治家。不要做一個腐敗的官僚。若做學問家。便當做第一流的學問家。能發前人所未發。而有益於後人。若做教員。便當做第一流的教員。中小學教員不算寒酸。大學教員不算闊。第一流的小學教員。遠勝於濫竽的大學教員。總之無論做何事。必須眞做得好。在這一界內。必做到第一流。諸位必須把理想的身分提高。孟子說。『孔子不得中道而與之。必也狂狷乎。狂者進取。狷者有所不爲也。』又說。『孔子豈不欲中道哉。不可必得。故思其次也。』他說狂者『其志嘐嘐然。曰古之人古之人。夷考其行而不掩焉者也。』孔子門弟子如曾點年紀與孔子差不多。可以說是一個狂者。然孔子很獎勵他。所以我們要把志氣提高。自己想這樣做。做不到不要緊。但不要學一般時髦人。必要自己眞有所成就。做人必須做一個世界上必不可少的人。著書必須著一部世界上必不可少的書。這是我們常常要提醒的。

本源既立。我們便要下一番綿密的工夫來修養。大約有兩個方法。一是因性之所近的來擴充。二是就自己所短的來矯正。第一法是孟子的主張。第二法是荀子的主張。我們當二法並用。一方面要看出自己長於那一點。竭力去發揮。便容易成功。修養道德是如此。砥礪學問也如此。但一方面要注意自己的短處。我們總不能沒有缺點。或苦於不自知。或知而怯於矯正。孔子說顏淵死了。便無好學的人。而所謂好學。卽『不貳過。不遷怒』二句。這是說缺點當勇於改正。自己不知。若經師友告知。當立刻改去。這是古聖賢終生修已教人的工夫。也是學問天天進步的基礎。便是年紀老了。也不停止。尤其在青年的時候。當如何磨礪。才把底子打好。

現在學校教育眞可痛心。無法令青年養成這種習慣。小學教育我不很明瞭。中學教育從不注意到修養方面。整天搖鈴上課。搖鈴下課。儘在歷史地理物理化學轉來轉去。安分守己的青年。尚可得些機械的智識。然出校後也無處找飯吃。找不到便要頹喪下去。幸而找到。則混了幾十年。便算過了一世。還有對於政治運動很熱心的。連機械的工課也無心聽了。政治固當注意。但學無根底。最易墮落。或替官僚奔走。或鈎結軍閥。承望他們的顏色。做個祕書。這是最糟的。激烈的便只知破壞一切以攫取政權。若能達到目的。便什麼壞事都可做。這派人的領袖既如此。青年自然也跟着這個方向去。

在此黑暗時代。青年以爲實力派更糟。與其向這『黑』的方面走。不如向『赤』的方面走。不要說青年如此。便是我五十多歲的人。覺得既無第二派。自然不趨於黑而趨於赤。青年若能心地潔白。抱定正當目的去幹破壞的事業。堅持到底。也還不妨。但千百人中恐無一人能如此。少有成功便趾高氣揚。偶有失敗便垂頭喪氣。或投降軍閥。什麼壞事都能幹出。這黑與赤的兩條路都是死路。青年不入於彼。卽入於此。若將來的青年仍如此。則國家便沒有希望了。我們五十多歲的人不要緊。至多不過二十年。好事也做不多。壞事也做不多。青年日子正長。青年無望。則國家的文化便破產了。

全國青年都在這狀態之下。本院同學的責任特別重。諸君在全國青年中雖佔少數。但既處於最高地位。自當很勇敢的負此擔子。跳出來細察一般青年的缺點。從事於移風易俗的工作。若大家有此志。當可成功。古聖賢一二人可開一新風氣。何況我們有三四十人。三人爲衆。三十人便十倍了。且學校生命是很長的。一年三十人。十年便三百人。出校後若能互通聲氣。立志創造新學風。不怕一般青年怎樣墮落。我們發心願來改正。終有成功的一日。諸位在此切實預備。在智識外要注意修養。或同學間互相切磋。或取師長的行動做模範。將來在社會上都能做第一流人物。便可不辜負學校當局創辦本院的好意及各位教授在此服務的苦心了。

圖書館學季刊發刊辭

圖書館學成爲一專門科學。最近十餘年間事耳。顧斯學年齡雖稚。然在歐美則既蔚爲大國。駸駸筦羣學之樞鍵而司其榮養焉。我國他事或落人後。而士大夫好讀書之習則積之既久。故公私藏書之府彪炳今昔者未易一二數於是目錄之學緣之而興自劉略班志以下迄於遜清中葉衍而愈盛更分支派其縹帙庋藏之法亦各有顓家至如類書編輯肇創蕭梁叢書校刊遠溯趙宋自爾以來歲增月盈其所以津逮學子者亦云美盛矣所惜者寶存愛翫之意多而公開資用之事少坐是一切設備乃至纂錄只能爲私家增飾美譽而不適於善羣之具比年以來學校日闢自動教育之主恉亦隨而日昌於是圖書館之需要乃日益迫切承學之士負笈海外肄精斯學者與夫國內大學特設專科講習者既皆不乏雖然以此有限之人才供今後發展之需求其竭蹶之形蓋不待問如何而能使斯學普及——使多數人得獲有現代圖書館學最新之智識且諳習其運用以爲改良舊館增設新館之資此國人所宜努力者一也學問天下公器原不以國爲界但各國因其國情不同有所特別研究貢獻以求一科學中支派內容之充實此則凡文化的國民所宜有事也圖書館學之原理原則雖各國所從同然中國以文字自有特色故以學術發展之方向有特殊情形故書籍之種類及編庋方法皆不能悉與他國從同如何而能應用公共之原則斟酌損益求美求便成一「中國圖書館學」之系統使全體圖書館學之價值緣而增重此國人所宜努力者又一也同人不揣棉薄創此季刊冀以嚶鳴之誠幸獲麗澤之益海內外好學深思之士或錫鴻篇或糾疵謬惠而教之所願望也

爲南開大學勸捐啟

立國於今之世非多數人民獲有高等智識則無以圖存矣豈惟國家私人亦然吾有子弟不能當其青年時使得有水平線以上之學力結果非成爲時代之落伍者以終歸於淘汰焉而不止也疇昔爲救濟此種狀況起見

則惟留學外國是務夫在疇昔固非得已也。然而一國俊秀子弟其資力足供留學者千百不得一焉。力不逮者將永與高尙學問絕緣。如此則學問將爲某種階級所專有社會日益爲畸形的發展爲患不可勝言。藉曰留學者可得多數。然以時間及金錢計之其不經濟實甚。彼先進國之互遣留學皆遣其已學成者更就外傅爲高深的研究廣博的實習而已。我乃不然本來在國內可以預備之學力忽而不省。並普通之根柢亦求之於外。竊嘗計三十年來官私費留學所耗最少當在三千萬以上。假令將此數之半移以建設國內高等教育其成就當何若者。物質上之得失且勿論。以五千年文化之國而學問不能獨立始終稗販於外以爲生活。其窒國民向上之機莫甚焉。準此以談則大學教育之施設及擴充爲我國目前最急切之要求殆不煩言而決。然則欲貫澈此目的。其道何由。國內官立大學。今有北京東南二校。比者成績固蒸蒸可睹。然以幅員如此其廣。學齡子弟如此其衆。僅恃此區區其勢固有所不給。加以政象棼泯經費屢愆。每當司農仰屋之時。輒罷弦誦輟聲之阨。然則今日爲普及大學教育計。不可不以私立爲官立之助較然甚明。歐美各國著名大學其出自私立者什而八九。教職不由任命校礎不至隨政局而動搖其善一也。不受政策所左右校風得分途自由發展其善二也。養成社會財團之習慣。植互助之洪基其善三也。各地方分力建設能使高等學術普及以劑偏枯其善四也。在我國教育史上。若宋之鹿洞明之東林其性質皆爲私立大學。而一朝之文化繫焉。方今百度更新。茲事需要益如飢渴。而十年以來完善之組織尙未有聞。斯亦士大夫之羞矣。南開大學者其基礎建設於中學之上。南開中學之成立有十七年。學生畢業者若干人。其在外國游學歸者亦若干人。學課之完實校風之粹美既已爲海內外所同認。三年以前。主校事者鑒於時勢要求深感進設大學之必要。藉各方面有力之贊助。幸而獲成分置理商文礦四科。

歷級已屆三年注弟子籍者將及四百規模粲然具矣而校舍擴充之問題相隨而起其所計畫別如下方圖表所陳某某等家中子弟率皆由南開栽植而成或已卒業或在大學或在中學某某等爲公爲私皆深感南開爲我教育界一元氣凡屬愛羣自愛者對於茲校宜同負愛護扶助之責願竭棉薄以贊厥成語有之人之樂善誰不如我海內明達篤誠之君子其諸有樂於是也夫

民國初年之幣制改革

梁任公先生在經濟學系講　孫碧奇筆記

在一個政治紊亂的國家裏要講任何具體的政策正如沙上蓋房子很難蓋穩即使蓋穩了也很容易倒下來講起中國的幣制改革也是一段傷心嘔氣之事我個人從前關於幣制的工作甚多但現在幾乎破壞無遺了今天舊事重提只好將過去的經歷作一報告以備諸君日後之參考我要講的是我個人兩次的經歷第一是民二上半年在國務院幣制委員會中及民二下半年以後在幣制總裁任內所作事第二是民六在財政總長任內所作的事此中共有大小問題十餘項現在分爲兩類來說第一類爲根本的全部的問題第一是改正單位重量第二是採用金本位或虛金本位第三是統一紙幣發行權第二類爲臨時的局部的問題其中包含甚廣今天只提其主要的五項來講第一是取消規元改用國幣第二是整理銅圓並另創十進輔幣第三是集中造幣廠第四是兩次收回濫發的紙幣第五是中國銀行之設立及其條例的改革現爲便利演講起見先從第二類說起

（一）取消規圓改用國幣　中國歷來在市面流通的貨幣都是有孔銅錢此外也用銀子不過未曾鑄成法定

形狀。只好按重量計算。這種辦法。在近代經濟狀況之下。決不相宜。市場既以銀爲交易媒介。而政府又無銀幣的標準法式。結果生出許多弊病。顯而易見的。就是財政上計算的不便。譬如完納錢糧。是按銀兩計算。但市場上使用的是墨西哥銀元及銅錢。故完糧時。既要折合銀元。又要折合銅錢。一來手續複雜。二來經此轉折。市儈便可上下其手。從中漁利。所以我們改革幣制第一步便要鑄造國幣。廢除銀兩。使全國盡用國幣。以免受生銀與洋元互相漲落之損失。自從國幣條例頒發之後。政府各項預算。均按國幣估計。各機關衙門收入支出一律改用銀元。市場社會亦然。今日除上海天津諸地仍有一部襲用銀兩外（上海用規元天津用行化）全國貿易幾已盡改國幣。何以廢兩改元。不能澈底辦到呢。此事從表面上看來。總說商民習慣。一時不易改革。其實最重要的原因。乃是海關不願取消。國幣條例頒發後。全國各機關均一致遵辦。獨有海關抗行。關稅財政上的大宗收入。並且他的收入又是很可靠的。他既不願廢兩改元。困難於是就多了。關稅的存放。本在滙豐（英）滙理（法）德華（德）正金（日）道勝（俄）五行。五銀行團因恐改元後不能再以銀兩操縱金融。所以連結海關及外交界的要人來反抗我們的政策。我們受了帝國主義的壓迫。以致不能完全達到改元廢兩之目的。但當時倘政治澄平。努力做去。必有澈底辦妥之望。後來因爲袁氏要做皇帝。我們走了。此後再努力也無機會了。

(二)整理銅元另創十進輔幣。　前清末年。銀行事業。尚不發達。故濫發紙幣之事。尚未發現。但是鑄銀角銅子營利的事。却早已實行了。按照貨幣原則。輔幣原爲維持貨幣系統。輔佐主幣而設。他的成色當然較主幣略低。前清末年。各省窮困不堪。大家以爲鑄銀角十枚。費銀五錢多。便可抵七錢二分的主幣使用。鑄一百個銅子合銀質只二三錢。也可抵主幣一元之用。於是大家拼命鼓鑄。其中鑄得最多的要算湖北。其次便是廣東。結果呢。市面銅元充斥。物價騰貴。小民生計日感困難。因之我們要想法處分銅元。並且另創十進的輔幣。這種輔幣鑄成之後。他的價值是嚴格限定的。一律十進。不得歧異。各地分配的數量。也按該地需要的多寡而定。拿這種新輔幣去購買舊輔幣。於是新幣漸多。舊幣漸少。一俟新舊兩輔幣價錢相等時。再明令宣布新舊一律行用。充斥之弊。庶可免除。民三民四之間。新舊輔幣價已很接近。因當時中央政府。尚有權力。濫鑄之弊。可以禁止。不料洪憲以後。事遂中止。民六回到財部。因為任期很短。未能整理。而當時幣制局的人員。又是一種性質。與前不同。從前幣制局人少事多。非常辛苦。後來各處鑄造貨幣。來局呈報時。局中只要一筆報効。便不深究。所以幣制局的事。遂成一個肥缺。而辦事精神。完全鬆懈。以致今天銅元充斥的狀況。比從前更甚。我們從前一年多的樂觀。都雲散煙消了。

(三)集中造幣廠　民國二三年的時候。全國的造幣廠。大小共有十六個。所鼓鑄的。大都是銅元銀角。從國幣條例頒行之後。幣制局要監督各廠所鑄的貨幣。成色分量。是否合法。覺得廠數太多。不易督查。並且中國不是產銀產銅的國家。外來銀銅。再搬到內地鑄造。當然是不合算的。所以集中造幣廠。也是我的政策之一。我把造幣廠集中在三個沿海的口岸。一是天津。一是上海。一是廣州。其餘一律裁撤。為鞏固國幣的信用起見。另外組織國幣審查委員會。其中聘有外國技師。以昭信實。該委員會在天津上海廣州三處。都有此外幣制局又時派人督查各廠事前不與通知。因此當時三廠中舞弊的事。是辦不到的了。可是在裁廠的時候。因為與別人的飯碗問題有關。所以麻煩極了。外面造謠的也有。恫嚇的也有……但是我們要統一幣政。非如此辦不可。結果。

各廠已漸次撤去或將機器變賣或是移住總廠隨各地情形斟酌辦理但到了後來各地軍閥要籌款便找造幣廠將造幣廠當作他們的搖錢樹因此造幣廠愈開愈多今天已不知增加了多少從前集中的功夫又算白費了

(四)兩次收回濫發的紙幣　所謂兩次者第一次指我在幣制局時代的事第二次是指我在財政部時代的事第一次辛亥革命以後各省所發行的軍用票很多——尤其是廣東湖南兩省到民國元二年的時候小宗軍用票都已逐漸收回只剩廣東湖南兩省還是多得不可收拾廣東所呈報的數目已有二千三四百萬實際上恐怕還不止這一些到民國二年這種紙幣價錢竟跌到二折兩省商民苦得不堪市儈又以此倒把投機大興幣制局接到商民的要求就決計先繼廣東着手整理整理的方法很費研究如要照票面的價格去收回呢政府那有偌大一項餘款若按當時的市價去收回呢商民又吃虧不起結果政府一面準備現金一面用種種人爲的方法將票價提高到相當的程度再行兌現使雙方都不吃虧如此進行竟將票價提高到四折六七之譜政府就頒令說該項鈔票自某日起至某日止可向該地中國銀行五折兌現一個半月之後廣東軍用票竟完全收回這筆兌現的款子是在廣東所籌的此後接辦湖南的軍用票因湖南省內無法籌這筆兌現的款子就無完滿結果籌安會事起我們離去北京這事也就擱起第二次袁氏帝制時代濫發紙幣畿輔一帶市價日落袁氏死的時候中交紙幣尙値七折到民六初季竟跌到三折左右當時銀行兌現的限制甚嚴北京只在幾處熱鬧地方如東四牌樓螺馬市大街等處指定幾家錢鋪在一定的時候可以按折扣兌現於是乎有許多做小生意的手上拿了中交鈔票生怕無法兌現天不亮便到錢鋪去等這種情形眞是少見所幸這種鈔票因下

面印有地名。流佈區域不廣。只在畿輔一帶。總算好辦。但據前次在廣東整理紙幣的經驗。倘再提高票價而兌現。便給投機者一個機會。所以這一次便改用別種方法。叫存有該項紙幣的。往政府指定的銀行照票面去換金融公債。或銀行存單。每年着給利息。五年還淸本利。此法較爲平穩。現今金融公債也還淸了。民四到民六商賈百民的痛苦。亦已化除。故此事成効尙著。

(五)中國銀行之設立及其條例之改革　中國銀行。在我未到國務院幣制委員會之先。已經設立。第一任的總裁是我的好友湯覺頓——袁氏謀帝之後。他到廣東被龍濟光害了——他在任內。已將中國銀行規模立好。略具一個中央銀行的形式。洪憲之後。總裁易人。中交兩行。就替袁氏發行了五千多萬的紙幣。詳情上段已經說明。民六我到財部。一面委王克敏張家璈任中行正副總裁。一面改革中國銀行的條例。組織董事會。使商股佔全數三分之二。正副總裁各一人。都要從董事會中產出。發行紙幣。須經董事會通過。這樣一來。財政總長的權力。便剝奪了不少。從此以後。十餘年中。財部幾度波瀾。想推翻我的條款。都不曾辦到。近來某財長也想如此。但是財部所有二千五百萬官款。將行賣盡。只剩五百多塊錢。財部根本上已無權說話了。至於我委的王張二人。張氏至今尙任副總裁職。王氏雖去留數次。於中國銀行服務也很不少。所以這件事。我覺得對於中國銀行及對於國家財政。都很有助益的。

以上五條。局部的臨時的問題。都略有成績可觀。至於第二類的三項。全部的根本的問題。經我多年努力。沒有結果。眞是傷心。現在將他依次分講。

(一)改正單位重量　我的幣制改革主張。是先統一銀幣。然後改行金本位制。在暫行銀幣的時候。要定一個銀幣的單位重量現在通行的國幣計重七錢二分內有六錢四分八厘是純銀何以採用七錢二分此中並無理由只因當時墨西哥銀洋的重量是如此因循舊習國幣也鑄成七錢二分我本來的主張想將此分量減輕有兩層理由第一國幣輔幣既是十進元分爲角角分爲分分便是最小的貨幣了但是我國鄉村生活向例用有孔小錢現在都用當十銅子豈不提高鄉民生活因此我想把主幣單位重量減輕那末主幣的百分之一即一分才適合小民生活的應用第二我們將來既想改金本位就想將單位的價值定來和法國的佛郎與德國的馬克相去不遠使得國際貿易上可得許多便利準此兩層理由我國幣條例原稿中主幣單位重量原擬不超過四錢後來同僚方面都不了解我的意思與天津上海金融界交換意見又不能融洽所以始終不得辦到只好違反本意遷就習俗定單位重要爲七錢二分

(二)採用金本位或虛金本位　採用金本位是我多年的懷抱但是籌備之先須買許多金子當時國家財政困苦不易舉辦後來忽然天假良緣來了一個絕好的機會——就是歐戰當時世界金價大跌中國債券價也暴跌——並非中國信用敗壞各國債券一體跌價——確是整理外債及改換金本位的好機會洪憲之後我本不想再入政界不過當時一來因段芝泉組閣不得不與之合作二來見機會太好了本人確有野心來整理財政所以去幹財政總長中國既加入參戰德澳二國賠款立即取消對於其他各國賠款均展限五年此時銀價高金價低中國債券價亦跌海關出口也超過入口我便想將當時應付而未付之賠款劃爲減債基金匯到外國去買賤價的金條和債券一方面可以償還外債一方面又可做改金本位的準備再說與國內財政狀況又毫無妨礙因爲減債基金是由應付而未付之賠款劃來與他項行政經費當然不生問題當時我做得有很

詳細的計劃書和統計表預計三年之中外債可淸金本位也可從容不迫的立穩了當時我便下令給總稅務司叫他將應付未付之賠款提出匯往外國購買金子但是此時軍閥們正無錢用見有此存蓄都想染指所以百計破壞將磅盈提用這個千載一時的機會便失之交臂

(三)統一幣紙發行權　這意思便是只要一個中央銀行發行紙幣當時發行紙幣的只有中交兩行我想將二行合併或中併於交或交併於中都好或者二行分工中行專司國內行務交行專向海外發展好像日本的日本銀行與正金銀行一樣當時交通系的人因爲我與中國銀行關係較深恐怕合併後奪了交行的生意並且要向海外發展沒有相當人才因此合併及分工都不能實現中交仍就做同種營業有時還要互相競爭至於紙幣的發行權此後越來越濫今日再想統一更不好辦了

以上三項根本問題都沒有成績猶其是第二項機會的錯過最爲可惜以後再想得此時機恐怕難乎其難了

學生的政治活動

晨報對於「五一」「五四」都出有特刊徵求我的感想我想「五四」如何能比「五一」勞動節的「五一」是含有世界性的學生節的「五四」不過是中國的——或者還是北京的罷了「五一」的價值雖不敢說與天同壽但現在正如旭日初升眼看着還要隆隆日上「五四」這個名詞不惟一般社會漸漸忘記只怕學生界本身對於他的感情也日淡一日了晨報眞是篤於念舊每年繼續不斷的在今日總要替學生界做一回生日會我想參與盛會的人不應該客氣瞎恭惟還是說幾句知心的話促起大家的回顧反省纔是

「五四」紀念什麼。老實說。就是紀念學生們的政治活動。然則紀念「五四」當然是要希望學生繼續這種活動了。因此「學生應否參與政治活動」成了一個先決問題。

我對這問題可以毫不遲疑的答覆。『人類是政治動物。』參與政治是人類普徧的權責。學生也是人類。爲什麼不應參與。我以爲今日應討論的問題。不是問某種人應否參與政治活動。卻要問什麼是政治。現在一般人所謂政治活動是否算得政治活動。

我對這問題也是毫不遲疑的答覆道。『中國現在並沒有政治。現在凡號稱政治活動的人做的都不是政治活動。現時所謂政治活動不外擁護某人排斥某人勾搭這一系倒那一系。不管挂有政黨招牌也罷。不挂也罷。所謂政黨標有主義也罷。不標也罷。所謂主義的內容好也罷。不好也罷。都不相干。頑來頑去總是那一套。質而言之。脫不了二千年前六國策士朝秦暮楚縱橫捭闔的心理。那些政客們做這行生意。吃這行飯。本無足責。可憐成千累萬的青年。做什麼夢。發什麼狂。替他們捧場。今年看見白狗咬倒黃狗。跟着起鬨。明年看見黃狗咬倒白狗。又跟着起鬨。越鬥越不成話。甚至在自命神聖淸潔的最高學府裏。替什麼時髦少爺開起歡迎會來了。六朝時褚淵的兄弟褚炤對他的姪兒罵他姪兒的老子道。『不知汝家司空將一家物與一家。亦復何謂。』試問現在所謂政治活動。除卻將這一家物轉到那一家。更有何事。這樣叫做政治。政治這兩個字眞要永遠在中國辭典上剷去了。

靑年們啊。你要幹政治嗎。請你別要從現狀政治下討生活。請你別要和現在軍閥黨閥結緣。你有志氣。有魄力。便自己造出十年後的政治土臺。在自己土臺上活動。如其不然。準敎活動一百回。上一百回當。不信。你試回想

「五四運動」爲的什麼.是不是爲的青島問題.結果怎麼樣.只贏得膠澳督辦一個缺.幾年來被許多軍閥黨閥搶來搶去.

這段話我是向天眞爛漫的青年們說的。至於學生界裏頭現在已經有許多吃政治飯當小政客的人.我對他眞不敢多嘴了.

臨了再找結幾句話.我對於學生的政治活動原則上是不反對的.但須知.現在所謂政治是萬惡淵叢.現在所謂政治活動是誘惑青年一大阬陷.不是脚跟立得很堅定的人.我勸他別要輕容易踏進這關門.

無業游民與有業平民

有一句俗話說得最好.『一品大百姓』.這句話怎麼講呢.這是表示平民最高貴的意思.

平民何以最高貴呢.因爲他們『自食其力』——或耕田.或做工.或做買賣.總是各人靠自己氣力換飯吃.替社會上做一部分的事.纔得社會上一部分的報酬.

做官的帶兵的當議員的……種種闊人以及他們的附屬品什麼太太奶奶少爺小姐.他們自以爲高貴.也許有人錯認他們是高貴.其實這班人最是下賤不過的.因爲他們都靠人養活——籠着手不做事.只會張着嘴吃飯.

籠着手怎麼會有飯吃呢.飯不會從天上掉下來.你想.一粒米送到一箇人的嘴唇邊.要經過多少人工呀.籠着手吃飯的人吃的不是飯.是別人家的血.是別人家的汗.

別人家的血汗怎麼會得着吃。不外兩種把戲。一是騙。二是搶。騙是光棍行爲。搶是强盜行爲。做官的帶兵的當議員的。……以及他們的太太奶奶少爺小姐吃要吃頂好的穿要穿頂好的住要住頂好的。從那裏得來都是從騙和搶得來。

所以他們不是光棍便是强盜。不是强盜。便是光棍。光棍强盜。都是世界上最下賤的人。

唉。眞倒霉。中華民國的生命。全部掌管在這班最下賤的人手裏。

『一品大百姓』往那裏去了。哈哈。都睡覺哩。不管事。

不是不想管無奈不會管。

不會嗎。試問那一件事是從娘胎裏爬出來便會。不會。學去呀。

從那裏學。不瞞老哥說在我們「平民讀書處」就有得學。在我們「平民週刊」就有得學。

學呀。學呀。學到我們「一品大百姓」箇箇都會管事的時候那麼……

中華民國。從那班下賤的無業游民手裏。回到這班高貴的有業平民手裏……

中華民國萬歲萬歲萬萬歲。

設置國際軍隊問題

國際聯盟曷爲於大戰後始發生。豈非全世界人共苦戰禍。創鉅痛深將弭兵以求息肩耶。苟不能貫徹此目的。則本盟之設爲虛矣。然據盟約條文所規定。且默察夫各國對於本盟信任之程度。則本盟自身能否完此職責。

吾不能無疑。

盟約中雖有限制軍備及軍器之規定。然限制之程度如何。實施之方法如何。只能由本盟調查後陳述意見。供各本國之採擇。其拘束力本甚薄弱。將來究能有多少成績。吾將於本年十一月之聯盟軍事會議卜之。則各國是否有裁兵之誠意。當可略察。然此究屬枝葉問題。非根本問題。

以吾所主張。誠欲貫徹國際聯盟之根本精神。必以創設强有力之國際軍隊爲第一義。無論採絕對的禁絕戰爭主義。抑或採相對强制平和主義。總須國際聯盟自身之兵力較諸盟內任何國之兵力皆占優勢。然後禁止與强制之力乃得施。而不然者。盟內擁有大武力之國。一旦桀驁背盟。則本盟理事部舍瞠目坐視外更何能爲役。昔我國春秋時代。曾有一種聯盟之組織。其性質與今茲之國際聯盟絕相類。其盟約之要點亦略相同。其所懸而未決者。即在國際軍隊問題。其後盟約遂破。卒入於戰國時代。而戰禍乃較前更烈。往事如此。可爲殷鑒。

今列强果以平和爲職志耶。謂宜盡蠲種種猜疑。共謀國際軍隊之建設。其辦理程序。則將自有兵力之全部或一大部分交與國際聯盟管理。其駐紮地域。由聯盟議會共同指定。凡全世界最易惹起紛爭之區。例如歐洲之來因河兩岸。波蘭舊壤。巴爾幹中樞要地。亞洲之南滿。西伯利亞。土耳其斯坦。美洲之墨西哥等。皆駐陸軍焉。其海軍則將世界阨塞之港口。例如蘇彝士運河。巴拿馬運河。基爾運河。波斯灣。達達尼爾海峽。旅順口。膠州灣等。皆作爲國際聯盟所領之軍港。由本盟之海軍巡弋之。

此種軍隊。當用何法徵集耶。海軍最易解決。可由任何國之人民志願投充。陸軍可就駐紮地點附近人民募集訓練。以省徵調之勞。其軍官則凡駐紮地有關係之國。概予迴避。例如駐來因河兩岸之軍隊。德法軍官皆不用。

駐南滿西伯利亞之軍隊，中日俄軍官皆不用，他地例是。其軍隊之節制調遣，則歸諸國際軍政部或參謀部，該部直隸於聯盟理事會之下，如是則斷不至爲一二國所攘竊矣。各國兵工廠全收歸聯盟軍政部管轄，其製造數量嚴加限制，分配於國際軍隊及各國軍隊。既有軍隊，則本盟養兵之費自不貲，故當設一獨立之國際財政部，特設一種租税，其負擔務公平普及，委託各國代爲徵收。

依此規畫，則國際聯盟始能爲世界永久和平所托命，而盟約條文之精神，乃得所保障矣。

問者曰：似此豈非國家之上復有國家耶？答曰：誠哉然也。吾蓋認此國家以上之國家爲有創設之必要。吾深望國際聯盟終有日取得此地位。謂國家爲人類最高團體，歐美人或有此理想，我中國人則無之。中國人言修身齊家治國平天下，團體以天下爲極量，國則不過與家等，同爲進化途中之一過程耳。且國家之上有國家，實際上何必疑忌。美國當十三州獨立時，其對於合衆政府之建設懷疑者蓋不乏人，今其成績何如矣。現在日內瓦之國際聯盟部，略可比費爾特費時代之合衆政府，吾祝其非久將進而爲華盛頓之合衆政府也。

王陽明知行合一之教

一　引論

二　知行合一說之內容

三　知行合一說在哲學上之根據

四　知行合一與致良知

五　陽明學說與現代青年闕

十五年十二月在北京學術講演會及清華學校講稿

一　引論

現代（尤其是中國的現在）學校式的教育種種缺點不能爲諱其最顯著者學校變成「智識販賣所」辦得壞的不用說就算頂好的吧只是一間發行智識的「先施公司」教師是掌櫃的學生是主顧客人頂好的學生天天以「吃書」爲職業吃上幾年肚子裏的書裝的像蠱脹一般便算畢業畢業以後對於社會上實際情形不知相去幾萬里想要把所學見諸實用恰與宋儒高談「井田封建」無異永遠只管說不管做再講到修養身心磨鍊人格那方面的學問越發是等於零了學校固然不注意卽使注意到也沒有人去教教的人也沒有自己確信的方法來應用只好把他擱在一邊拉倒青年們稍爲有點志氣對於自己前途切實打主意的當然不滿意於這種畸形敎育但無法自拔出來只好自己安慰自己說道『等我把智識的礶頭裝滿了之後再慢慢的修養身心與及講求種種社會實務吧』其實那裏有這回事就修養方面論把「可塑性」最强的青年時代白白過了到畢業出校時品格已經成型極難改進投身到萬惡社會中像洪爐燎毛一般攏着邊便化爲灰燼就實習方面論在學校裏養成空腹高心的習慣與社會實情格格不入到底成爲一個書獃子一個高等無業遊民完事青年們啊你感覺這種苦痛嗎你發見這種危險嗎我告訴你唯一的救濟法門就是依着

王陽明知行合一之教做去。

知行合一是一個「講學宗旨」。黃梨洲說。『大凡學有宗旨。是其人之得力處。亦卽學者之入門處。天下之義理無窮。苟非定以一二字。如何約之使其在我。』（明儒學案發凡）所謂「宗旨」者。標舉一兩個字或一兩句話頭。包舉其學術精神之全部。旗幟鮮明。令人一望而知爲某派學術的特色。正如現代政治運動社會運動之「喝口號」令羣衆得個把柄。集中他們的注意力。則成功自易。凡講學大師標出一個宗旨。他自己必幾經實驗。痛下苦功。見得眞切。終能拈出來。所以說是「其人得力處」。這位大師旣已循着這條路成就他的學問。他把自己閱歷甘苦指示我們。我們跟着他的路走去。當然可以事半功倍。而得和他相等的結果。所以說是「卽學者入門處」。這種「口號式」的講學法。宋代始萌芽。至明代而極成。「知行合一」便是明代第一位大師王陽明先生給我學術史上留下最有名而且最有價値的一個口號。

口號之成立及傳播。要具備下列各種要素。（一）語句要簡單。令人便於記憶。便於持守。便於宣傳。（二）意義要明確。明、謂顯淺。令人一望而了解。確、謂嚴正。不含糊模棱以生誤會。（三）內容要豐富。在簡單的語句裏頭能容得多方面的解釋。而且愈追求可以愈深入。（四）刺激力要强大。令人得着這箇口號便能大感動。而且積極的向前奮進。（五）法門要直捷。依着他實行。便立刻有箇下手處。而且不管聰明才力之大小。各各都有個下手處。無論政治運動學術運動文藝運動……等等。凡有力的口號。都要如此。在現代學術運動所用口號。還有下列兩個消極的要素。（一）不要含宗教性。因爲凡近於迷信的東西。都足以阻礙我們理性之自發。而且在現代早已失其感動力。（二）不要帶玄學性。因爲很玄妙的道理。其眞價値如何。姑勿論。縱使好極。也不過供極少數人高尙娛樂之具。很難得多數人普遍享用。根據這七個標準來評定中外古今學術之「宗旨」——即學術運動之口號。我以爲陽明知行合一這句話。總算最有永久價値而且最適用於現代潮流的了。

陽明所用的口號也不止一個。如「心卽理」如「致良知」。都是他最愛用的。尤其是「致良知」這個口號他越到晚年叫得越響。此外如誠意。如「格物」都是常用的。驟看起來好像五花八門。應接不暇。其實他的學問是整個的。是一貫的。翻來覆去。說的只是這一件事。所以我們用知行合一這個口號代表他的學術全部。是不會錯的。不會罣漏的。

口號須以內容豐富爲要素。既如前述。知行合一這句話。望過去像很簡單。其實裏頭所含意義甚複雜甚深邃。所以先要解剖他的內容。

二　知行合一說之內容

把知行分爲兩件事。而且認爲知在先行在後。這是一般人易陷的錯誤。陽明的知行合一說。卽專爲矯正這種錯誤而發。但他立論的出發點。今因解釋大學和朱子有異同。所以欲知他學說的脈絡。不能不先把大學原文作個引子。

大學說。『欲修其身者先正其心。欲正其心者先誠其意。欲誠其意者先致其知。致知在格物。』這幾句話教人以修養身心的方法。在我們學術史上含有重大意味。自朱子特別表章這篇書。把他編作四書之首。故其價値越發增重了。據朱子說這是『古人爲學次第』(大學章句)要一層一層的做上去。走了第一步才到第二步內中誠意正心修身是力行的工夫格物致知是求知的工夫朱子對於求知工夫看得尤重他因爲大學本文對於誠意以下都解釋對於致知格物沒有解釋認爲是有脫文於是作了一篇格致補傳說道所謂「致知在格物」者言欲致吾之知在卽物而窮其理也蓋人心之靈莫不有知而天下之物莫不有理惟於理有未窮故其知有不盡也是以大學始敎必使學者卽凡天下之物莫不因其已知之理而益窮之以求至乎其極至於用力之久而一旦豁然貫通焉則衆物之表裏精粗無不到而吾心之全體大用無不明矣……」依朱子這種用功法最少犯了下列兩種毛病一是泛濫無歸宿二是空僞無實著天下事物如此其多無論何事何物若想用科學方法「因其已知之理而益窮之以求至乎其極」單一件已彀銷磨你一生精力了朱子卻是用「卽凡天下之物」這種全稱名詞試問何年何月纔能「卽凡」都「窮」過呢要先做完這段工夫才講到誠意正心……等等那麼誠正修齊治平的工作只好待諸轉輪再世了所以結果是泛濫無歸宿況且朱子所謂「窮理」並非如近代科學家所謂客觀的物理乃是抽象的徜況無朕的一種東西所以他說有「一旦豁然貫通則表裏精粗無不到」那樣的神祕境界其實那種境界純是可望不可卽的——或者還是自己騙自己倘若眞有這種境界那麼「豁然貫通」之後學問已做到盡頭還用着什麼誠意正心……等等努力所謂「爲學次第」者何在若是自己騙自己那麼用了一世格物窮理工夫只落得一個空而且不用功的人那個不可以僞託所以結果是虛僞無實着

陽明那時代「假的朱學」正在成行一般「小人儒」都挾着一部性理大全作舉業的祕本言行相違風氣大壞其間一二有志之士想依着朱子所示法門切實做去卻是前舉兩種毛病或犯其一或兼犯其二到底不

能有個得力受用處。陽明早年固嘗爲此說所誤。閱歷許多甘苦。不能有得（註一）後來在龍場驛三年。勞苦患難。九死一生。切實體驗。才發明這知行合一之教。

（註一）傳習錄黃以方記陽明說『初年與友論做聖賢要格天下之物。因指亭前竹子令格去看。友格了三日。便勞神致疾。某說他精力不足。因自生窮格。到七日亦以勞思成疾。遂相與歎聖賢是做不得的。無他大力量去格物了。』觀此知陽明曾犯過泛濫無歸宿的病。又文集答季明德書云『若仁之不肖。亦常陷溺於其間者幾年。倀倀然自以爲是矣。賴天之靈。偶有悟於良知之學。然後悔其向之所爲者。固包藏禍機作僞於外而心勞日拙者也……』觀此知陽明曾犯過虛僞無著落的病。

知行合一這四個字陽明終身說之不厭。一部王文成全書。其實不過這四個字的注脚。今爲便於學者記憶持習起見。把他許多話頭分成三組。每組拈出幾個簡要的話做代表。

第一組『未有知而不行者。知而不行。只要未知。』傳習錄徐愛記

第二組『知是行的主意。行是知的工夫。知是行之始。行是知之成。』同上

第三組『知行原是兩個字說一個工夫。知之眞切篤實處便是行。行之明覺精察處便是知。』文集答友人問

第一組的話是將知行的本質爲合理的解剖說明。陽明以爲凡人有某種感覺。同時便起某種反應作用。反應便是一種行爲。感覺與反應同時而生。不能分出個先後。他說

『大學指出個眞知行與人看。說「如好好色。如惡惡臭」。見好色屬知。好好色屬行。只見那好色時已自好了。不是見了後又立個心去好。聞惡臭屬知。惡惡臭屬行。只聞那惡臭時已自惡了。不是聞了後又立個心去惡。如鼻塞人雖見惡臭在前。鼻中不曾聞得。便亦不甚惡。亦只是不曾知臭……』傳習錄徐愛記（註二）

（註二）大學「如惡惡臭如好好色」那兩句話是解釋「誠意」的。陽明卻說他「指出個眞知行」。蓋陽明認致知爲誠意的工夫。誠

意章所講即是致知的事。故無須再作格致補傳也。此是陽明學術脈絡關鍵所在。勿輕輕看過。

這段譬喻。說明知行不能分開。可謂深切著明極了。然猶不止此。陽明以為感覺（知）的本身。已是一種事實。而這種事實。早已含有行為的意義在裏頭。他說

又如知痛。必已自痛了方知痛。知寒。必已自寒了。知飢。必已自飢了。知行如何分得開。此便是知行的本體——不曾有私意隔斷的（註三）必要是如此方可謂之知。不然。只是不曾知。』同上

（註三）此文雖說「知行本體」。其實陽明所謂本體專就「知」言。即所謂良知是也。但他既已把知行認為一事。知的本體也即是行的本體。所以此語亦無病。

又陽明是主張性善說的。然則惡從那裏來呢。他歸咎於私意隔斷。此是陽明學說重大關目。詳見第四章。

常人把知看得太輕鬆了。所以有『非知之艱行之維艱』一類話。案這是僞古文尚書語 徐愛問陽明。『今人儘有知得父當孝兄當弟者。卻不能孝不能弟。便是知與行分明兩件事。』陽明答道。『如稱某人知孝。某人知弟。必是其人已曾行孝行弟。方可稱他知孝知弟。不成只是曉得說些孝弟的話。便可稱為知孝知弟。』同上 譬如現在青年們。個個都自以為知道愛國。卻是所行所為。往往與愛國相反。常人以為他是知而不行。陽明以為他簡直未知罷了。若是真知到愛國滋味。和愛他戀人一樣。（如好好色）絕對不會有表裏不如一的。所以得着『知而不行只是不知』的結論。陽明說。『知行之體本來如是。非以己意抑揚其間。姑為是說以苟一時之效也。』答顧東橋書

第二組的話。是從心理歷程上看出知行是相倚相待的。正如車之兩輪。鳥之雙翼。缺了一邊。那一邊也便不能

發生作用了。凡人做一件事。必須先打算去做。然後會著手做去。打算便是知。便是行的第一步驟。換一面看。行是行個什麼。不過把所打算的實現出來。非到做完了這件事時候。最初的打算不曾完成。然則行也只是貫徹所知的一種步驟。陽明觀察這種心理歷程。把他分析出來說道。『知是行的主意。行是知的工夫。知是行之始。行是知之成。』當時有人問他道。如知食乃食。知路乃行。未有不見是物而先有是事者。』陽明答道。

『夫人必有欲食之心。然後知食。欲食之心。卽是意。卽是行之始矣。食味之美惡。必待入口而後知。豈有不待入口而已先知食味之美惡者耶。必有欲行之心。然後知路。欲行之心。卽是意。卽是行之始矣。路途之險夷。必待身親履歷而後知。豈有不待身親履歷而已先知路途之險夷者耶。』(答顧東橋書)

現在先解釋『知是行的主意』『知是行之始』那兩句。陽明爲什麼和人辨論「知」字時卻提出「意」字來呢。陽明以爲我們所有一切知覺。必須我們的意念涉着於對境的事物。終能發生。(註四)離卻意念而知覺獨立存在。可謂絕對不可能的事。然則說我們知道某件事。一定要以我們的意念涉着到這件事爲前提。意念涉着是知的必要條件。然則意卽是知的必須成分。意涉着事物。方會知。而意生涉着那事物。便是行爲的發軔。這樣說來。『知是行之始』無疑了。由北京去南京的人。必須知有南京。原是不錯。爲什麼知有南京。必是意念已經涉着到南京。涉着與知。爲一剎那間不可分離的心理現象。說他是知可以。說他是行的第一步也可以。因爲意念之涉着。不能不認爲行爲之一種。

(註四)看第三章論心物合一

再解釋『行是知的工夫』『行是知之成』那兩句。這兩句較上兩句尤爲重要。陽明所以苦口說個知行合一其着眼實在此點。我們的知識從那裏得來呢。有人說從書本上可以得來。有人說從聽講演或談論可以得來。有人說用心冥想可以得來。其實都不對。眞知識非實地經驗之後是無從得着的。你想知道西湖風景如何。讀盡幾十種西湖游覽志便知道嗎。不。聽人講遊西湖的故事便知道嗎。不。閉目冥想西湖便知道嗎。不。你要眞知道。除非親自游歷一回。常人以爲我做先知後行的工夫。雖未實行。到底不失爲一個知者。陽明以爲這是絕對不可能的事。他說。

『今人卻將知行分作兩件去做。以爲必先知了然後能行。我如今且去講習討論做知的工夫。待知得眞了方去做行的工夫。故遂終身不行。亦遂終身不知。此不是小病痛。』傳習錄徐愛記

這段話。現在學校裏販賣智識的先生們和購買智識的學生們聽了不知如何。你們豈不以爲我的學問雖不會應用。然而已經得着智識。總算不白費光陰嗎。依陽明看法。你們賣的買的都是假貨。固爲不會應用的智識絕對算不了智識。方纔在第一組所引的話。『未有知而不行者。知而不行。只是不知。』今我不妨陽明之意。套前調補充幾句。『未有不行而知者。不行而求知。終久不會知。』這樣說來。我們縱使以求知爲目的。也不能不以力行爲手段。很明白了。所以說。『行是知的工夫。』又說。『行是知之成。』

中庸說。『博學之。審問之。愼思之。明辨之。篤行之。』後人以爲學問思辨屬知的方面講。末句才屬行的方面講。陽明以爲錯了。他說。

『夫問思辨行。皆所以爲學。未有學而不行者也。如學孝。則必服勞奉養。躬行孝道。而後謂之學。豈徒懸空口耳講說。而遂可以謂之學孝乎。學射則必張弓挾矢。引滿中的。學書則必伸紙執筆。操觚染翰。盡天下之學無

有不行而可以言學者。則學之始固已卽是行矣。……學之不能無疑則有問。問卽學也。卽行也。又不能無疑則有思有辨。思辨卽學也卽行也。……非謂學問思辨之後而始措之於行也。是故以求能其事而言謂之學。以求辨其義而言謂之問。以求通其理而言謂之思。以求精其察而言謂之辨。以求履其實而言謂之行。蓋析其功而言則有五。合其事而言則一而已。』答顧東橋書

又說。

『凡謂之行者。只是着實去做這件事。若着實做學問思辨的工夫。則學問思辨亦便是行矣。學是學做這件事。問是問做這件事。思辨是思辨做這件事。則行亦便是學問思辨矣。若謂學問思辨了然後去行。却如何懸空去學問思辨。行時又如何去得個學問思辨的事。』答友人問

據這兩段話。拿行來賅括學問思辨也可。拿學來賅括問思辨行也可以。總而言之。把學和行打成一片。橫說豎說都通。若說學自學。行自行。那麼學也不知是學個什麼。行也不知是行個什麼了。

有人還疑惑將行未行之前。總須要費一番求知的預備工夫。才不會行錯。問陽明道。『譬之行道者。以大都爲所歸宿之地。行道者不辭險阻艱難。決意向前。如使此人不知大都所在而泛焉欲往。可乎。陽明答道。

『夫不辭險阻艱難而決意向前。此正是「誠意」。審如是。則其所以問道途。具資斧。戒舟車。皆有不容已者。不然。又安在其爲決意向前而亦安所前乎。夫不知大都所在而泛然欲往。則亦欲往而已。未嘗眞往也。惟其欲往而未嘗眞往。是以道途之不問。資斧之不具。舟車之不戒。若決意向前。則眞往矣。眞往者能如是乎。此是工夫切要處。試反求之。』答王天宇第二書

又有人問『天理人欲知之未盡如何用得克己工夫』陽明答道

『若不用克己工夫天理私欲終不自見如走路一般走得一段方認得一段走到歧路處有疑便問問了又走方才能到今於已知之天理不肯存已知之人欲不肯去只管愁不能盡知閑講何益』（傳習錄陸澄記）

這些話都是對於那些藉口智識未充便不去實行的人痛下針砭內中含有兩種意思其一只要你決心實行則智識雖缺少些也不足爲病因爲實行起來便逼着你不能不設法求智識智識也便跟着來了這便是『知是行之始』的注脚其二除了實行外再沒有第二條路得着智識因爲智識不是憑空可得的只有實地經驗行過一步得着一點再行一步又得一點一步不行便一點不得這便是『行是知之成』的注脚

統觀前兩組所說這些話知行合一說在理論上如何能成立已大略可見了照此說來知行本體既只是一件爲什麼會分出個名詞古人教人爲學爲什麼又常常知行對舉呢關於這一點的答辨我們編在第三組陽明說

『知行原是一個字說兩個工夫這一個工夫須着此兩個字方說得完全無弊』（答友人問）

又說

『知之眞切篤實處卽是行行之明覺精察處卽是知知行工夫本不可離只爲後世學者分作兩截用工失卻知行本體故有合一並進之說眞知卽所以爲行不行不足謂之知……』（答顧東橋書）

又說

『行之明覺精察處便是知知之眞切篤實處便是行若行而不能精察明覺便是冥行便是學而不思則罔

所以必須說個知知而不能眞切篤實便是妄想便是思而不學則殆所以必須說個行元來只是一個工夫古人說知行皆是就一個工夫上補偏救弊說不似今人分作兩件事做』（答友人問）

又說

『若令得時只說一個知已自有行在只說一個行已自有知在古人所以既說一個知又說一個行者只爲世間有一種人懵懵懂懂的任意去做全不解思惟省察也只是個冥行妄作所以必說個知方才行得是又有一種人茫茫蕩蕩懸空去思索全不肯着實躬行也只是揣摸影響所以必說一個行方才知得眞……今若知得宗旨時卽說兩個亦不妨亦只是一個若不會宗旨便說一個亦濟得甚事只是閑說話』（傳習錄徐愛記）

以上幾段話本文很明白毋庸再下解釋我們讀此可以知道陽明所以提倡知行合一論者一面固因爲『知行之體本來如此』一面也是針對末流學風『補偏救弊』的作用我們若想遵從其教得個著力處只要從眞知眞行上切實下工夫若把他的話只當作口頭禪玩弄雖理論上辨析得很詳盡卻又墮於『知而不行只是不知』的痼疾非復陽明本意了

然則陽明所謂眞知眞行到底是什麼呢關於這一點我打算留待第四章「論知行合一與致良知」時再詳細說明試拿現代通行的話說個大概則「動機純潔四個字庶幾近之動是行所以能動的機括是知純是專精不疑貳潔是淸醒不受蔽質而言之在意念隱微處（卽動機）痛切下工夫如孝親須把孝親的動機養得十二分純潔有一點不純潔處務要克治去如愛國須把愛國的動機養得十二分純潔有一點不純潔處務要克治去純潔不純潔自己的良知當然會看出這便是知的作用看出後登時絕對的服從良知命令做去務要

常常保持純潔的本體。這便是行的作用。若能如此。自能『好善如好好色。惡惡如惡惡臭。』便是大學誠意的全功。也卽是正心修身致知格物的全功。所以他說『君子之學誠意而已矣。』（答王天宇書）意便是動機。誠是務求純潔。陽明知行合一說的大頭腦。不外如此。他曾明白宣示他的立言宗旨道。

『今人只因知行分作兩件。故有一念發動。雖是不善。然卻未曾行。便不去禁止。我今說個知行合一。正要人曉得一念發動處便卽是行了。……須要徹根徹底不使那一念潛伏在胸中。此是我立言宗旨。』（傳習錄黃直記）

他說『殺人須在咽喉處著刀。爲學須在心髓入微處用力。』（答黃宗賢第五書）他一生千言萬語。說的都是這一件事。而其所以簡易直捷令人實實落落得個下手處。亦正在此。

於是我們所最要知道的。是陽明對於一般人所謂「智識」者。其所採態度如何。是否有輕視或完全抹煞的嫌疑。現在要解決這問題。作本章的結論。

陽明排斥書冊上智識口耳上智識。所標態度。極爲解明。他說『後世不知作聖之本。卻專去知識才能上求聖人。弊精竭力從冊子上鑽研。名物上考察。形跡上比擬。知識愈廣而人欲愈滋。才力愈多而天理愈蔽。……』（傳習錄薛侃記）從這類話看來。陽明豈不是認知識爲不必要嗎。其實不然。他不是不要智識。但以爲『要有個頭腦』（傳習錄徐愛記）頭腦（註五）是什麼呢。我們叫他做誠意亦可以。叫他做致良知亦可以。叫他做動機純潔亦可以。若沒有這頭腦。智識愈多愈壞。譬如拿肥料去栽培惡樹的根。肥料越下得多。他越暢茂。四旁嘉穀越發長不成了。（傳習錄陸澄記）有了頭腦之後。智識當然越多越好。但種種智識也不消費多大的力。自然會得到。因爲他是頭腦發出來的條件。有人問『如事父母。其間溫凊定省之類。有許多節目。不知亦須講求否。』陽明答道。

『如何不講求只是有個頭腦。……此心若是個誠於孝親的心。冬時自然思量父母的寒。便自要去求做溫的道理。夏時自然思量父母的熱。便自要去求個凊的道理。這都是那誠孝的心發出來的條件。却是須有這誠孝的心然後有這條件發出來。譬之樹木誠孝的心便是根許多條件便是枝葉。須先有根然後有枝葉。不是先尋了枝葉然後去種根。』(傳習錄徐愛記)

(註五)此是櫽栝傳習錄中語。原文所謂頭腦者。謂『只是就此心去人欲存天理』。意思只是要動機純潔。今易其語。俾易了解。

智識是誠心發出來的條件。這句話便是知行合一論的最大根據了。然而條件是千頭萬緒千變萬化的。有了誠心(卽頭腦)碰着這件自然會講求這件。走到那步自然會追求前一步。若想在實行以前或簡直離開實行而泛泛然去講習討論那些條件。那麼在這千頭萬緒千變萬化中從那裏講習起呢。陽明關於此點有最明快的議論說道。

『夫良知之於節目事變。猶規矩尺度之於方圓長短也。節目事變之不可預定。猶方圓長短之不可勝窮也。故規矩誠立則不可欺以方圓而天下之方員不可勝用矣。尺度誠陳則不可欺以長短而天下之長短不可勝用矣。良知誠致則不可欺以節目事變而天下之節目事變不可勝應矣。毫釐千里之謬。不於吾心良知一念之微而察之。亦將何所用其學乎。是不以規矩而欲定天下之方員。不以尺度而欲盡天下之長短。吾見其乖張謬戾日勞而無成也已。』(答顧東橋書)

這段話雖然有點偏重主觀的嫌疑。但事實上我們對於應事接物的智識。如何才合理。如何便不合理。這類標準。最後終不能不以主觀的良知為判斷。此亦事之無可如何者。卽事以求知的工夫而論。我們也斷不能把天下一切節目事變都講求明白才發手去做事只有先打定主意誠誠懇懇去做這件事自然着手之前逼着做預備智識工夫着手之後一步一步的磨鍊出智識來正所謂『知是行之始行是知之成』也今請更引陽明兩段話以結本章

『良知不由見聞而有而見聞莫非良知之用故良知不滯於見聞而亦不離於見聞……大抵學問工夫只要主意頭腦是當若主意頭腦專以致良知爲事則凡多聞多見莫非致良知之功……』答歐陽崇一書

『君子之學何嘗離去事爲而廢論說但其從事爲論說者要皆知行合一之功正所以致其本心之良知而非若世之徒事口耳談說以爲知者分知行爲兩事而果有節目先後之可言也』答顧東橋書

三　知行合一說在哲學上的根據

知行合一本來是一種實踐的工作不應該拿來在理上播弄用哲學家譚玄的頭腦來討論這個問題其實不免有違反陽明本意的危險（後來王學末流失其眞相正犯此弊）但是凡一個學說所以能成立光大不能不有極深遠極强固的理由在裏頭我們想徹底了解知行合一說之何以能顚撲不破當然不能不推求到他在哲學上的根據

陽明在哲學上有極高超而且極一貫的理解他的發明力和組織力比朱子陸子都强簡單說他是一位極端的唯心論者同時又是一位極端的實驗主義者從中國哲學史上看他一面像禪宗一面又像顏習齋從西洋哲學史上看他一面像英國的巴克黎一面又像美國的詹姆士表面上像距離很遠的兩派學說他能冶爲一

處建設他自己一派極圓融極深切的哲學眞是異事陽明的知行合一說是從他的「心理合一說」「心物合一說」演繹出來拿西洋哲學的話頭來講可以說他是個絕對的一元論者「一」者何即「心」是也他根據這種唯心的一元論於是把宇宙萬有都看成一體把聖賢多少言語都打成一片所以他不但說知行合一而已什麼都是合一孟子說「夫道一而已矣」他最喜歡引用這句話(註六)

（註六）傳習錄卷下『問聖賢許多言語如何卻要打做一箇曰不是我要打做一箇如曰「夫道一而已矣」又曰其爲物不二則其生物不測」天地聖人皆是一個如何二得』

他的心理合一說心物合一說是從解釋大學引申出來我們要知道他立論的根原不能不將大學本文子細紬繹大學說『欲修其身者先正其心欲正其心者先誠其意』這兩句沒有什麼難解但下文緊接着說『欲誠其意者先致其知致知在格物』這兩句卻眞費解了誠意是屬於志意方面的致知是屬於智識方面的其間如何能發生密切的聯絡關係說欲意志堅強（欲誠其意）先要智識充足（先致其知）這話如何講得去朱子添字解經說格物是『窮至事物之理』想借一理字來做意與知之間一個聯鎖於是『致知在格物』改成『致知在窮理』格物是否可以作窮理解另一問題若單就『致知在格物』一句下解釋則朱子所謂惟於理有未窮故其知有不盡』原未嘗不可以自成片段所最難通者爲什麼想要誠意必先得窮理理窮之後意爲什麼便會誠這兩件事無論如何總拉不攏來所以朱子教人有兩句重要的話『涵養須用敬進學則在致知』上句是誠正的工夫下句是格致的工夫換句話說進學是專屬於求知識方面與身心之修養無

關係.兩者各自分道揚鑣.對於大學所謂『欲什麼先什麼.欲什麼先什麼』那種層累一貫的論法.不獨理論上說不通.連文義上也說不通了.

陽明用孟子『良知』那兩個字來解釋大學的「知」字.良知是「不學而能」的.卽是主觀的一是非之心」欲誠其意者必先致其有是非之心的良知.這樣一來.誠意與致知確能生出聯絡關係了.卻是『致知在格物』那一句又解不通.若如舊說解格物爲『窮至事物之理』.則主觀的良知與事物之理又如何能有直接關係呢.欲對於此點得融會貫通.非先了解陽明的心物合一論不可.陽明說.

『要知身心意知物是一件.』問『物在外.如何與身心意知是一件.』答『耳目口鼻四肢.身也.非心安能視聽言動.心欲視聽言動.無耳目口鼻四肢亦不能.故無心則無身.無身則無心.但指其充塞處言之謂之身.指其主宰處言之謂之心.指心之發動處謂之意.指意之靈明處謂之知.指意之涉着處謂之物.只是一件.意未有懸空的必着事物.……』傳習錄陳惟濬記

又說.

『身之主宰便是心.心之所發便是意.意之本體便是知.意之所在便是物.』傳習錄徐愛記

又說.

『心者身之主也.而心之虛靈明覺.卽所謂本然之良知也.其虛靈明覺之良知感應而動者謂之意.有知而後有意.無知則無意矣.知非意之本體乎.意之所用.必有其物.物卽事也.如意用於事親.卽事親爲一物.意用於治國.卽治國爲一物.意用於讀書.卽讀書爲一物.意用於聽訟.卽聽訟爲一物.凡意之所在.無有無物者.……

又說。……』答顧東橋書

『目無體。以萬物之色爲體。耳無體。以萬物之聲爲體。……心無體。以天地萬物感應之是非爲體。』傳習錄黃省曾記

現在請綜合以上四段話來下總解釋。陽明主張『身心意知物是一件』這句話要分兩步解剖才能說明。第一步從生理學心理學上說明身心意知如何會是一件。第二步從論理學上或認識論上說明主觀的身心意知和客觀的物如何會是一件。先講第一步。身與心驟看來像是兩件。但就生理和心理的關係稍爲按實一下。則『耳目口鼻四肢非心不能視聽言動。心欲視聽言動。離卻耳目口鼻四肢亦不能』這是極易明之理。一點破便共曉了。心與意的關係『心之發動便是意』這是人人所公認。不消下解釋。比較難解的是意與知的關係。『意之本體便是知』這句話。是陽明畢生學問大頭腦。他晚年倡「良知卽本體」之論。不外從此語演進出來。他所鄭重說明的『有知卽有意。無知卽無意』這兩句話。我們試內省心理歷程。不容我不首肯。然則知爲意的本體亦無可疑了。陽明把生理歸納到心理上。再把心理的動態集中到意上。再追求他的靜態發現出知爲本體。於是『身心意知是一件』的理論完全成立了。再講第二步。主觀的心和客觀的物各自獨立。這是一般人最易陷的錯誤。陽明解決這問題。先把物字下廣義的解釋。所謂物者不專限於有形物質。連抽象的事物如事親治國讀書等。凡我們認識的對象都包括在裏頭。而其普徧的性質是『意之所在』。意之涉着處。『再回頭來看心理狀態。則意之所在所涉。未有無物者。』『意不能懸空發動。一發動便涉着到事物。』層層推剝

不能不歸到『心無體以萬物之感應爲體』的結論。然則從心理現象觀察。主觀的心不能離卻客觀的物卽單獨存在。較然甚明。這是從心的方面看出心物合一。

翻過來從物理上觀察。也是得同一的結論。陽明以爲『心外無物。』（答王純甫書）又說。『有是意卽有是物。無是意卽無是物矣。』（答顧東橋書）有人對於他這句話起疑問。他給他以極有趣的回答。傳習錄記道。

『先生遊南鎭。一友指巖中花樹問曰。「天下無心外之物。」如此花樹在深山中自開自落。於我心亦何相關。』先生曰。『爾未看此花時。此花與爾心同歸於寂。爾來看此花時。則此花顏色一時明白起來。便知此花不在爾的心外。』（黃省曾記）

又說。

『我的靈明。便是天地鬼神的主宰。天沒有我的靈明。誰去仰他高。地沒有我的靈明。誰去俯他深。鬼神沒有我的靈明。誰去辯他吉凶災祥。天地鬼神萬物。離卻我的靈明。便沒有天地鬼神萬物了。我的靈明。離卻天地鬼神萬物。亦沒有我的靈明。……今看死的人。他的天地萬物。尙在何處。』（傳習錄黃直記）

中庸說『不誠無物。』孟子說『萬物皆備於我。』這些話。都是『心外無物論』的先鋒。但沒有陽明說得那樣明快。他所說『你未看此花時。此花與你同歸於寂。』又說『死了的人。他的天地萬物在何處。』眞算得徹底的唯心派論調。這類理論和譬喻。西洋哲學史上從黑格爾到羅素。打了不少筆墨官司。今爲避免枝節起見。且不必詳細討論。總之凡不在我們意識範圍內的物（卽陽明所謂意念不涉着者）最多只能承認他有物理學上數理學上或幾何學上的存在。而不能承認他有倫理學上或認識論上的存在。顯然甚明。再進一步看。

物理學數理學幾何學的本身能離卻人類的意識而單獨存在嗎。斷斷不能。例如一個等邊三角形。有人說。縱使亘古沒有人理會他他畢竟是個等邊三角。殊不知若亘古沒有人理會時便連「等邊三角」這個名詞先自不存在。何有於「他」然則客觀的物不能離卻主觀的心而單獨存在。又至易見了這是從物的方面看出心物合一。

還有應該注意者陽明所謂物者。不僅限於自然界的物質物形物態。他是取極廣義的解釋。凡我們意識的對境皆謂之物所以說『意用於事親即事親爲一物。意用於治國讀書聽訟等等則此等皆爲一物。』這類物爲構成我們意識之主要材料更屬顯然總而言之有客觀方有主觀同時亦有主觀方有客觀。因爲主觀的意不涉着到客觀的物時便失其作用等於不存在。客觀的物不爲主觀的意所涉着時。便失其價值也等於不存在。

心物合一說之內容大觀如此

這種心物合一說在陽明人生哲學上得着一個什麽的結論呢。得的是「人我一體」的觀念。得的是天地萬物一體的觀念。他說。

『夫人者天地之心。天地萬物本吾一體者也。』答聶文蔚書

又說。

『大人者。以天地萬物爲一體者也。其視天下猶一家中國猶一人焉。若夫間形骸而分爾我者小人矣。』大學問

這些話怎麽講呢。我們開口說「我我。」什麽是「我。」當然不專指七尺之軀。當然是認那爲七尺之軀之主

宰的心爲最要的成分依陽明看法心不能單獨存在要靠着有心所對象的「人」要靠着有心所對象的「天地萬物」把人和天地萬物剔開心便沒有對象沒有對象的心我們到底不能想像他的存在心不存在「我」還存在嗎換句話說人們和天地萬物們便是搆成「我」的一部分原料——或者還可以說是唯一的原料離卻他們我便崩壞他們有缺憾我也便有缺憾所以陽明說

『大人之能以萬物爲一體也非意之也其心之仁本若是豈惟大人雖小人之心亦莫不然彼顧自小之耳是故見孺子之入井而必有怵惕惻隱之心焉是其心之與孺子爲一體也孺子猶同類者也見鳥獸之哀鳴觳觫而必有不忍之心焉是其心與鳥獸爲一體也鳥獸猶有知覺也見草木之摧折而必有憫恤之心焉是其心與草木爲一體也草木猶有生意也見瓦石之毀壞而必有顧惜之心焉是其心與瓦石爲一體也……』大學問（註七）

（註七）傳習錄卷下有『草木瓦石皆有良知』之說語頗誕譎細看陽明全集他處並不見有此說或者即因大學問此段門人推論之而失其意歟傳習錄下卷……尤其是末數葉語多不醇劉蕺山黃梨洲已有辨正

前文所述心物合一說之實在體相驟看來似與西洋之唯心論派或心物平行論派之辨爭此問題同一步調其實不然儒家道術根本精神與西洋哲學之以「愛智」爲出發點者截然不同雖有時所討論之問題若極玄妙而其歸宿實不外以爲實踐道德之前提而非如西方哲人借此爲理智的娛樂工具凡治儒家學說者皆當作如是觀尤其治陽明學者更不可不認清此點也陽明所以反復說明心物合一之實相不外欲使人體驗出物我一體之眞理而實有諸己他以爲人類一切罪惡皆由『間形骸分爾我』的私見演生出來而這種私

見。實非我們心體所本有。『如明目之中而翳之以塵沙。聰耳之中而塞之以木楔。其疾痛鬱逆。將必速去之爲快。而何能忍於時刻。』（答南元善書）所以他晚年專提致良知之教。說『良知見得親切時。一切工夫都不難。』（與黃宗賢書）又常說『良知是本體。做學問須從本體得着頭腦。』（屢見傳習錄及文集）所謂良知本體者。如目之本明耳之本聰。若被私見（卽分爾我的謬見）隔斷點汚時。正如翳目以沙塞耳以楔。所以只須見得本體親切。那麼。如何去沙拔楔。其工夫自迫切而不能自已。所謂好善如好好色。惡惡如惡惡臭。必如是方能自慊。陽明教人千言萬語。只是歸着到這一點。蓋良知見得親切時。見善自能如目之見好色。一見着便不能不好。見惡自能如鼻之聞惡臭。一聞着便不能不惡。我們若能確實見得物我一體的實相。其所見之明白。能與見好色聞惡臭同一程度。那麼。更如何能容得「分爾我」的私見有絲毫之存在呢。因爲「吾心與孺子爲一體」所以一見孺子入井。良知立刻怵惕惻隱。同時便立刻援之以手。因爲吾心與國家爲一體。所以愛國如愛未婚妻。以國之休戚利害爲己之休戚利害。這不是『知之眞切篤實處便是行』嗎。哲理上的心物合一論。所以實踐上歸宿到知行合一論者在此。

以下更講他的心理合一論。既已承認心物合一。理當然不能離心物而存在。本來可以不必再說心理合一。陽明所以屢屢論及此。而且標「心卽理」三字爲一種口號者。正爲針對朱子『天下之物莫不有理』那句話而發。原來這個問題發生得很早。當孟子時有一位告子。標「仁內義外」之說。以爲事物之合理不合理。其標準不在內的本心而在外的對境。孟子已經把他駁倒了。朱子卽物窮理之敎。謂理在天下之物。而與「吾心之靈」成爲對待。正是暗襲告子遺說。所以陽明力闢他說道。

『朱子所謂格物云者在「卽物而窮其理」卽物窮理是就事事物物上求其所謂定理者也是以吾心而求理於事事物物之中析心與理而爲二矣夫求理於事事物物者如求孝之理於其親之謂也求孝之理於吾親則孝之理其果在於吾之心耶抑果在於親之身耶假而在於親之身則親沒之後吾心遂無孝之理歟見孺子入井必有惻隱之理……其或不可以從之於井歟其或可以手而援之歟是皆所謂理也是果在於孺子之身歟抑果出於吾心之良知歟以是例之萬事萬物之理莫不皆然是可以知析心與理爲二之非矣（答顧東橋書）

平心論之『就事事物物上求其所謂定理』並非不可能的事又並非不好的事全然拋卻主觀而以純客觀的嚴正態度研求物理此正現代科學所由成立科學初輸入中國時前輩譯爲「格致」正是用朱子之說哩雖然此不過自然界之物理爲然耳科學所研究之自然界物理其目的只要把那件物的原來樣子研究得正確不發生什麼善惡價值問題所以用不着主觀而且容不得主觀若夫人事上的理——卽吾人應事接物的條理吾人須評判其價値求得其妥當性——卽善亦卽理以爲取舍從違之標準所謂妥當不妥當者絕不能如自然界事物之含有絕對性而常爲相對性然則離卻吾人主觀所謂妥當者而欲求客觀的妥當於事物自身可謂絕對不可能的事況且朱子解的是大學大學格致工夫與誠意緊相銜接如何能用自然科學的研究法來比附陽明說『先儒解格物爲「格天下之物」天下之物如何格得盡且謂「一草一木亦皆有理」今如何去格縱格得草木來如何反來誠得自家的意』（傳習錄黃以方記）然則大學所謂物一定不是指自然界而實指人事交互複雜的事物自無待言既已如此則所謂妥當性——卽理不能求諸各事物之自身而必須求諸吾

心亦不待言所以陽明說

夫物理不外於吾心外吾心而求物理無物理矣遺物理而求吾心吾心又何物耶……後世所以有專求本心遂遺物理之患正由不知心卽理耳……外心以求理此知行之所以二也求理於吾心此聖門知行合一之教』（答顧東橋書）

外心以求理結果可以生出兩種弊端非向外而遺內卽向內而遺外向外而遺內者其最踏實的如研究自然科學固然是甚好但與身心修養之學關係已經較少（也非無關係不過較少耳此事當別論）等而下之則故紙堆中片辭隻義之考證箋註先王陳迹井田封建等類之墨守爭辯繁文縟節少儀內則諸文之剽竊摹倣諸如此類姑無論其學問之爲好爲壞爲有用爲無用至少也免不了博而寡要勞而少功的毛病其決非聖學入門所宜有事也可知向內而遺外者視理爲超絕心境之一怪物如老子所謂『有物混成先天地生』『怳兮忽兮其中有象』禪家所謂『言語道斷心行路絕』後來戴東原譏誚宋儒言理說是『如有物焉得於天而具於心』者正屬此類由前之說正陽明所謂『外吾心而求物理』由後之說則所謂遺物理而求吾心』此兩弊朱學都通犯了朱子箋注無數古書乃至楚辭參同契都注到便是前一弊費偌大氣力去講太極無極便是後一弊陽明覺此兩弊皆是爲吾人學道之障所以單刀直入鞭辟近裏說道『心外無物心外無事心外無理心外無善』（答王純甫書）朱子解格物到正心修身說是『古人爲學次第』（大學章句序）次第云者像上樓梯一般上了第一級才到第二級所以工夫變成先知（格致）後行（誠意等）這是外心求理的當然結果陽明主張心理合一於是得如下的結論

『理一而已以其理之凝聚而言則謂之性以其凝聚之主宰而言則謂之心以其主宰之發動而言則謂之意以其發動之明覺而言則謂之知以其明覺之感應而言則謂之物故就物而言謂之格就知而言謂之致就意而言謂之誠就心而言謂之正正者正此也誠者誠此也致者致此也格者格此也』（答羅整庵書）

這段話驟看起來像有點囫圇籠統其實凡一切心理現象只是一剎那間同時並起其間名相的分析不過爲說明的一種方便實際上如何能劃然有界線分出個先後階段來陽明在心物合一心理合一的前提之下結果不認格致誠正爲幾件事的「次第」只認爲一件事裏頭所包含的條件換言之不是格完物才去致知致完知才去誠意倒是欲誠意須以致知爲條件欲致知須以格物爲條件正如欲求飽便須吃飯欲吃飯便須拿快子端椀拿快子端椀吃飯求飽雖像有幾個名目其實只是一件事並無所謂次第這便是知行合一今爲令學者了解陽明學說全部脈絡起見將他晚年所作大學問下半篇全錄如下

『身、心、意、知、物者是其工夫所用之條理雖亦各有其所而其實只是一物格、致、誠、正、修者是其條理所用之工夫雖亦皆有其名而其實只是一事何謂身心之形體運用之謂也何謂心身之靈明主宰之謂也何謂修身爲善而去惡之謂也吾身自能爲善去惡乎必其靈明主宰者欲爲善而去惡然後其形體運用者始能爲善而去惡也故欲修其身者必在於先正其心也然心之本體則性也性無不善則心之本體本無不正也何從而用其正之之功乎蓋心之本體本無不正自其意念發動而後有不正故欲正其心者必就其意念所發而正之凡其發一念而善也好之眞如好好色發一念而惡也惡之眞如惡惡臭則意無不誠而心可正矣然意之所發有善有惡不有以明善惡之分亦將眞妄錯雜雖欲誠之不可得而誠矣故欲誠其意者必在於致知焉。致者至也。如云「喪致乎哀」之致。易言「知至至之」。知至者知也。至之者致也。致知云者。非若後儒所謂充廣其知識也。致吾心之良知焉耳。良知者。孟子所謂「是非之心人皆有之」者也。是非之心。不待慮而知。不待學而能。是故謂之良知。凡意念之發。吾心之良知無有不自知者。其善歟。惟吾良知自知之。其惡歟。亦惟吾良知自知之。是皆無所與於他人者也。故雖小人之爲不善。既已無所不至。然其見君子。則必厭然揜其不善而著其善者。是亦可以見其良知之有不容於自昧者也。今欲別善惡以誠其意。惟在致其良知之所知焉爾。何則。意念之發。吾心之良知既知其爲善矣。使其不能誠有以好之。而後背而去之。則是以善爲惡而自昧其知善之良知矣。意念之所發。吾之良知既知其爲不善矣。使其不能誠有以惡之。而後蹈而爲之。則是以惡爲善而自昧其知惡之良知矣。若是。則雖曰知之。猶不知也。意其可得而誠乎。今於良知所知之善惡。無不誠好之而誠惡之。則不自欺其良知。而意可誠也已。然欲致其良知。亦豈影響恍惚而懸空無實之謂乎。是必實有其事矣。故致知必在於格物。物者事也。凡意之所發。必有其事。意所在之事。謂之物。格者正也。正其不正者以歸於正之謂也。良知所知之善。雖誠欲好之矣。苟不卽其意之所在之物而實有以爲之。則是物有未格。而好之之意猶爲未誠也。良知所知之惡。雖誠欲惡之矣。苟不卽其意之所在之物而實有以去之。則是物有未格。而惡之之意猶爲未誠也。今焉於其良知所知之善者。卽其意之所在之物而實爲之。無有乎不盡。於其良知所知之惡者。卽其意之所在之物而實去之。無有乎不盡。然後物無不格。而吾良知之所知者。無有虧缺障蔽。而得以極其至矣。夫然後吾心快然無復餘憾而自慊矣。夫然後意之所發者。始無自欺。而可以謂之誠矣。故曰「物格而后知至。知至而后意誠。意誠而后心正。心正而后身修。」

這篇文字是陽明征思田臨動身時寫出來面授錢德洪的可算得他生平論學的絕筆學者但把全文子細紬繹便可以徹底了解他學問的全部眞相了簡單說根據「身心意知物只是一物」的哲學理論歸結到「格致正修只是一事」的實踐法門這便是陽明學的全體大用他又曾說『君子之學誠意而已矣格物致知者誠意之功也』(答王天宇書)以誠意爲全部學問之歸着點而致良知爲其下手之必要條件由此言之知行之決爲一事而非兩事不辨自明了

最當注意者尤在其所言格物工夫耳食者流動輒以陽明學派玄虛爲頓悟爲排斥智識爲脫略實務此在王學末流誠不免此弊然而陽明本旨決不如是也陽明常言『格物者其用力實可見之地』(答羅整庵書)蓋舍此則別無用力之可見矣陸象山教人專在人情事變上做工夫陽明亦說除了人情事變則無事矣』(傳習錄陸澄記)又說『若離了事物爲學卻是着空』(同上陳九川記)他在滁州時雖亦曾沿用舊法教人靜坐晚年卻不以爲然他說人須在事上磨鍊做工夫乃有益若止好靜遇事便亂終無長進那靜時工夫似收斂而實放溺也』(傳習錄陳九川記)

又說

徒知養靜而不用克己工夫臨事便要傾倒人須在事上磨鍊方立得住方能靜亦定動亦定』(傳習錄陸澄記)

有人拿孟子『必有事焉而勿忘勿助長』那段話問他他答道

「我此間講學只說個必有事焉」不說「勿忘勿助」……不着實去「必有事」上用功終日憑空去做個「勿忘」又憑空去做個「勿助」漭漭蕩蕩全無着實下手處究竟工夫只做個沈空守寂學成一個癡

駭漢纔遇些子事來即便牽滯紛擾不復能經綸宰制此皆有志之士而乃使之勞苦纏縛擔閣一生皆由學術誤人甚可憫矣』(答聶文蔚書)

後來顏習齋痛斥主靜之說說是死的學問是懶人的學問這些話有無過火之處且不必深論若認他罵得很對也只罵得着周濂溪李延年罵得着程伊川朱晦庵乃至陳白沙卻罵不着陽明陽明說『好靜只是放溺』說『沈空守寂會學成癡騃』而痛惜於『學術誤人』凡習齋所說的陽明都早已說過了至其所說『必待入口然後知味之美惡必待身親履歷然後知道路之險夷』前主張知識必由實際經驗得來尤與習齋及近世詹姆士杜威輩所倡實驗主義同一口吻以極端唯心派的人及其講到學識方面不獨不高談主觀而且有偏於純客觀的傾向淺見者或驚疑其矛盾殊不知他的心物合一論心理合一論結果當然要歸着到此點爲什麼呢他一面說『外吾心而求物理則無物理』同時跟着說『遺物理而求吾心吾心又何物』(見前)蓋在心物合一的前提之下不獨物要靠心乃能存在心也要靠物乃能存在心物既是不能分離的東西然則極端的唯心論換一方面看同時也便是極端的唯物論了他說『心無體以萬物之感應是非爲體』以無的心而做心學除卻向『涉着於物』處用力更有何法夫曰『行是知的工夫』『行是知之成』此正實驗主義所憑藉以得成立也

四　知行合一與致良知

錢德洪王畿所撰陽明年譜說他三十八歲始以知行合一教學者五十歲始揭致良知之教(註八)其實良知二

字。陽明早年亦已屢屢提及。不過五十歲始專以此爲教耳。他五十五歲時有給鄒守益一封信。內中幾句話極爲有趣。他說『近有鄉大夫請仁講學者云「除卻良知。還有什麽說得」仁答云「除卻良知。還有什麽說得」……』他晚年眞是「開口三句不離本行」千言萬語。都是發揮致良知三字。表面看來。從前說知行合一。後來說致良知。像是變更口號。不錯。口號的字句是小有變更。其實內容原只是一樣。我們拿知行合一那句話代表陽明學術精神的全部也可以。拿致良知這句話代表陽明學術的全部也可以。

（註八）與鄒東廓書云『近來信得致良知三字。眞聖門正法眼藏。往年尙疑未盡。今自多事以來。只此良知無不具足。譬之操舟得舵。平瀾淺瀨。無不如意。雖遇顚風逆浪。舵柄在手。亦免沒溺之患矣』案此書是正德十六年在南昌所發。時陽明五十歲。平宸濠之次年也。

「致良知」這句話。是把孟子裏『人之所不學而知者。其良知也』和大學裏『致知在格物』那兩句話聯綴而成。陽明自下解說道『孟子云「是非之心。知也」「是非之心。人皆有之」卽所謂良知也。孰是無良知乎。但不能致之耳。易謂「知至至之」知至者知也。至之者致知也。此知行之所以一也。近世格物致知之說。只一「知」字尙未有下落。若「致」字工夫。全不曾道着矣。此知行之所以二也』（與陸元靜第二書）觀此可知致良知正所以爲知行合一。內容完全一樣。所以改用此口號者。取其意義格外明顯而已。

致良知這句話。後來王門弟子說得太玄妙了。幾乎令人無從捉摸。其實陽明本意是平平實實的。並不含有若何玄學的色彩。試讀前章所引大學問中解釋致知那段話。便可以了然。陽明自己把他編成幾句口訣——卽有名的「四句教」。所謂

『無善無惡心之體。有善有惡意之動。知善知惡爲良知。爲善去惡是格物。』（見王畿天泉證道記）（註九）

（註九）後來劉蕺山黃梨洲都不信四句教．疑是王龍谿造謠言．我們尊重龍谿人格．實不敢附和此說．況且天泉證道時．有錢緒山在一塊．這段話採入傳習錄．傳習後錄經緒山手定．有嘉靖丙辰跋語．其時陽明沒已久了．若非師門遺說．緒山如何肯承認．蕺山們所疑者．不過因無善無惡四字．不知善之名對惡而始立．心體既無惡．當然也無善．何足爲疑呢．

良知能善能惡．致的工夫卽是就意所涉着之事物實行爲善去惡．這種工作．雖愚夫愚婦．要做便做．但實行做到圓滿．雖大賢也恐怕不容易．所以這種學問．可以說是極平庸．也可以說是極奇特．劉蕺山引繫辭中孔子贊美顏子的話來作注脚．說道『有不善未嘗不知．良知也．知之未嘗復行．致良知也』．陽明亦曾拿大學的話來說．『所惡於上』是良知．「毋以使下」是致良知．』（傳習錄下）致良知最簡易的解釋．不過如此．大學說『所謂誠其意者毋自欺也』．陽明既認致知爲誠意的工夫．所以最愛用『不欺良知』這句話來作致知的解釋．他說．

『爾那一點良知．是爾自家的準則．爾意念着處．他是便知是．非便知非．更瞞他一些不得．爾只不要欺他．實實落落依著他做去．善便存．惡便去．何等穩當快樂．』（傳習錄答陳九川問）

拿現在的話說．只是絕對的服從良心命令便是．然則爲什麼不言良心而言良知呢．因爲心包含意與知兩部分．意不必良．而知無不良．陽明說．『凡應物起念處．皆謂之意．意則有是有非．能知得意之是與非者則謂之良知．依得良知．卽無有不是．』（答魏師說書）所以良知是你的明師．』（傳習錄上）關於這一點．陽明總算把性善論者隨便舉一個例．都可以反駁倒我們．但是本能的發動．雖有對有不對．然而某件對某件不對．我們總會覺得．就「會覺得」這一點看．就是『人之所以異於禽獸』．就是『人皆可以爲堯舜』的一副本錢．所以孟子說良知良能．

而陽明單提知的方面代表良心之全部。說『良知者心之本體。』（答陸元靜書）『有善有惡意之動。』意或動於善或動於惡誰也不能免。幾乎可以說沒有自由。假使根本沒有個良知在那裏指導。那麼我們的行爲便和下等動物一樣。全由本能衝動說不上有責任。然而實際上決不如此。「良知在人。隨你如何不能泯滅。雖盜賊亦自知不當爲盜。喚他做賊他還忸怩。』（傳習錄陳九川記）『良知之在人心無間於聖愚。天下古今之所用也。』（答聶文蔚書）『凡意念之發吾心之良知無有不自知者其善歟。惟吾良知自知之其惡歟。亦惟吾良知自知之。』（大學問）此兩字人人所自有故雖至愚下品。一提便省覺。』（答聶文蔚第三書）既有知善知惡之良知。則選擇善惡當然屬於我的自由。良知是常命令我擇善的。於是爲善去惡便成爲我對於我的良知所應負之責任。人數行爲所以有價值。全在這一點。

良知雖人人同有。然其明覺的程度不同。所以要下「致」的工夫。『聖人之知如青天之日。賢人之知如浮雲天日。愚人如陰霾天日。雖有昏明不同。其能辨黑白則一。雖昏黑夜裏亦影影見得黑白。就是日之餘光未盡處。困學工夫只從這一點明處精察去。』（傳習錄黃修易記）有人對陽明自嘆道『私意萌時分明自知得。只是不能使他卽去。』陽明道『你萌時這一「知」便是你的命根。當下卽把那私意銷除去。便是立命工夫。』（同上）假使並這一點明處而無之。那眞無法可想了。然而實際上決不如此。無論如何昏惡的人。最少也知道殺人是不好。只要能知道殺人不好。『充其無欲害人之心而仁不可勝用矣。』最少也知道偷人東西是不好。只要能知道偷東西不好。充其無欲穿窬之心而義不可勝用矣。』所以說『這一知是命根。』抓着這命根往前致。致致由陰霾天的日致出個浮雲天的日來。由浮雲天的日致出個青天的日來。愚人便會搖身一變變成賢人。搖身再變變成聖人了。所以陽明說『人若知這良知訣竅。隨他多少邪思枉念。這裏一覺。都自消融。眞個是靈丹一粒點鐵成金。』（傳習錄陳九川記）利用這一覺致良知工夫便得着把柄入手了。他又說『殺人須在咽喉處着刀。吾人爲學當從心髓入微處用力。自然篤實光輝。私欲之萌。眞是洪爐點雪。天下之大本立矣。』（答黃宗賢書）專就「這一點明處」往前致。致到通體光明如青天之日。便有「洪爐點雪」氣象。便是致良知工夫成熟。

我們最當注意者。利用那一覺。固然是入手時最簡捷的法門。然並非專恃此一覺便了。後來王學末流。專喜歡講此一覺。所以劉蕺山箴斥他們說道『後儒喜言覺。謂一覺無餘事。卽知卽行……』殊不知主張一覺無餘事者。不知不覺間已墮於『知而不行只是不知。』恰與陽明本意違反了。當時已有人疑陽明『立說太高。用功太捷。未免墮禪宗頓悟之機。』陽明答道『區區格致誠正之說。是就學者本心日用事爲間。體究踐履。實地用功。是多少次第。多少積累。在正與空虛頓悟之說相反。』（答顧東橋書）所以致良知工夫。說易固眞易。說難卻又眞難。當時有學者自以爲已經能致知。陽明敎訓他道『何言之易也。再用功半年看如何。又用功一年看如何。功夫愈久。愈覺不同。此難口說。』（傳習錄陳九川記）晚明治王學的人。喜欲說「現成良知。」輕輕把致字抹煞。全不是陽明本意了。

致良知工夫。是要無間斷的。且要十分刻苦的。方纔引的「私欲萌時那一知」要抓着做個命根。固也。但並非除卻那時節便無所用力。陽明說『譬之病瘧之人。雖有時不發。而病根不曾除。則亦不得謂之無病。』（歐陽原靜書）所以省察克治之功。無時而可間。如去盜賊。須有個掃除廓淸之意。無事時將好色好貨好名等私。逐一追究。搜尋出來。定要拔去病根。永不復起。方始爲快。常如貓之捕鼠。一眼看着。一耳聽着。纔有一念萌動。卽與克去。斬釘截鐵不可姑容與他方便不可窩藏不可放他出路方是眞實用功方能掃除廓清」（傳習錄陸澄記）他在贛南剿土匪時候寄信給他的朋友有兩句有名的話『去山中賊易去心中賊難』可見得這一個「致」字內中含有多少扎硬寨打死仗的工夫絕非「一覺無餘事」了

陽明嘗自述其用力甘苦說道『……毫釐之差乃致千里之謬非誠有求爲聖人之志而從事於惟精惟一之學者莫能得其受病之源而發其神奸之所由伏也若某之不肖蓋亦嘗陷溺於其間者幾年倀倀然既自以爲是矣賴天之靈偶有悟於良知之學然後悔其向之所爲者固包藏禍機作僞於外而心勞日拙者也十餘年來雖痛自洗剔創艾而病根深痼萌蘖時生所幸良知在我操得其要譬猶舟之得舵雖驚風巨浪顚沛不無尙猶得免於傾覆者也夫舊習之溺人雖已覺悔悟而克治之功尙且其難如此又況溺而不悟日益以深者亦將何所抵極乎』（與鄒謙之書）讀這段話不能不令人悚然汗下以我們所見的陽明學養純粹巍然爲百世宗師然據他的自省則有「神奸攸伏」「作僞於外心勞日拙」種種大病用了十幾年洗剔工夫尙且萌蘖時生我們若拿來對照自己眞不知何地自容了（註十）據此可知致良知工夫全以毋自欺爲關鍵把良知當作嚴明的裁判官自己常像到法庭一般絲毫不敢掩飾方有得力處最妙者裁判官不是別人卻是自己要欺也欺不得徒然惹自己苦痛依着他便如舟之得舵雖驚濤駭浪中得有自衞的把握而泰然安穩結果得着「自慊」——自己滿足致良知工夫所以雖極艱難而仍極簡易者在此

（註十）陽明卒時五十八歲寄鄒謙之書是他五十五歲寫的讀此可見其刻苦用功死而後已

講到這裏我們要提出緊急動議討論一個問題陽明說『良知是我們的明師他是便知是非便知非判斷下

來絕不會錯。』這話靠得住嗎。我們常常看見有一件事。甲乙兩個人對於他同時下相反的判斷。而皆自以爲本於自己的良知。或一個人對於某件事前後判斷不同而皆以爲本良知。不能兩是。必有一非。到底那個良知是眞呢。況且。凡是非之辨所由起。必其之性質本介於兩可之間者也。今若僅恃主觀的良知以下判斷。能否不陷於武斷之弊。後來戴東原說宋儒以「意見」爲理。何以見得陽明所謂良知不是各個人的「意見」呢。這是良知說能否成立之根本問題。我們要看陽明怎樣的解答。

第一。須知陽明所謂知是知非者。其實只是知善知惡。（他拿是非來說不過爲孟子「是非之心人皆有之」那句話作注解）善惡的標準。雖然也不是絕對的。但已不至如是非之疑似難辨。最少如『無欲害人』『無欲穿窬』之類幾項基本標準總是有的。從良知所見到這一點致出去。總不會錯。或問陽明。『人心所知多有認賊作子處。何處乃見良知。』陽明反問。『爾以爲何如。』答『心所安處便是良知。』陽明道。『固是。但須省察。恐有非所安而安者。』（傳習錄陸澄記）凡事就此心所安處做去。最少總可以得自慊——自己滿足的結果。

第二。所謂武斷或意見者。主張直覺說的人最易犯此病。陽明的致良知。驟看來很像純任直覺。其實不然。他以格物爲致知的工夫。說『欲致其良知。非影響恍惚懸空無實之謂。必實有其事。』（大學問）說要『在事上磨鍊。』（傳習錄陸澄記）說除卻見聞酬酢。無良知可致。』（答顧東橋書）所以關於判斷事理的知識。陽明卻是主經驗論。並不主直覺論。有人問『知識不長進如何。』他答道『爲學須有本原。漸漸盈科而進。嬰兒在母腹時。有何知識。出胎後方始能啼。既而復能笑。又而復能識認其父母兄弟。又而復能立。能行。能持。能負。卒乃天下事無不可能。皆是精氣日足。則總明日開。不是出胎日便講求推尋得來。』（傳習錄陸澄記）他不認知識爲能淩空籠統的一齊得着。而認爲要由後天的經驗一步一步增長起來然則戴東原所謂『理與事分爲二而與意見合爲一』者（孟子字義疏證卷上）在朱學或有此病在王學決不然陽明又說『我輩致知只是各隨分限所及今日良知見是如此只隨今日所知擴充到底明日良知又有開悟便從明日所知擴充到底如此方是精一工夫』（傳習錄黃直記）由此言之良知並不是一成一變的實是跟着經驗來天天長進不過用功要有個頭腦一切智識都從良知發生出來纔不至散而無紀罷了陽明又說『如人走路一般走得一段方認得一段走到歧路處有疑便問問了又走方能到得欲到之地……只管愁不能盡知只管閑講何益』（傳習錄陸澄記）朱子說的『卽物窮理之後一旦豁然貫通則衆物表裏精粗無不到……』那種做學問法誠不免有認意見爲理的危險若陽明則全不是這種路數他說『並不是本體明後便於天下物便都知得都做得天下事務如名物度數草木鳥獸之類雖聖人亦何能盡知但不必知的聖人自不消求知其所當知的聖人自能問人如「子入太廟每事問」之類……』（傳習錄黃直記）致良知工夫只是對於某件事應做不應做求得一個定盤針決定應做之後該如何做法跟着有多少學問思辨工作在裏頭而這些工作卻要用客觀的經驗的不是靠主觀的直覺的這便是陽明本旨

至於事理是非介在疑似兩可之間者決定應做與否誠然不能不憑良知一時之直覺陽明以爲我們平日用功不必以此等例外的事理爲標準而且欲對於此等事應付不誤只有平日把良知磨擦得精瑩存養得純熟然後遇事乃得其用有人問他『道之大端易於明白至於節目時變毫釐千里必待學而後知如語孝……舜之不告而娶武之不葬而興師……等事處常處變過與不及之間必須討論是非以爲制事之本』陽明答道道之大端易於明白此語誠然顧後之學者忽其易於明白者而弗由而求其難者以爲學此所謂道在邇而求

諸遠。事在易而求諸難也。……夫良知之於節目事變。猶規矩尺度之於方圓長短也。節目事變之不可預定。猶方員長短之不可勝窮也。……毫釐千里之謬。不於吾心良知一念之微而察之。亦將何所用其學乎。……夫舜之不告而娶。豈舜之前已有不告而娶者爲之準則。故舜得以考諸何典問諸何人而爲此耶。抑亦求諸其一念之良知權輕重之宜不得已而爲此耶。……後之人不務致其良知以精察義理於此心感應酬酢之間。顧欲懸空討論此等變常之事。執之以爲制事之本。以求臨事之無失。其亦遠矣』（答顧東橋書）這段話在實踐道德學上含有重大的意味。善惡的標準。有一部分是絕對的。有一部分是相對的。相對的那部分。或甲時代與乙時代不同。或甲社會與乙社會不同。或同一時代同一社會而因各個人所處的地位而不同。這種臨時臨事的判斷。眞是不能考諸何典問諸何人。除卻憑主觀的一念良知之直覺以權輕重之宜。沒有別的辦法。然則我們欲對於此等臨事無失。除卻平日下工夫把良知磨得雪亮。預備用得着直覺時所直覺者不致錯誤。此外又更有何法呢。

第三。一般人所判斷的是非善惡。自命爲本於良知者。然而往往會陷於錯誤。這是常見的事。陽明亦承認。但陽明以爲這決不是良知本身的缺點。不過沒有實下「致」的工夫。以致良知被錮蔽而失其作用耳。他說『事物之來。但盡吾心之良知以應之。所謂「忠恕違道不遠」矣。凡處得有未善及有困頓失次之患者。皆是牽於毀譽得喪。不能實致其良知耳。若能實致其良知。然後見得平日所謂善者未必是善。所謂未善者卻恐正是牽於毀譽得喪而自賊其良知者也』（答周道通書）俗語說得好『旁觀者淸。當局者迷』同是一個人同是那良知。何以觀察旁人很淸醒。自己當局便糊塗起來呢。因爲一到當局。便免不了得失或毀譽等等顧忌。譬如討論一個工場法案。某甲屬於勞動階級或想利用勞動階級。主張便如此。某乙屬於資本階級或想利用資本階級。主張便如彼雖各各昌言道我本我良知的主張其實他的良知已經被得失之見纏蔽了。縱使不屬那階級亦不想利用那階級然而看見那一種時髦的主張便跟着主張去或者從前主張錯了。而護短不欲改口他的良知已經被毀譽之見纏蔽了此外或因一時情感衝動或因事實牽扯令良知失其作用者原因甚多總而言之以自己爲本位便有一種「我的成見」橫亘胸中便是以爲良知之賊這類東西陽明統名之曰「私欲」致良知工夫最要緊是把這些私欲剗除淨盡假使一個人他雖然屬於勞動階級或資本階級但他並不以本身利害爲本位純採第三者的態度由當局而抽身出來像旁觀一樣而且並不要討好於任何部分人不要任何部分人恭維他赤裸裸的眞信憑他的良知來判斷這個工場法案那麼我們敢保他下的判斷一定是「忠恕違道不遠」了致良知的實在工夫便是如此

陽明在江西時候有一屬官常來旁聽講學私下對人說「可惜我爲簿書訟獄所困不得爲學」陽明聽見了告訴他道『我何常叫你離了簿書訟獄懸空去講學你既有官司的事便從官司的事上爲學才是眞格物如問一詞訟不可因其應對無狀起個怒心不可因他言語圓轉生個喜心不可惡其囑託加意治之不可因其請求屈意從之不可因自己事務煩冗隨意苟且斷之不可因旁人譖毀羅織隨人意思處之這許多意思皆私只爾自知須精細省察克治惟恐此心有一毫偏倚這便是格物致知簿書訟獄之間無非實學若離了事物爲學卻是着空』（傳習錄陳惟濬記）據這段話所敎訓可見得我們爲甚麼判斷事理會有錯呢都不外被「私的意見」蒙蔽着只要把這種種「私」克去自然會鑑空衡平一切事理到跟前都能看得眞切程明道所謂『廓然而大公物來而順應』正是這種境界拿現在的話來講只要純採客觀態度不攙雜絲毫主觀的成見及計較那便沒

有不清楚的事理。（註十一）

（註十一）這段話還給我們一種重大教訓，就是令我們知道修養工夫，並不消把日常應做的事擱下一邊另起爐灶去做。譬如一個學生，不說我現在學校功課太忙，沒有時候去致良知。你在講堂上聽講，在圖書館裏念書，便可以從聽講念書上頭致你的良知。念一部書完全爲研求書中道理，不是想抄襲來做畢業論文，不是要摭拾幾句口耳來出鋒頭，讀時不草率，不曲解，批評時不鬧意氣……諸如此類，就是讀書時候致良知工夫。傳習錄中尙有答人問讀書一段云，『且如讀書時，知得强記之心不是，卽克去之；有誇多鬬靡之心不是，卽克去之。如此則終日讀書，亦只是調攝此心。』

講到這裏，「圖窮而匕首見」，不能不提出陽明學派最主要一個關鍵，曰「義利之辨」。昔朱晦庵請陸象山在白鹿洞書院講演，象山講論語『君子喻於義，小人喻於利』那一章，晦庵聽了大感動，天氣微暖，而汗出揮扇。陽明繼承象山學脈，所以陸王之學，徹頭徹尾只是立志辨義利。陽明以爲良知唯一的仇敵，是功利主義。不把這個病根拔去，一切學問無從做起。他所著有名的拔本塞源論，關於此警告說得最沈痛。今節錄如下：

『夫拔本塞源之論不明於天下，則天下之學聖人者，將日繁日難，斯人入於夷狄禽獸，而猶以爲聖人之學。吾之說雖或暫明於一時，終將凍解於西而冰堅於東，霧釋於前而雲滃於後，呶呶焉危困以死，而卒無救於天下之分毫也。夫聖人之心，以天地萬物爲一體，其視天下之人，無內外遠近，凡有血氣，皆其昆弟赤子之親，莫不欲安全而教養之，以遂其萬物一體之念。天下之人心，其始亦非有以異於聖人也，特其間於有我之私，隔於物欲之蔽，大者以小，通者以塞，人各有心，至有視其父子兄弟如仇讐者。聖人有憂之，是以推其天地萬物一體之仁以教天下，使之復其心體之同然。……孔孟既沒，聖學晦而邪說橫，教者不復以此爲教，而學者不復以此爲學。霸者之徒，竊取先王之近似者，假之於外，以內濟其私己之欲，天下靡然宗之。……聖人之學日遠日晦而功利之習愈趨愈下其間雖嘗蠱惑於佛老而佛老之說卒亦未能有以勝其功利之心雖又嘗折衷於羣儒而羣儒之論終亦未能有以破其功利之見蓋至於今功利之毒淪浹於人之心髓而習以成性也幾千年矣相矜以知相軋以勢相爭以利相高以技能相取以聲譽……記誦之廣適以長其傲也知識之多適以行其惡也聞見之博適以肆其辯也辭章之富適以飾其僞也……其稱名借號未嘗不曰吾欲以共成天下之務而其誠心實意之所在以爲不如是則無以濟其私而滿其欲也嗚呼以若是之積累以若是之心志而又講之以若是之學術宜其聞吾聖人之敎而視之以爲贅疣枘鑿則其以良知爲未足而謂聖人之學爲無所用亦其勢有所必至矣……』答顧東橋書

功利兩個字在今世已成爲哲學上一種主義——最時髦的學派我們生今日而講「非功利」一般人聽了何只「以爲贅疣枘鑿」一定當作妖怪了雖然須知陽明之「非功利」並不是叫人不做事也不是叫人做事不要成功更不是把人生樂利幸福一概抹殺這些話無須多辨只把陽明一生替國家替地方人民所做的事業點檢一下當然可以得着絕好的反證然則他所非的功利是什麼呢是各個人自私自利——以自己利益爲本位那種念頭詳細點說凡專求滿足自己的肉慾如食膏粱衣文繡宮室之美妻妾之奉等等以及爲滿足肉慾起見而發生的財貨慾更進而求滿足自己的權勢慾求滿足自己的虛榮慾凡此之類陽明統名之爲私欲——卽功利認爲一切罪惡之根源『知善知惡爲良知爲善去惡是格物』所謂善惡者以何爲標準呢凡做一事發一念其動機是否出於自私自利卽善惡之唯一標準良知所知之善惡就只知這一點而且這一點除自己的良知之外沒有別人或別的方法能知得眞切確實的然則這種標準對嗎我想完全是對的試觀

凡人類的罪惡。小而自家庭細故。所謂『父借耰鋤。動有德色。母取箕帚。立而誶語。』大而至於奸淫刼盜殺人放火。那件不是從自私自利之一念發出來。其甚者爲權勢慾爲虛榮慾所驅使。『一將功成萬骨枯』。不惜舉千千萬萬人生命以殉所謂英雄豪傑者一念中不可告人之隱。然且有奇衺之學說以爲之推波助瀾。例如尼采輩所崇拜之「超人」的生活。主張利用民器以他人作犧牲品爲自己成功之工具。謂爲所當然。陽明所謂『以若是之心志而又講之以若是之學術』。把人類獸性方面的本能盡情發揮。安得不率天下而爲禽獸呢。陽明痛心疾首於此種禍機。所以不能倡良知之教。他說。

『後世良知之學不明。天下之人用其私智以相比軋。是以人各有心。而偏瑣僻陋之見。狡僞陰邪之術。至於不可勝說。外假仁義之名。而內以行其自私自利之實。詭辭以阿俗。矯行以干譽。掩人之善而襲以爲己長。訐人之私而竊以爲己直。忿以相勝而猶謂之徇義。險以相傾而猶謂之疾惡。妒賢忌能而猶自以爲公是非。恣情縱欲而猶自以爲同好惡。相陵相賊。自其一家骨肉之親。已不能無爾我勝負之意。彼此藩籬之形。而況於天下之大民物之衆。又何能一體而視之。則亦無怪於紛紛藉藉。而禍亂相尋於無窮矣。僕誠賴天之靈。偶有見於良知之學。以爲必由此而後天下可得而治。是以每念斯民之陷溺。則爲之戚然痛心。忘其身之不肖。而思以此救之。……』（答聶文蔚書）

這段話眞是一字一淚。陽明所以極力反對功利主義。所以極力提倡致良知。他那一片婆心和盤托出給我們看了。我們若還相信這些話有相當價值。總可以感覺到這種專以自己爲本位的人學問少點。才具短點。作惡的程度也可以減輕點。若再加之以學問才具。天下人受其荼毒更不知所底極了。然而天下事到底是要靠有學問有才具的人去做的倘使有學問有才具的人不能在自己心術上痛切下一番革命工夫則這些人都是爲天下造孽的人天下的罪惡禍亂一定相尋於無已所以陽明對於當時的青年痛切警告道

『今天下事勢如沈痾積痿所望以起死回生者實有在於諸君子若自己病痛未能除得何以能療天下之病』（與黃宗賢書）

當時一青年有自是好名之病陽明屢屢責備他道『此是汝一生大病根譬如方丈地內種此一大樹雨露之滋土脈之力只滋養得這個惡根四傍縱要種些嘉穀上面被此樹葉遮蔽下面被此樹根盤結如何生得長成須是伐去此樹纖根勿留方可種植嘉種不然任汝耕耘培壅只是滋養此根』（傳習錄陸澄記）夫好名也是促進青年向上一種動機陽明何故深惡痛絕到如此因爲好名心也是從自私自利出來充這個念頭所極可以種種作僞種種犧牲別人以爲自己所以眞實做學問的人非從這種罪惡根芽上廓淸不可

欲廓淸自私自利念頭除卻致良知沒有第二法門因爲心術隱微只有自己的良知方能照察得出陽明說『人若不於此獨知之地用力只在人所共知處用功便是作僞便是「見君子而後厭然」此獨知處便是誠的萌芽以處不論善念惡念更無虛假一是百是一錯百錯正是義利誠僞善惡界頭於此一立立定便是正本澄源古人爲學工夫精神命脈全體只在此處』（傳習錄上）所以他又說『愼獨卽是致良知』（與黃勉之書）這樣說來致良知切實下手工夫是不是專在消極的克己作用呢不錯克己是致良知重要條件但不能認克己爲消極作用陽明說『人須有爲己之心方能克己能克己方能成己』（傳習錄上答蕭惠問）這句話又怎樣解呢我們想徹底了解他要回復到他的心物合一論之哲學上見解來陽明固爲確信心外無物物外無心灼然見得我

身外之人們及天地萬物們都是「眞我」或「大我」的構成要素因此得着「物我同體」的結論前文已經說過了既已如此然則自私自利之心强把人我分爲兩體豈不是我的「眞我」罹了車裂之刑嗎所以他說『這心之本體便是你的眞己你若眞要爲那爾體殼的己也須用着這個眞己便須要常常保護這眞己的本體有一毫虧損他便如刀割如針刺忍耐不過必須去了刀拔了針才是有爲己之心方能克己』（同上）因此之故克己工夫非惟用不着强制執行或者還可以說發於本能之不容自已所以他說道『凡慕富貴憂貧賤欣戚得喪愛憎取舍之類皆足以蔽吾良知之體而窒塞其用若此者如明目之中而翳之以塵沙聰耳之中而塞之以木楔也其疾痛鬱逆將必速去之爲快而何能忍於時刻乎』（答南元善書）克己本是一件極難的事然而『見得良知親切時其工夫又自太難』（與黃宗賢書）所謂見得親切的是見個什麼就是見出那物我爲一痛癢相關的本體這些話驟聽着像是大言欺人其實只是人生習見的事例如慈母對於他的乳兒青年男女對於他的戀人那種痛癢一體的意思何等親切幾曾見有對於自己的戀人而肯耍手段頑把戲犧牲他的利益以謀自利者假使有這種念頭偶然湧起一定自己覺得有傷害愛情神聖的本體立刻感深切的苦痛像目中塵耳中楔一般必拭去拔去而後爲快是不是呢但這種境界在一般人只有慈母對乳兒戀人對戀人才能發現若大聖大賢把天下國家看成他的乳兒把一切人類看成他的戀人其痛癢一體之不能自已又何足怪陽明以爲人類的本性原是如此所有『間形骸而分爾我』者都不過良知受蔽隔而失其作用「致」的工夫只是把良知麻木過去那部分打些藥針令其恢復原狀一旦恢復之後物我一體的感覺自然十分靈敏那裏容得纖毫間隔下手工夫又何難之有呢所以大學說『如惡惡臭如好好色』而陽明亦最喜引以爲喩他說『從未見

有遇見好色的人要人强逼着才肯去好的。』約傳習錄語又說。『好色之人。未嘗有痛於困忘者。只是一眞切耳。』啓問道通書由此觀之可見在致良知這個口號底下所用克己工夫是積極的而非消極的了。

良知本體與功利主義之分別。孟子說得最明白。『凡人乍見孺子將入於井。皆有怵惕惻隱之心。非所以納交於孺子之父母也。非所以要譽於鄉黨朋友也。非惡其聲而然也。』乍見的惻隱便是良知本體。納交要譽惡其聲等等雜念便是得喪毀譽關係。便是功利。致良知工夫最要緊是「非所以什麼非所以什麼」換句話說一切行爲都是目的。不是手段。陽明說。

『君子之學。求盡吾心焉爾。故其事親也。求盡吾心之孝。而非以爲孝也。事君也。求盡吾心之忠。而非以爲忠也。是故夙興夜寐。非以爲勤也。剸繁理劇。非以爲能也。嫉邪祛蠹。非以爲剛也。規切諫諍。非以爲直也。臨難死義。非以爲節也。吾心有不盡焉。是謂自欺其心。心盡而後吾之心始自以爲快也。惟夫求以自快吾心。故凡富貴貧賤憂戚患難之來。莫非吾所以致知求快之地。苟富貴貧賤憂戚患難而莫非吾致知求快之地。則亦寧有所謂富貴貧賤憂戚患難者足以動其中哉。世之人徒見君子之於富貴貧賤憂戚患難無入而不自得也。而皆以爲獨能人之所不可及。不知君子之求以自快其心而已矣。』題夢槎奇遊詩卷

這段話是『如惡惡臭。如好好色。此之謂自慊』那幾句的詳註。問爲什麼要惡惡臭。爲什麼要好好色。誰也不能說出理由來。只是生理作用非好好惡惡不能滿足罷了。人生數十寒暑。勤勤懇懇。乃至忍艱難冒危險去做自己良心上認爲應做的事。問爲什麼什麼都不爲。再問只能答道爲良心上的安慰滿足。這種人生觀。眞是再逍遙自在不過的了。眞是再親切有味不過的了。回看功利主義者流。天天以爲什麼爲什麼相號召。營營於得

喪毀譽過幾十年患得患失日子者，孰爲有價値，孰爲無價値，我們可以知所別擇了。(註十二)

(註十二)陽明旣排斥功利主義，當然也跟著排斥效率主義，他說『聖賢只是爲己之學，重功夫不重效驗』(傳習錄下)

以上所述致良知的全部工夫大概都講到了，但是不能致良知的人如何才會致起來呢，陽明以爲最要緊是立志。孔子說『爲仁由己而由人乎哉』又說『我欲仁斯仁至矣』陽明接見學者，常以此激勸之，其在龍場示諸生敎條四章首卽立志，其在傳習錄中諄諄言此者不下數十條，其示弟立志說云，

君子之學無時無處而不以立志爲事，正目而視之無他見也，傾耳而聽之無他聞也，如貓捕鼠，如雞伏卵，精神心思凝聚融結而不復知有其他，然後此志常立，神氣精明，義理昭著，一有私欲，卽便知覺，自然容住不得矣，故凡一毫私欲之萌，只責此志不立，卽私欲便退，聽一毫客氣之動，只責此志不立，卽客氣便消除，或怠心生，責此志卽不怠，忽心生，責此志卽不忽，躁心生，責此志卽不躁，妒心生，責此志卽不妒，忿心生，責此志卽不忿，貪心生，責此志卽不貪，傲心生，責此志卽不傲，吝心生，責此志卽不吝，蓋無一息而非立志責志之時，無一事而非立志責志之地，故責志之功，其於去人欲，有如烈火之燎毛，太陽一出而魍魎潛消也。

志是志個什麼呢，陽明說要志在必爲聖人，他的門生蕭惠問學，他說『待汝辨個眞求爲聖人的心來再與汝說』(傳習錄上)有一天幾位門生侍坐，陽明太息道『你們學問不得長進，只是未立志』有一位李珙起而對曰『我亦願立志』陽明說『難說不立，未是必爲聖人之志耳』(傳習錄下)這些話不知現代青年們聽了怎麼樣，我想不是冷笑着以爲迂而無用，便是驚駭着以爲高不可攀，其實陽明斷不肯說迂而無用的話，也斷不肯說高不可攀的話，我們欲了解他的眞意，請先看他對於「聖人」兩字所下定義，他說，

『聖人之所以爲聖。只是其心純乎天理而無人欲之雜。猶精金之所以爲精。但以其成色足而無銅鉛之雜也。人到純乎天理方是聖。金到足色方是精。然聖人之才力亦有大小不同。猶金之分兩有輕重。堯舜猶萬鎰。文王孔子有九千鎰。……伯夷伊尹猶四五千鎰。才力不同。而純乎天理則同。皆可謂之聖人。猶分兩不同而足色則同。皆可謂之精金。……蓋所以爲精金者。在足色而不在分兩。所以爲聖者。在純乎天理而不在才力也。故雖凡人而肯爲學。使此心純乎天理。則亦可爲聖人。猶一兩之金。比之萬鎰。分兩雖懸絕。而其到足色處可以無愧。故曰「人皆可以爲堯舜」者以此。學者學聖人。猶鍊金而求其足色。金之成色所爭不多。則鍛鍊之工省而功易成。成色愈下。則鍛鍊愈難。人之氣質清濁粹駁。有中人以上中人以下。其於道有生知安行學知利行。其下者必須人一己百。人十己千。及其成功則一。後世不知作聖之本是純乎天理。卻專去知識才能上求聖人。以爲聖人無所不知無所不能。我須是將聖人許多知識才能逐一理會始得之。故不務去天理上着工夫。徒弊精竭力。從册子上鑽研。名物上考索。形跡上比擬。知識愈廣而人欲愈滋。才力愈多天理愈蔽。正如見人有萬鎰精金。不務鍛鍊成色。求無愧於彼之精純。而乃妄希分兩。務同彼之萬鎰。錫鉛銅鐵雜然而投。分兩愈增而成色愈下。及其梢末無復有金矣。』（傳習錄答蔡希淵問）

這番話可謂妙喻解頤。聖人中可以分出等第。有大聖人小聖人。第一等第二等聖人乃至第九十九等聖人。而其爲聖人則一。我們縱使彀不上做一萬斤重的一等聖人。最少也可以做一兩重一錢重一分重乃至一釐重的第九十九等聖人。做一釐重的九十九等聖人。比諸一萬斤重的一等凡人或壞人。其品格卻是可貴。孟子所謂『人皆可以爲堯舜』。必要如此方解得通。否則成爲大妄語了。

當時有一位又聾又啞的人名叫楊茂。求見陽明。陽明和他筆談問道。『你口不能言是非。你耳不能聽是非。你心還能知是非否』茂答。『知是非』陽明說。『如此你口雖不如人你耳雖不如人你心還與人一般』茂首肯拱謝陽明說大凡人只是此心此心若能存天理是個聖賢的心口雖不能言。耳雖不能聽也是個不能言不能聽的聖賢。心若不存天理是個禽獸的心。口雖能言耳雖能聽也只是個能言能聽的禽獸』茂聽了扣胸指天。陽明說。『……你但在裏面行你那是的心莫行你那非的心縱使外面人說你是也不須管說你不是也不須管』茂頓首拜謝。（諭泰和楊茂）這段話雖極俚淺卻已把致良知徹始徹終工夫包括無遺人人都有能知是非的心。只要就知之所及行那是的心不能行那非的心雖口不能言耳不能聽尚且不失為不能言不能聽的聖人然則『聖人與我同類』人人要做聖人便做聖人有什麼客氣呢。至於或做個不識一字在街上叫化的聖人或做個功被天下師表萬世的聖人這卻是量的分別不是質的分別聖人原是以質計不以量計的陽明教學者要先辦個必為聖人之志所辦辦此而已。

這樣看來陽明致良知之教總算平易極了。切實極了。然則後來王學末流為什麼會墮入空寂為世詬病呢。原來陽明良知之說在哲學上有很深的根據既如前章所述他說『心之本體便是知』所謂『見得良知親切』者卽是體認本體親切之謂向這裏下手原是一了百了的絕妙法門所以陽明屢屢揭此義為學者提掇但他並非主張『一覺之後無餘事』者所以一面直提本體一面仍說『省察克治之功無時而可已』而後之學者或貪超進憚操持當然會發生出近於禪宗之一派此亦學術嬗變上不可逃避之公例也錢緒山說『師既沒音容日遠吾黨如以己見立說學者稍見本體卽好為徑超頓悟之說無復有省身克治之功視師門誠意格物爲善去惡之旨皆相鄙以爲第二義簡略事爲言行無顧甚者蕩滅禮敎猶自以爲聖門之最上乘噫亦已過矣』（大學問跋）王學末流競倡「現成良知」之說結果知行不復合一又陷於『知而不行只是不知』之弊其去陽明之本意遠矣

曾剛父詩集序

剛父之詩凡三變弱年近體宗玉谿古體宗大謝峻潔遒麗芳馨悱惻時作幽咽淒斷之聲使讀者醰醰如醉中年以降取徑宛陵摩壘后山斵彫爲樸能皺能折能瘦能澀然而腴思中含勁氣潛注異乎貌襲江西以獰態向人者矣及其晚歲直湊淵微妙契自然神與境會所得往往入陶柳聖處生平於詩不苟作作必備極鍾鍊辭之功什二三鍊意之功什八九洗伐糟魄至於無復可洗伐而猶若未饜所存者則光晶炯炯驚心動魄一字而千金也故爲詩數十年而手自寫定者僅此孟子曰誦其詩不知其人可乎善讀剛父詩者蓋可以想其爲人抑得其爲人然後其所以爲詩者乃益可見也剛父與物無競而律己最嚴自出處大節乃至一話一言之細靡不以先民爲之法程從不肯藉口於俗人所卽安者降格焉以自恕其於事有所不爲也於其所當爲者及所可爲者則爲之不厭且常精力瀰滿以赴之以求其事之止於至善不屑不潔其天性也顧未嘗立崖岸焉以翹異於衆而世俗之穢累自不足以入之其擇友至嚴峻非心所期許者弗與親也其所親者則摯愛久敬如其處父母昆弟之間者然壹以眞性情相見當其盛年鞅掌度支起曹郎迄卿貳歷二紀餘綜理密微一部之事皆取辦蓋在清之季諳悉食貨掌故能究極其利病癥結也舍剛父無第二人及清鼎潛移則於遜位詔書未下之前一日

毅然致其仕而去。蓋稍一濡滯。忽已處於致無可致之地。燭先機以自潔。如彼其明決也。鼎革之際。神姦張設以弄一世才智之士。彼固夙知剛父。則百計思所以縻之。剛父不惡而嚴。巽詞自免。而凜然示之以不可辱。自剛父之在官也。俸入外既一介不取。且常以所儉蓄者周卹姻族。急朋友之難。故去官則無復餘財以自活。剛父泊然安之。斥賣其所藏圖籍書畫陶瓦之屬以易米。往往不得宿飽。而斗室高歌。不怨不尤不歆不畔者十五年。嗚呼。剛父之所蘊蓄以發而爲詩者。其本原略如此。昔太史公之序屈子也。曰其志潔。故其稱物芳。蟬蛻於濁穢。以浮遊塵埃之外。喻此志也。可以讀剛父之詩矣。剛父長余六歲。其舉鄉試。於余爲同年。余計偕京師。日與剛父游。時或就其所居之潮州館共住。每瀹茗譚藝。達夜分爲常。春秋佳日。輒策蹇並轡出郊外。攬翠微潭柘之勝。謂此樂非褦襶子所能曉也。甲午喪師後。各憂傷憔悴。一夕對月坐碧雲寺門之石橋。語國事相抱慟哭。既而余南歸。剛父送以詩。曰前路殘春亦可惜。柳條藤蔓有啼鶯。又曰他年獨自親調馬。愁見山花故故紅。念亂傷離。惻然若不能爲懷也。余亡命十餘年而歸。歸後屢值世難。不數數相見。剛父雖謝客。顧以余爲未汩於世俗也。視之日益親。去歲六月。剛父六十生日。余造焉。甫就坐。則出一卷相屬。曰手所寫詩。子爲我定之。余新病初起。療於海濱。將以歸後卒讀而有所論列。歸則剛父病已深。不復能相譚笑矣。剛父既沒。余與葉玉虎暨二三故舊襄治其喪。玉虎曰。此一卷者。剛父精神寓焉。且手澤也。宜景印以傳後。子宜爲序。乃序如右。剛父諱習經。亦號蟄庵居士。潮之揭陽人。光緒己丑舉人。庚寅進士。起家戶部主事。歷官至度支部左丞。卒時年六十。其卒後一年。歲在丁卯三月之望。新會梁啓超序。

晚清兩大家詩鈔題辭

（一）

晚清兩大家詩是甚麼。一部是元和金亞匏先生的秋蟪吟館詩。一部是嘉應黃公度先生的人境廬詩。我認這兩位先生是中國文學革命的先驅。我認這兩部詩集是中國有詩以來一種大解放。這詩鈔是我拿自己的眼光將兩部集裏頭最好的詩——最能代表兩先生精神而且可以爲解放模範的。鈔將下來。所鈔約各占原書三分一的光景。

我爲甚麼忽然編起這部書來呢。我想。文學是人生最高尚的嗜好。無論何時。總要積極提倡的。卽使沒有人提倡他。他也不會滅絕。不惟如此。你就想禁遏他。也禁遏不來。因爲稍有點子的文化的國民。就有這種嗜好。文化越高。這種嗜好便越重。但是若後有人往高尚的一路提倡。他卻會委靡墮落。變成社會上一種毒害。比方男女情愛。禁是禁不來的。本質原來又是極好的。但若不向高尚處提。結果可以流於醜穢。還有一義。文學是要常常變化更新的。因爲文學的本質和作用。最主要的就是「趣味」。趣味這件東西。是由內發的情感和外受的環境交媾發生出來。就社會全體論。各個各個時代趣味不同。就一個人而論。趣味亦刻刻變化。任憑怎麼好的食品。若是頓頓照樣喫。自然討厭。若是將騰下來的嚼了又嚼。那更一毫滋味都沒有了。我因爲文學上高尚和更新兩種目的。所以要編這部書。

我又想。文學是無國界的。研究文學。自然不當限於本國。何況近代以來。歐洲文化。好像萬流齊奔。萬花齊茁。我們僥倖生在今日。正應該多預備「敬領謝」的帖子。將世界各派的文學。盡量輸入。就這點看來。研究外國文學。實在是比研究本國的趣味更大。益處更多。但卻有一層要計算到。怎麼叫做輸入外國文學呢。第一件。將人家的好著作。用本國語言文字譯寫出來。第二件。採了他的精神來自己著作。造出本國的新文學。要想完成這兩種職務。必須在本國文學上有相當的素養。因爲文學是一種「技術」。語言文字是一種「工具」。要善用這工具。纔能有精良的技術。要有精良的技術。纔能將高尙的情感和理想傳達出來。所以講別的學問。本國的舊根柢淺薄些。都還可以。講到文學。卻是一點兒偷懶不得。我因爲在新舊文學過渡期內。想法教我們把向來公用的工具操練純熟。而且得有新式運用的方法。來改良我們的技術。所以要編這部書。

（二）

我要講這兩部詩的價值。請先將我向來對於詩學的意見。略略說明。

詩不過文學之一種。然確占極重要之位置。在中國尤甚。歐洲的詩。往往有很長的。一位大詩家。一生只做得十首八首。一首動輒數萬言。我們中國卻沒有。有人說是中國詩家才力薄的證據。其實不然。中國有廣義的詩。有狹義的詩。狹義的詩。「三百篇」和後來所謂「古近體」的便是。廣義的詩。則凡有韻的皆是。所以賦亦稱「古詩之流」。詞亦稱「詩餘」。講到廣義的詩。那麼從前的「騷」咧「七」咧「賦」咧「謠」咧「樂府」咧。後來的「詞」咧「曲本」咧「山歌」咧「彈詞」咧。都應該納入詩的範圍。據此說來。我們古今所有的詩。短的短到十幾個字。長的長到十幾萬字。也和歐人的詩沒甚差別。只因分科發達的結果。「詩」字成了個專名。和別的有韻之文相對待。把詩的範圍弄窄了。後來做詩的人。在這個專名底下。摹倣前人。造出一種自己束縛自己的東西叫做什麼「格律」．詩卻成了苦人之具了．如今我們提倡詩學．第一件是要把「詩」字廣義的觀念恢復轉來．那麽自然不受格律的束縛．爲甚麽呢．凡講格律的詩有詩的格律．賦有賦的格律．詞有詞的格律．專就詩論．古體有古體的格律．近體有近體的格律．這都是從後起的專名產生出來．我們既知道賦呀詞呀……呀都是詩．要作好詩．須把這些的精神都鎔納在裏頭．這還有什麽格律好講呢．只是獨往獨來．將自己的性情和所感觸的對象．用極淋漓極微眇的筆力寫將出來．這纔算是眞詩．這是我對於詩的頭一種見解．格律是可以不講的．修辭和音節卻要十分注意．因爲詩是一種技術．而且是一種美的技術．若不從這兩點着眼．便是把技術的作用全然抹殺．雖有好意境．也不能發揮出價值來．所謂修辭者．並非堆砌古典僻字．或賣弄浮詞豔藻．這等不過不會作詩的人．借來文飾他的淺薄處、試看古人名作．何一不是文從字順．謝去彫繫．何嘗有許多深文謎語來．雖然選字運句．一巧一拙．而文章價值相去天淵．白香山詩．不是說「老嫗能解」嗎．天下古今的老嫗個個能解．天下古今的詩人．卻沒有幾個能做．說是他的理想有特別高超處嗎．其實並不見得．只是字句之間．說不出來的精嚴調協．令人讀起來自然得一種愉快的感受．古來大家名作．無不如是．這就是修辭的作用．所謂音節者．亦並非講究「聲病」．這種浮響．實在無足重輕．但「詩」之爲物．本來是與「樂」相爲體用．所以尚書說『詩言志．歌永言．聲依永．律和聲』．古代的好詩．沒有一首不能唱的．那「不歌而誦」之賦．所以勢力不能和詩爭衡．就爭這一點．後來樂有樂的發達．詩有詩的發達．詩樂不能合一．所以樂府咧．詞咧．曲咧．層層繼起．無非順應人類好樂的天性．今日我們做詩．雖不必說一定要能彀入樂．但最少也要抑揚抗墜．上口琅然．近來歐人倡一種「無韻詩」．中國人也有學他的．舊詩裏頭．我只在劉繼莊的廣陽雜記見過一首．

係一位和尚做的。很長半有韻。半無韻。纖莊說他是天地間奇文。我笨得很。卻始終不能領會出他的好處。但我總以爲音節是詩的第一要素。詩之所以能增人美感。全賴乎此。修辭和音節。就是技術方面兩根大柱。想作名詩。是要實質方面和技術方面都下工夫。實質方面是什麼。自然是意境和資料。若沒有好意境好資料。算是實質虧空。任憑怎樣好的技術。也是白用。若僅有好意境好資料。而詞句冗拙。音節餖飣。自己意思達得不如法。別人讀了。不能感動。豈不是因爲技術不穀。連實質也遭蹋了嗎。這是我對於詩的第二種見解。

因這種見解。我要順帶着評一評白話詩問題。我並不反對白話詩。我當十七年前在新民叢報上做的詩話。因爲批評招子庸粵謳。也曾很說白話詩應該提倡。其實白話詩在中國並不算甚麼稀奇。自寒山拾得以後。邵堯夫擊壤集全部皆是。王荊公集中也不少。這還是狹意的詩。若連廣義的詩算起來。那麼周淸眞柳屯田的詞什有九是全首白話。元明人曲本雖然文白參半。還是白多。最有名的琵琶記佳處都是白話。在我們文學史上白話詩的成績。不是已經粲然可觀嗎。那些老先生忽然把他當洪水猛獸看待起來。只好算少見多怪。至於有一派新進青年。主張白話爲唯一的新文學。極端排斥文言。這種偏激之論。也和那些老先生不相上下。就實質方面論。若眞有好意境好資料。用白話也做得出好詩。用文言也做得出好詩。如其不然。文言誠屬可厭。白話還加倍可厭。這是大衆承認。不必申說了。就技術方面論。卻很要費一番比較研究。我不敢說白話詩永遠不能應用最精良的技術。但恐怕要等到國語經幾番改良蛻變以後。若專從現行通俗語底下討生活。其實有點不夠。第一。凡文以詞約義豐爲美妙。總算得一個原則。拿白話和文言比較。無論在文在詩。白話總比文言冗長三分之一。因爲名詞動詞。文言只用一個字的。白話非用兩個字不能成話。其他轉詞助詞等。白話也格外用得多。試舉一個例杜工部石壕吏的『存者且偷生死者長已矣』譯出白話來是『活着的捱一天是一天死過的算永遠完了』我這兩句還算譯得對嗎不過原文十字變成十七字了所以講到修潔兩個字白話實在比文言加倍困難第二美文貴含蓄這原則也該大家公認所謂含蓄者自然非廋詞謎語之謂乃是言中有意一種匣劍帷燈之妙耐人尋味這種技術精於白話的人固然也會用但比文言總較困難試拿宋代幾位大家的詞一看同是一人同寫一樣情節白話的總比文言的淺露寡味可見白話本身實容易陷入一覽無餘的毛病（容易二字注意並不是說一定）更舉一個切例本書中黃公度的今別離四首大衆都認他是很有價值的創作試把他翻成白話或取他的意境自做四首白話不惟冗長了許多而且一定索然無味白話詩含蓄之難可以類推第三字不彀用這是做「純白話體」的人最感苦痛的一樁事因爲我們向來語文分離士大夫不注意到說話的進化「話」的方面卻是絕無學問的多數人占了勢力凡傳達稍高深思想的字多半用不着所以有許多字文言裏雖甚通行白話裏卻成殭棄我們若用純白話體做說理之文最苦的是名詞不彀若一一求其通俗一定弄得意義淺薄而且不正確若做英文更添上形容詞動詞不彀的苦痛陶淵明的『曖曖遠人村依依生晚煙』李太白的『黃河從西來窈窕入遠山』這種絕妙的形容詞我們話裏頭就沒有方法找得出來杜工部的『欲覺聞晨鐘令人發深省』「深省」兩個字白話要用幾個字呢字多也罷了意味卻還是不對這不過隨手舉一兩個例若細按下去其實觸目皆是所以我覺得極端的「純白話詩」事實上算是不可能若必勉强提倡恐怕把將來的文學反趨到籠統淺薄的方嚮殊非佳兆以上三段都是從前辭的技術上比較研究第四還有音節上的技術我不敢說白話詩不能有好音節因爲音樂節奏本發於人性之自然所以山歌

童謠。亦往往琅琅可聽。何況文學家刻意去做。那裏有做不到的事。現在要研究的。還是難易問題。我也曾讀過胡適之的嘗試集。大端很是不錯。但我覺得他依着詞家舊調譜下來的小令格外好些。為什麼呢。因為五代兩宋的大詞家大半都懂音樂。他們所創的調。都是拿樂器按拍出來。我們依着他填。只要意境字句都新。自然韻味雙美。我們自創新音。何嘗不能。可惜我們不懂音樂。只成個「有志未逮」。而純白話體有最容易犯的一件毛病。就是枝詞太多。動輒傷氣。試看文言的詩詞。「之乎者也」。幾乎絕對的不用。為什麼呢。就因為他傷氣。有妨音節。如今做白話詩的人。滿紙「的麼了哩」。試問從那裏得好音節來。我常說。「做白話文有個祕訣」。是「的麼了哩」越少用越好。就和文言的「之乎者也」。可省則省同一個原理。現在報章上一般的白話文。若叫我點竄。最少也把他的「的麼了哩」刪去一半。我們看鏡花緣上君子國的人掉書包滿嘴「之乎者也」。誰不覺得頭巾俗氣。可厭可笑。如今做白話文的人。卻是「新之乎者也」不離口。還不是一種變相的頭巾氣。做文尚且不可。何況拿來入詩。字句既不修飾。加上許多濫調的語助辭。眞成了詩的「新八股腔」了。

以上所說。是專就技術上研究白話詩難工易工的問題。並不是說白話詩沒有價值。我想白話詩將來總有大成功的希望。但須有兩個條件。第一要等到國語進化之後。許多文言都成了「白話化」。第二要等到音樂大發達之後。做詩的人。都有相當音樂智識和趣味。這卻是非需以時日不能。現在有人努力去探闢這殖民地。自然是極好的事。但絕對的排斥文言。結果變成獎厲俗調。相習於粗糙淺薄。把文學的品格低下了。不可不慮及。其實文言白話本來就沒有一定的界限。『暮投石壕村。有吏夜捉人。老翁踰牆走。老婦出門看。』算文言呀。還是算白話。『潯陽江頭夜送客。楓葉荻花秋瑟瑟。主人下馬客在船。舉酒欲飲無管絃。』算文言呀。還是算白話。

再高尚的。『行行重行行。與君生別離。』『采菊東籬下。悠然見南山。』算文言呀還是算白話。就是在律詩裏頭。『尚想舊情憐婢僕。也曾因夢送錢財。情知此恨人人有。貧賤夫妻百事哀。』算文言呀還是算白話。那最高超雄渾的。『吳楚東南坼。乾坤日夜浮。親朋無一字。老病有孤舟。』算文言呀還是算白話。若說是定要滿紙「的麼了咧」……定要將石壕吏三四兩句改作『有一位老頭子爬牆頭跑了。一位老婆子出門口張望張望。』纔算白話。老實說。我就不敢承教。若說我剛纔所舉出的那幾聯都算得白話。那麼白話文言畢竟還有甚麼根本差別呢。老實講一句。我們的白話文言本來就沒有根本差別。最要緊的。不過語助詞有些變遷。或是單字不便上口。改為複字。例如文言的「之」「者」白話變為「的」。文言的「矣」白話變為「了」。文言的「乎」「哉」白話變為「麼」「嗎」。文言單用「因」字「為」字白話總要「因為」兩字連用。文言「故」字「所以」字隨便用。白話專用「所以」。「的」「了」「麼」「嗎」固然是人人共曉。「之」「者」「矣」「乎」「哉」何嘗不也是人人共曉。論語只用「斯」字不用「此」字。後人作文若說定要把「此」改作「斯」纔算古雅固然可笑。若說「斯」字必不許用。又安有此理。『能飲一杯無。』古文應作『能飲一杯乎。』白話應作『能飲一杯麼。』其實「乎」「無」「麼」三字原只是一字。不過口音微變演成三體。用「乎」用「無」用「麼」儘聽人絕對的自由選擇。讀者一樣的盡人能解。近來有人將文言比歐洲的希臘文拉丁文。將改用白話體比歐洲近世各國之創造國語文學。這話實在是夸張太甚。違反真相。希臘拉丁語和現在的英法德語。語法截然不同。字體亦異。安能不重新改造。譬如我中國人治佛學的。若使必要誦習梵文。且著作都用梵文寫出。思想如何能普及。自然非用本國通行文字寫他不可。中國文言白話的差別。只能拿現在英國通俗文和索士比亞時代英國古文的差別做個比方絕不能拿現在英法德文和古代希臘拉丁文的差別做個比方現代英國人排斥希臘拉丁是應該的是可能的排斥索士比亞集不惟不應該而且不可能因爲現代英文和索士比亞集並沒有根本不同絕不能完全脫離了他創成獨立的一文體我中國白話之與文言正是此類何況文字不過一種工具他最要緊的作用第一是要把自己的思想和感情完全傳達出來第二是要令對面的人讀下去能確實了解就第二點論讀『活著的捱一天是一天死過的算永遠完了』這兩句話能彀了解的人讀『存者且偷生死者長已矣』這兩句話亦自會了解質言之讀水滸傳紅樓夢能完全了解字句的人讀論語孟子也差不多都了解論語孟子一字不解的便水滸紅樓亦那裏讀得下去——這專就普通字句論若書中的深意自然是四種書各各都有難解處又字句中仍有須特別注釋的四種書都有——就第一點論卻是文言白話各有各的特長例如描寫社會實狀委曲詳盡以及情感上曲折微妙傳神之筆白話最擅長條約法律等條文非文言不能簡明正確普通說理敍事之文兩者皆可全視作者運用嫺熟與否爲工拙我這段話自問總算極爲持平所以我覺得文言白話之爭實在不成問題一兩年來大家提倡白話我是極高興高興甚麼因爲文學界得一種解放若翻過來極端的排斥文言那不是解放卻是別造出一種束縛了標榜白話文的格律義法還不是「桐城派第二」這總由脫不了二千年來所謂「表章甚麼罷黜甚麼」的劣根性我們今日最宜切戒依我的主張是應採絕對自由主義除了用艱僻古字塡砌陳腐典故以及古文家綁筆膚語應該排斥外只要是樸實說理懇切寫情無論白話文言都可尊尚任憑作者平日所練習以及一時興會所到無所不可甚至一篇裏頭白話文言錯雜並用只要調和得好也不失爲名文這是我對於文學上一般

的意見。

專就討論。第一押險韻用僻字。是要絕對排斥的。第二用古典作替代語。變成「點鬼簿」。是要絕對排斥的。第三。美人芳草託興深微。原是一種象徵的作用。做得好的自應推尙。但是一般詩家陳陳相襲。變成極無聊的謎語。也是要相對排斥的。第四律詩有篇幅的限制。有聲病的限制。束縛太嚴。不便於自由發攄性靈。也是該相對的排斥。然則將來新詩的體裁該怎麼樣呢。第一。四言五言七言長短句。隨意選擇。第二。騷體賦體詞體曲體都拿來入詩。在長篇裏頭只要調和得好。各體並用也不妨。第三。選詞以最通行的爲主。俚語俚句不妨雜用。只要能調和。第四。純文言體或純白話體。只要詞句顯豁簡鍊。音節諧適。都是好的。第五。用韻不必拘拘於佩文詩韵。且至唐韻古音都不必多管。惟以現在口音諧協爲主。但韻卻不能沒有。沒有只好不算詩。白話體自然可用。但有兩個條件應該注意。第一。凡字而及句法。有用普通文言可以達意者。不必定換俚字俗語。若有意如此。便與舊派之好換僻字自命典雅者同屬一種習氣。徒令文字冗長惹厭。第二。語助辭愈少用愈好。多用必致傷氣。便像文言詩滿紙「之乎者也」。還成個甚麼詩呢。若承認這兩個條件。那麼白話詩和普通文言詩竟沒有很顯明的界線。寒山拾得白香山。就是最中庸的詩派。我對於白話詩的意見大略如此。

因爲研究詩的技術方面。涉及目前一個切要問題。話未免太多了。如今要轉向實質方面。我們中國詩家有一個根本的缺點。就是厭世氣味太重。我的朋友蔣百里曾有一段話說道。『中國的哲學。北派占優勢。可是文學的勢力。實在是南派較强。南派的祖宗。就是那懷石沈江的屈子。他的一個厭世觀。打動了多少人心。所以賈長沙的哭。李太白的醉。做了文人一種模範。到後來末流文人自命淸高。對於人生實在生活。成一種悲觀的態度。

好像「世俗」二字和「文學」是死對頭一般。』（改造第一號談外國文學之先決條件）這段話眞是透闢。我少年時亦曾有兩句詩說道『平生最惡牢騷語作態呻吟苦恨誰。』（飲冰室詩稿）我想我們若不是將這種觀念根本打破。在文學界斷不能開拓新國土。第二件前人都說詩到唐朝極盛。我說詩到唐朝始衰。爲甚麼呢。因爲唐以詩取士。風氣所趨。不管甚麼人都學謅幾句。把詩的品格弄低了。原來文學是一種專門之業。應該是少數天才俊拔而且性情和文學相近的人。屏棄百事。專去研究他。做成些優美創新的作品。供多數人賞玩。那多數人只要去賞玩他涵養自己的高尙性靈便彀了。不必人人都作。這纔是社會上人才經濟主義。如今卻好了。科舉既廢。社會對於舊派的詞章家帶一種輕薄態度。做詩不能換飯吃。從今以後。若有喜歡做詩的人。一定是爲文學而研究文學。根柢已經是純潔高尙了。加以現代種種新思潮輸入。人生觀生大變化。往後做文學的人。一定不是從前那種消極理想。所以我覺得中國詩界大革命時候是快到了。其實就以中國舊詩而論。那幾位大名家所走的路並沒有錯。其一是專玩味天然之美。如陶淵明王摩詰李太白孟襄陽一派。其二是專描寫社會實狀。如杜工部白香山一派。中國最好的詩。大都不出這兩途。還要把自己眞性情表現在裏頭。就算不朽之作。往後的新詩家。只要把個人歎老嗟卑和無聊的應酬交際之作。一概刪汰。專從天然之美和社會實相兩方面着力。而以新理想爲之主幹。自然會有一種新境界出現。至於社會一般人。雖不必個個都做詩。但詩的趣味。最要涵養。如此然後在這實社會上生活。不至乾燥無味。也不至專爲下等娛樂所奪。致品格流於卑下。這是我對於詩的第三種見解。

金黃兩先生的詩。能彀完全和我理想上的詩相合嗎。還不能。但總算有幾分近似了。我如今要把兩先生所遺

值的環境和他個人歷史。簡單敘述。再對於他的詩略下批評。（未完）

學校讀經問題

學校讀經問題。實十年來教育界一宿題也。因爭持未決。而至今各校亦遂無經課。吾自昔固疑讀經之難。故頗祖不讀之說。謂將經語編入教科書已足。吾至今亦仍覺其難也。然從各方面研究。漸覺不讀之不可。請略陳其說與當代教育家商榷焉。

第一　經訓爲國性所寄。全國思想之源泉自茲出焉。廢而不讀。則吾儕與吾儕祖宗之精神。將失其連屬。或釀國性分裂消失之病。

第二　吾國言文分離。現在國語未能統一。所恃溝通全國人之情。使控摶爲一體者。全恃文字。文字古今。雖微差別。然相去實不遠。故我國古書。不能與歐西之希臘羅馬古文相提並論。自幼卽當讀也。

第三　我國因言文分離之故。故文字無變化。欲用國文以表今日各種科學思想。已覺甚難。然古書訓詞深厚。含意豐宏。能理解古書者。則藉此基礎以闡發新思潮。或尙有着手處。若全國皆習於淺薄之文學。恐非惟舊學失墜。而新學亦無自昌明。

第四　學童幼時。當利用其記性。稍長乃利用其悟性。蓋悟性與年俱進。不患不濬發。若記性則一過其時。雖勤勞十倍。亦難收效。今若謂經終可不讀。斯亦已矣。苟猶應讀。則非自小學時卽讀之不可。長大以後。非特無此時日。卽讀亦不能受用。

第五　今之學童。亦曷嘗不朗誦坊間所編教科書者。實則此本不必誦。而皆誦之。亦可證其性宜誦也。與其費日力以誦此。費腦力以記此。何不反求諸聖經賢傳乎。

吾所以主張讀經之理由略如此。至其詳則願以異日。雖然。今之主張不讀經者。豈其有惡於經。但不知何讀而可耳。以羣經之浩瀚。疇昔並無各種科學之可授。猶且窮年莫殫。況於今日。此反對讀經最强之理由也。吾以爲此不足以難吾說也。欲讀經則非刪經不可。非編經不可。一孔之儒。聞此或且大詬。不知今日經之廢。實此種拘墟之見爲之梗也。竊計羣經之中。其言古代制度器物儀注者。逕可不讀。以俟大學考古之專科足矣。其政治譚及性命譚可以緩讀。可以摘讀。且皆中學之事也。將此數部分刪去。所餘有幾。且又皆文從字順。能使兒童理解者矣。再分別編爲年課。以小學八年之力。應讀之經略畢矣。吾不敏。竊願奮筆從事於斯。惟希當代教育家先一是正斯說也。

爲什麼要注重敍事文字

前幾天接校長的信。叫我替本校文學會作一次講演。文學會所要求者。諒來是純文學方面的講題。但我對應用文學方面有點意見。覺得是現在中學教育上很重要的問題。所以趁這機會陳述大概。和教員學生們討論討論。至於純文學的講題。過幾天若有機會。或者再和諸君聚談一回也可以。

應用文的分類。大約不出議論之文和記述之文兩大部門——通俗一點說。就是論事文和敍事文。論事文和記事文孰爲重要。學起來孰難孰易。這些問題。各人有各人的看法。姑且不細討論。但現在學校中作文一科所作者大率偏重論事文．我以爲是很不對的．因爲這種敎法．在文章上不見得容易進步．而在學術上德性上先已生出無數惡影響來．

學校專敎做論事文，全是中了八股策論的餘毒．從前科舉時代．聚了成千數萬人在一個考場裏頭．限着一定時刻叫他們做幾篇文章．文章的種類．或者在四書五經裏拈出一句或一節做題目．叫人敷衍成幾百字．便是八股．或者出個題目說某項國家大事應該如何辦法．叫人發一套議論．便是策．又或者把歷史上某個人某件事叫人批評一番．便是論．這種考試法．行了一千幾百年．不知坑陷了幾多人．不幸現在的學校．頑的依然是那一套．雖形式稍變．而精神仍絲毫無別．不過把四書語句的題目改成時髦學說的題目．倒如從前是「學而時習之不亦說乎」現在卻改成「學問之趣味」從前是「言忠信行篤敬」現在卻改成「克己與自治」又或把從前萬言策或東萊博議的論文改爲現在的政治談人物評．例如從前的「復井田議」現在改爲「土地國有論」從前的「邊防策」現在改爲「國恥紀念感言」從前的「管仲論」「范增論」現在改爲「華盛頓論」「列寧論」等等．

這種敎作文法．可以生出以下各項毛病

第一獎厲剿說．從前是把孔夫子的話敷衍成文．現在是把敎科書或敎師平日所講的話敷衍成文．句句都說得對．卻沒有一句是自己的．因爲句句都對．敎師便不能不給他濃圈密點．不能不多給他分數．作者也忘了形．眞以爲自己發見什麼眞理了．

第二獎厲空疏及剽滑．做這些說空理發空論的文章．並不要什麼正確資料爲基本．所以不必要有什麼精深的研究，或者好研究的人，倒不如浮光掠影之談，說出來反加流利，所以做慣這種文章的人，結果會變成北京裏墮落的旗人子弟，說話十分剽亮，很像通達正理，肚子裏卻一毫經緯沒有。

第三，獎厲輕率。凡判斷一項事理，提出一種主張，豈是容易的事，不知要經多少方面的客觀考察，歷多少次曲折的試驗，纔着得一點眞知灼見，在紙片上發空談，一若天下事指顧可定，說起來花團錦簇，卻是不許人質駁，唐宋以來的文家，大率如此。青年時代作慣了這種文，便養成視事太易的心理，將來做起事來，便會輕躁不踏實。

第四，獎厲刻薄及不負責任。一人有一人的環境，一事有一事的曲折，所以對於人與事的批評，是很不容易的。像現在國文讀本裏頭最通行的什麽「管仲論」「范增論」等等，開口便說「我若是他，便怎樣辦怎樣辦，」其實和那時候的時勢事實全不相應，說的都是風涼話。青年學慣了這種文，便只會挑剔別人是非，一面卻使自己責任心薄弱，不問做得來做不來的事，一味瞎吹瞎說。

第五，獎厲偏見。會做八股策論的人，若要出奇制勝，最妙是走偏鋒，做翻案文字，這種做法，一方面可以矯正勦說的毛病，但一面卻去養成强詞奪理的習慣，專喜歡改變客觀的事情來就自己的偏見，結果也會養成一個剛愎乖謬的人。

第六，獎厲虛僞。總而言之，現在學校裏這類國文功課，學生並沒有什麽新理經自己發明要說出來，教師卻出一個題目叫他說這種道理，學生並沒有什麽眞感情眞議論一定要發洩，教師也指定一個題目，像搾油似的去搾出的感情議論，學生爲分數起見，只好跟着混，你要我論辨，我便信口開河，你要我抒情，我便聲隨淚下，結果變成粉墨登場的戲子底面判然兩人了；以上這些話或者有人疑我說的太過火其實不然學校裏功課雖有多種大率都是「受」的——先生給他的求所謂自動的自發的就只作文一課成分最多——最少中國現在學校是如此——在作文課內養成這種種惡習慣焉能不說是教育界膏肓之病宋明以來士大夫放言高論空疏無眞拘墟執拗叫囂乖張釀成國家社會種種弊害大半由八股策論製造出來久已人人公認了現在依然是換湯不換藥凡有活動能力的人都從學校出凡在學校裏總經過十幾年這種獎厲……獎厲　獎厲　獎厲　獎厲偏見獎厲虛僞的教育養成不健全的性格他入到社會做事不知不覺一一映現在一切行爲上來國家和社會之敗壞未始不由於此

我並不說論事文不該學做論事文可以磨練理解力判斷力如何能絕對排斥但我以爲不要專做不要濫做不要速做等到學生對於某一項義理某一件事情某一個人物確有他自己的見解——見解對不對倒不必管——勃鬱於中不能不寫出來偶然自發的做一兩篇那麽便得有做論事文的益處而無其流弊了

然則學校所敎的最重要是那一類文呢我以爲莫如敍事文學做敍事文的好處如下

第一有一定的客觀事實爲範圍不能憑空構造或增減敷衍虛僞的話一句也插不上去今學者常常注精力於客觀事物的觀察自然會養成重實際的習慣不喜歡說空話

第二事實的資料是要費力去搜羅得來的從那裏纔可以得着資料也有種種途徑因此可以令學者磨練出追求事物的智慧並養成耐煩性

第三、事實搜齊之後、如何纔能組織成篇、令人一目了然、而且感覺敍述之美、這裏頭很費工夫、因此令學者可以練習對於客觀事物之分析綜合、磨出縝密的腦筋、又可以學成一種組織的技能、

第四、凡一件事無論大小、總有各部分的相互關係和時間的經過變遷、能留心忠實考察一番寫的出來、自然對於這件事的眞相及其因果利病完全了解、因此可以得着治事的智慧、將來應用到自己所做的事增加許多把握、

學做敍事文的主要好處如此、還有許多附帶的好處、我一時說不盡了、

然則學校裏爲什麼只喜歡教做論事文不喜歡教做敍事文呢、依我想也有難怪之處、第一件因爲學校作文的時間短促、每回不過一兩個鐘頭、而且在一個教室內監督著交卷、其勢只能叫學生們說幾句空話、不能作複雜研究的記述、第二件因爲沒有適當的資料、叫學生記事、有何可記呢、難道天天叫他們記學校生活嗎、當然不行、不行又怎麼樣呢（下闕）

呈請確立教育經費事

呈爲請顧畏輿論確立教育經費事、竊聞比以國立諸校、經費無着、各教職員罷課、奔走以求解決、學生失學、羣情皇皇、啓超等居常私憂竊歎、謂國事泯棼、極於今日、其爲無望也已、有一線之可慰藉者、其或在後起之秀、有以振物恥、而植新基、譬猶家難迍邅、餘望惟在子弟、扶持子弟、使克有立、家雖暫落、未爲病也、若司家政者漠不爲念、靳其子弟所以發育向上之具、而任之以荒於嬉、謂非家族之自殺焉不可也、而不幸今之政象、乃有類於

是今中央教育經費月二十餘萬耳以人口之比例以其他政費之比例可謂其細已甚雖按月支發無缺其不足饜國民之望而應時勢之求者固已多矣況並此區區者乃不過教育部預算上一道虛線數行淡墨求其實質乃等於無何有夫此區區之數者政府固明詔吾民以作何用而使吾民負擔之也吾民亦信政府之確用之於此途而樂與輸將未或缺也今而政府曰無有則吾民遵預算收入表中負擔此二十餘萬而月輸之者其物究落何處何怪乎民之大惶惑而嘖有言也且此二十餘萬者謂無有矣然而某地今日增一師某地明日成一旅其他駢枝機關冗散員役且彌望皆是也謂非將吾民所認為正當用途而樂與輸將之二十餘萬盜挹而移注焉其誰信之又何怪乎民之大惶惑而嘖有言也啓超等亦熟知此種罪責不盡在現政府現政府承累年之敝所以補苴綈造者誠非易致力然而現政府既明知時局之萬艱而毅然盡瘁以當此大任則國民之責善自不得不有所歸啓超等以為教育者國家將來生命之所攸繫也此命一斷不可復續凡百政務未有能先之者也況觀史志里乘其孤㷀嚙雪茹蘖忍數十年凍餒而不肯使其子廢學而卒乃光大其門閭者所在多有其節嗇於他事也豈不深痛劇苦然而不以彼易此者急先務也曾是受億兆之寄以謀人家國者而匹婦之智之不若耶啓超等有以知當道諸賢必不然矣伏惟我大總統總理總長以提倡文治為己任海內夙欽懇請俯察輿情採納各校教職員所請求從國家確實收入項下畫出若干項指定為教育經費並嚴立監督程序俾永遠不得挪用夫在今日財政萬難之際政府誠毅然有此一舉則其謀國利民福之眞意皦然與天下共見其足以增長政府威信者莫大焉且茲事並非於咄嗟之間責政府籌若干大數之現款而强之以不可能也求其的款有着而此按月區區之數分攤之於將來耳政府苟有決心其事固非不可能而學界漂搖不甯之狀態即可以永

遠滌除。而學制之改良學風之整飭。乃可以語矣。故啓超等深望我大總統總理總長毅然行之。爲現政府對於永遠未來之教育界留一良紀念也。抑啓超等更有言者。今日財政之瀕於破產有目共見。關鹽之餘已枯。外債之途亦絕。今後若並此虛器之政府而不存在者。則亦已耳。若猶欲延其喘息以待蘇復。固不得不仰扶濟於國民。或取求於租稅。或挹注於內債。然使仍蹈襲前此祕密的財政政策。而欲求國民之相諒而相扶。雖五尺之童。知其無當矣。計惟有將用途完全公開。絕無隱飾。以訴諸國民。經國民審議之結果。認某某用途確爲正當而萬不可廢滯者。相與承認而確定之。更不許矇混挪用。然後於此萬不可廢滯之範圍內。與國民謀所以負擔而維持之者。庶或有濟。而不然者。國家且儳然不可終日。豈獨現政府而已。啓超等身在江海。久絕政聞。徒以茲事體大。不敢默然。用冒出位之嫌。竊附忠告之義。

國產之保護及獎勵

講演稿

五卅慘案以來。滿街都有張貼或散播之傳單廣告等。上面寫着「打倒英日帝國主義」字樣。但子細調查。用布寫的什有九是英國布。用紙寫或印的什有九是日本紙和墨。假使那些「帝國」給我們開開頑笑。不供給我們的布。也許全國人就要光着脊梁。不供給我們的紙。也許就回復到『上古結繩而治』。老先生們都侈說「中國以農立國」。但是假使安南暹羅高麗印度的米不進口。怕全國人就只能得個半飽。若再照現在樣子。勸種鴉片咧。拉伕咧。綁票咧。拖耕牛咧。……乃至什麼主義咧。什麼主義咧。鬧下去幾年。只怕全國耕地都變成沙漠。國人只好靠草根木皮養活。有人說『一個國家一時間缺少糧食也是當有的事。何必

大驚小怪』不錯這項缺少那樣豐富以其所有易其所無只要有東西去換人家東西試問我們拿什麼東西向人換

中國生產衰頹的現象若要舉實例恐怕幾百萬言也不能盡我說這兩段話請讀者比推的想一下我們無論在工商生產方面在原料生產方面都窘竭到若何程度我有句話許久要講被我的朋友丁在君搶先講去了——只要我們有產可共共產的利害容或可以商量家業中落之際一家子弟不分頭努力去「各尋生理」天天在拆賣門窗板橙中爭論哥哥多兄弟少你想這個家還成什麼樣子

講到勞動問題嗎說也可憐「八小時鐵則」誰不說是天經地義但是請你去問問上海楊樹浦一帶紗廠的工人你若剝奪他做夜工的權利只怕他要和你拚命教育期兒童不該做工的道理誰也不能反駁但是你在街上看見一個小孩拉洋車你因爲不忍心不肯坐他的車却把他坑死了難道這些工人們和孩子們好勞惡逸性與人殊實在因爲全國生產的泉源已涸到見底人民想賣他的氣力換個半飽也沒有地方可賣譬之旱池裏的魚得一滴水已珍如甘露穿長衫子揣摩橫文講義的先生們整天價說什麼「提高勞工地位」不是晉惠帝說的『何不食肉糜』嗎

研究社會問題的先生們注意啊你一雙眼睛別要只看見租界及鐵路附近那些工廠裏三十幾萬工人以爲替這幾十萬人爭得點利益便算社會問題解決歐美各國社會問題的中心點誠然在工廠因爲他們十個中九個都有工廠可進所以所爭者只在工廠中權利的分配中國怎麼樣先生們啊須知道我們認爲受廠主魚肉慘無人道的廠工生活國內至少有幾百幾千萬人看着他們是神仙哩先生們啊歐洲各國某國某時期內

有三幾萬或三幾十萬失業人民，便全國人驚心動魄，路透電社不知費幾多電流奔走相告，中國怎麼樣，倘使鄭俠復生，恐怕他的「流民圖」不知要寫幾千幾萬張紙，先生們啊，我並不說幾十萬工廠工人生活不消顧及，我也主張要用國家或其他的力量迫令廠主們時時刻刻改良工人待遇，但是，先生們啊，你如其眞替全國下層社會打算利益——如其不是貪工廠工人聚在一處便於煽動——請把你的眼光稍爲迴向到工廠以外幾萬萬苦人罷

先生們啊，什麼奉直戰爭，蘇浙戰爭，直魯豫及關外各省及甯滬一帶生產力破壞到怎麼樣，你們諒來都知道了，哇，這是「萬惡軍閥」，不消提起，是是，是，我們廣東人有幸福，生活在三民主義政府之下，已經好幾年，別的地方我不知道——繁盛城市商民們的產有多少被偉人們共到荷包裏，我不知道，我只知道我自己鄉下—幾百年以農爲業的現在的田都荒廢不耕，爲什麼呢，因爲鄉團裏頭幾根自衛的鎗，都被「民生主義」搶去，你耕田，强盜爺爺來收穀，只好不耕便了，我們這個小村落誠然不足道，但至也有幾百畝田和千來個壯丁的生產力因此消滅掉了，先生們啊，一個村落如此，別個怎麼樣，全省怎麼樣，全國怎麼樣，共產共產在那裏來。

先生們啊，軍閥招兵，打軍閥的也招兵，中國人招兵，外國也來中國招兵，好好，全國人田也不耕，生意也不做，都當兵去，『教育要緊呀，教育要緊呀，』智識階級們天天在那裏大聲疾呼，教育出來的人幹什麼，穿長衫搶飯碗去，再漂亮點的談主義去，不生產的人一天一天加增，想生產的人也沒有地方生產，哎，這樣的人民說打倒帝國主義，只怕有一天四萬萬餓到半死的人，跪倒在帝國主義跟前乞半碗稀粥也不能彀哩。

先生們啊。莫怪我說話太粗莽。其實中國火燒眉毛的只是生產問題。我們要討論當時此地的社會問題嗎。不從生產力如何維持如何增加着想。一味把歐美「那時彼地」的分配論來顛倒翻騰。無論動機如何純潔理論如何精密我只能恭維一聲「好的洋八股先生」罷了。

〇〇〇

中國生產爲什麼頹廢到這步田地呢。其在農產方面。主要原因當然是因爲內戰頻仍盜賊充斥征斂煩苛隄防失修道路梗塞……等等這些都是歷朝叔季之世通有的現象。救濟之法。全在政治本身拿什麼歐美經濟學說來搬騰討論。純屬隔靴搔癢。這部分理由比較的簡單。暫且不細說。

工業部分現在正要和外國奮力相持爭垂絕之命。儘着現在形勢下去。不到幾年。眼見得要一命嗚呼。永無超生之望。其主要病源所在。依我所見則如下。

第一。沒有人才——中國人完全沒有運用現代工業組織的學識和技能。所謂什麼什麼公司的發起人及經理董事等（除招搖撞騙的不計外）什有九都是舊官僚或從事舊式商業賺過幾個錢的小財主。他們對於所主幹的事業沒有一毫計畫和經驗。需要供給狀況如何。和我競爭的是那幾國那幾家。他們的資本如何組織如何過去歷史上占領的地盤如何。現在及將來進行的方針如何……等等。一切不知。工場該怎樣的組織管理。工人該怎樣的訓練待遇。賺來的錢該怎樣的分配。該留多少擴充新事業。該分多少紅給各級職工……等等也一概不懂。聽見某家紗廠賺幾個錢。便大家起鬨辦紗廠。聽見某家麵粉公司賺幾個錢。便大家起鬨辦麵粉公司。偶然間碰着個機會。得着分把兩分錢的紅利。便趾高氣揚。以大實業家自命。機會一過。難關一到。把公司「關門大吉」了事。舊人物如此。新人物又怎麼樣沒有學問的人固然不配做事。有學問的人也不見得個個都會做事。在某國某大學得了博士碩士學位。所學的大率是專門中之專門部分的智識。縱使很深造。是否便算通才。本已屬疑問。加以本國情形隔膜太甚。拿書本子所學的回來應用。動輒扞格。國內又沒有地方實地練習。使得本其才以致其用。貿貿然創辦一種事業。一個觔斗栽下來。便把整個人毀掉。近年來實業界拿新人物和舊人物比較。非惟沒有較優的成績。或者倒反不如。舊的既如彼。新的復如此。人才涸竭到這種田地。所以凡屬新企業。一百件有九十九件失敗。正如戲臺上插野鷄毛的山寨大王。一幇一幇的在台面胡鬧一陣。轉瞬間便風掃殘葉。夾着尾巴滾下去完事。朋友們啊。現在中國工業生產界情形是不是如此。

第二。沒有資本。——據丁文江君的統計。中國資本投在礦業的最多一五〇兆元。紡織業最多二〇〇兆元。銀行最多一五〇兆元。其他麵粉化學電氣油廠……等所有新式事業合計最多二〇〇兆元。比例全國人口每人攤不到兩塊大洋。工業資本觳薄到如此。眞足令人驚心動魄。每項工業合起我們資本的全部。只怕還比不上人家一兩個托辣斯。試問怎樣子和人競爭。近來各公司紛紛失敗。原因雖多。但資本中途不繼。實屬主要原因之一。所以不繼之故。一半雖由於學問不够。計算不精。妄想以少數資本博逾量的利益。以致進行到半途捉襟見肘。一半也因爲資本籌集實在不易。而且非拿出騙人的逾量利益計畫書不能打動投資者之心理。因此雖明知其不够。也只好冒險開辦。從投資方面看。國內最有錢的要推闊軍閥闊官僚。他們的錢除狂嫖大賭與及姨太太少爺小姐們揮霍外。最會打算盤的是買些地皮。希望將來市場發達。坐享地價增長的意外利益。或者存放外國銀行供外國人資本之吸收轉輸。算起來。這些闊人們的錢投入本國工業界作生產之用者只怕一千塊錢分不到一塊。銀行呢。本來是工商業的血液循環機軸。中國銀行界怎樣呢。說來可憐。大部分放債給政府。貪過當利益。鬧得不好。憐連本都送掉。最穩實的買些有擔保品的公債。保持相當的本利。公債的錢卻是一部分被政府送到外國鎗砲廠買殺人傢伙。一部分轉入闊人們狂嫖大賭費賬簿上去。那裏有一個錢到生產界。總而言之。銀行的錢到底投資到生產事業者多少。我們雖不得確實統計。依我約略估算。恐怕百分中不到二三十分。在這種情形之下。想從事生產的人。試問從那裏得着資本。歐戰將近了結及甫經了結之三四年間。一方面因賠款停付少了一大筆出款。一方面因參戰借款到手添了一大筆入款。一方面因歐美各國需用原料品迫切。我們也乘機換得幾個錢進來。因此市面上資金頓呈活潑潤澤氣象。各項公司亦如雨後春筍。倘使有人才。有計畫。也算得我們生產事業可以躍進的一大機會。因爲無人才。無計畫。不到三兩年一家一家像切葱般紛紛倒下去。儻來的資本是消耗精光了。賠款又要還。借款又沒有。而且付出去的債息一年比一年加重。人家工商業恢復。用不着我們的粗貨了。沒有東西換錢進來。再加以內地喪亂頻仍。連粗貨也沒有得出產。全國人窮到徹骨。不惟新工業投資絕對的不能發生。連舊的也沒有法子補充資本維持現狀。你看前幾年轟轟烈烈的紗廠。現在那一家不是跪着求日本人接辦。一業如此。他業可推。眼看着三兩年後中國人所辦的工廠再沒一個能有生存之餘地。朋友們啊。現在中國工業生產界情形是不是如此。

第三內地的壓迫。——沒有人才。沒有資本。所以什件有九件失敗。失敗的拉倒。剩下那一件暫時小小成功的又怎樣。公司要存案嗎。拿黑錢來。要火車運貨嗎。拿黑錢來。想通過一個厘卡嗎。拿黑錢來。……諸如此類。平常種種刁難勒索。已經無法應付。何止如此。一個督軍來借十萬。別個督軍來借二十萬。强盜來搶一個空。穿制服的强盜來更搶一個空。近來越發文明了。擇肥而噬。看看那件有點油水可沾的。便高喊「收歸國有」「收歸黨有」。可憐站在經濟界的前敵陣線上和外國人够得上打死仗的本來全國中幾乎一個人沒有。倘使有一兩個。其勢非全國擠他捶他磨折他到死不肯干休。不會做事的把事情弄壞了。揚長而去。沒有人理會。也沒有人責備。有點能力的人打算替社會上做一兩件事。或者還些微有點成績。那便該死萬狀。非把你拖落河來一齊淹死不可。朋友們啊。現在中國社會上。試問那件事不是如此。工業生產界情形是不是也如此。

第四。外部的壓迫——產業的後進國受先進國的壓迫。其勢本難以自存。後進國惟一的抵抗武器。就是恃國家的庇蔭。從關稅上與及其他特種權利加以保護。好像栽花的插些籬笆。掛些護花鈴。令那嫩芽不受摧殘。得以徐徐滋長。以沒有人才沒有資本的中國。所謂嫩芽者已經嬌脆到無以復加。却是關稅受條約的束縛。絲毫沒有保護的可能。不寧惟是。還有許多外國貨物所享特權如子口半稅之類。自己人一概享不着。人家資本雄厚。拔一根脚毛比我們手膀子還粗。輕輕地拿指尖和我們碰一碰。已經受他不住。人家技術精良。出的貨比我們好。人家販賣路子走得熟。樣樣比我們在行。正如抱在懷裏又黃又瘦的小孩。出去和久經戰陣的赳赳武夫打仗。人家拿脚隨便一踢。便可以叫他變成肉泥。他的父母還像沒事人的籠着手在旁邊白看。你想這孩子還有幾希幸存之望嗎。現在關稅自主正在爭持中。成敗尚未可知。就令僥倖有相當的成功嗎。還有呢。內地出廠稅問題。立刻要注意。否則外國工廠都搬到中國來。保護關稅還是空話。此事改天更當另談。但在現在情形之下。我們受外部壓迫。實在沒有出頭日子。朋友們。中國工業生產界情形是不是如此。

我想。天眞爛漫的青年們聽了我這些話。也許異想天開的說道。『既然如此。那萬惡的資本主義從此便不會在中國發生。豈不大妙』。哦好嗎。好嗎。中國人若能『上食槁壤下飲黃泉』飯也不吃衣服也不穿。一切東西也不用。當然什麼問題都沒有。能嗎。青年們請你渾身上下一看。從汗衫褲起到長褂裏頭。從布起到縫的線釘的紐扣。穿皮鞋的不消說。穿緞布鞋的也翻過來看看鞋底所鑲的皮。夏天看看你的草帽。冬天看看你的毡帽。再細看所用的草和呢絨。戴眼鏡的摸摸你的眼鏡圈。擦擦那玻璃。上講堂時候看看你的鉛筆鋼筆墨水壺記錄簿……一件件都是從那裏來。你是否能賭氣不用。我前回說的。『外國人不供給我們的布。我們便要全國光脊梁。不供給我們的紙。我們便回復到上古結繩而治』。什麼東西都弄不出來。卻是什麼東西都不能不用。四萬萬人天天拿銅錢向外國人荷包裏塞。就讓你徧地銅山金穴鬧下去也要成個「精打光」。現在已快到圖窮匕見的時候了。全國人像旱池裏的魚死命的爭那三升五升的水。再往下便是小魚咬大魚大魚吃小魚鬧到同歸於盡。現在全國人大的搶地盤。小的搶飯碗。强的明火打刦。弱的偷雞摸狗。能幹的鑽營詐騙排擠。粲頭的賣身告化發狂。舉國成了夜叉修羅餓鬼相殺相奪的世界。時髦青年美其名曰爲什麼主義而奮鬥。老先生們痛哭流涕說禮教淪亡人心不古。其實一個國民到生產力消亡殆盡的時候。一碗白飯幾十雙眼釘着他幾十雙手巴着他。都靠他來養命。試問除卻連驅帶搶連打帶殺之外有何辦法。中國人不從這種至慘極酷的命運中自拔出來。試問還有幾天好過活。中國資本主義固然不會發生卻是中國國家和中國人也不會存在了。

講到保護獎厲。幾乎令我啞口無言了。誰保護。誰獎厲。當然是國家。運用國家權能者誰。當然要一個像樣的政府今日中國像樣的政府在那裏來。

不錯非有好政府不能行好政策但是若在好政府未得到手以前便不討論政策那麼現在中國人凡稍爲涉及實際的政治問題都不消討論了我們不該如此我們只得假定在像樣的政府之下我們該怎樣辦且慢我前回講的中國生產頹廢的四大原因——一沒有人才二沒有資本三內部壓迫四外部壓迫——後兩件是非靠政府之力不能救濟的前兩件是非專靠政府之力所能救濟的尤其是第一件的人才問題在講保護獎厲以前有再把這問題鄭重提起之必要。

孟子說『苟非其人道不虛行』萬事由人做成沒有人橫說豎說都是廢話中國生產界爲什麼始終沒有人才說來話長若求其最深根柢則在於二千年來的國民性自生自活慣了從未有感覺共同組織之必要組織規模越大越發沒有法子能轂運轉再者公司雖屬私人組織然其必要條件則須當事者眞能潔己奉公從公司發展裏頭得自己利益不刮削公司以謀自己利益中國辦公司者不然既沒有組織才能又沒有道德觀念大率三幾個官僚或飽染官僚習氣之小財主靠交際情面種種手段集得幾個錢資本辦起來辦事方式完全是官僚頑的那一套公司只是一個衙門（何止公司學校何嘗不是一個衙門慈善團體何嘗不是一個衙門政黨何嘗不是個衙門）這些人對於公司種種規畫都屬外行自不用說還加上專向公司打主義撈油水所以事業本身縱使有極容易發展之可能性到了這些人手上總是一塌糊塗拉倒甚至如偌大一個北京城裏像自來水電燈這類獨占事業專辦的公司還說要虧本更有何話可說舊人物如此新人物又怎麼樣呢所謂組織才能所謂道德觀念並不是在學堂講義裏可以學得出來時髦的青年們什有九是孫中山「知難行易

」的信徒.只貪着求書本上智識或求幻想中創解.對於實際情形和實在條理都不屑注意.什有九是心醉功利主義.昌言要把道德藩籬盡行抉破.所以做起事來.才能方面並不見得比舊官僚高明.道德方面.因爲有新學說做護符.作惡倒比舊官僚更兇幾倍.學問方面壞的不消說.好的也多半在學堂裏聽些高深空洞的理論.或研究些與中國風馬牛不相及的歐美社會實際問題.恰如八股先生們開口講「修齊治平」大道理.閉口講三代以前「井田封建」的利病.一言蔽之.『學非所用.用非所學.』除卻當教授.對於後一輩青年施以「輪迴教育」外.什麼事都不能辦.漂亮點的便販些「主義」來談談.調子越唱得高.鋒頭越出得足.謬種流傳.受了這種教育的青年.最好也不過學得晚明的復社秀才模樣.發空論的滿坑滿谷.一件事要當眞辦起.便踏破鐵鞋找不着一人.朋友們.中國現在所謂智識階級.情形是不是如此.在這種人才破產的狀態之下.人人都只有分利的本事.更何生產之可言.譬諸一家子弟.不是「飽食終日無所用心」的飯桶.便是「羣居終日好行小慧』的滑頭.縱令父母如何的愛護他們.到底沒有成家立業之可能性.青年們.聽啊.指導青年的教授博士們.聽啊.這可不關什麼政府的事.尤其不關什麼「帝國主義者」的事.自業自得.完全在我們本身.我們只知道沒有好政府.便萬事無從說起.試問在這種人才破產狀態之下.又那件事「有從說起.」

還有資本問題呢.資本應許私有.應歸公有.兩方面都可以成理由.但至少須先有資本.這樣東西才講得到公有私有之孰爲適當.提到這個問題.我又要啞口無言了.中國資本涸到見底的狀況.前回已經說過.在今日而談生產事業.除了借錢開辦.幾於沒有第二條路可走.論理產業後進國利用外資來發達自己富源.也算得經濟史上必經的階級.美國和日本就是最好的前例.但我們現在敢說這種話嗎.這種話若在社會上稍占勢力.

政府便「得其所哉」的大借特借，大大小小軍閥官僚們狂嫖大賭的帳又有着落了，好在外國資本家也不恁麼傻，錢不是恁麼容易借得來。目前這樣憂慮還比較的少（也不過比較而已）。換一個方面，私人能毅借着外資將本求利，錢還清後產業全歸自己，那是再好沒有了。但以人才破產的中國，這種辦法也只留下創鉅痛深的歷史記念。不信，請看漢治萍，請看開灤，請看這幾年上海的紗廠。所以利用外資這條捷徑，在今日之中國，幾已成爲「此路不通」。賸下一條路，只有第一希望各地方小農小商銖積寸累的賺得幾個錢貯蓄起來。第二希望他們肯拿來投資到新式生產事業，爲對外競爭的後備。但是在這喪亂如麻的世界，第一條希望既已千難萬難，過去新式事業之成績早已名譽掃地，第二件希望更屬無望。『中國生產界從那裏可以得着資本』這個問題，我眞回答不來。

○○○

本節是本題的正文，是假定在有個像樣的政府之下，還有相當的人才相當的資本，我們所採的政策應該怎樣。

我曾經說過，我的主張是極凡庸極陳腐的老生常談。我唯一目的只是想令中國生產事業能毅擡起頭來，免致外國資本家長此制我死命，渡過這個難關之後，往後該如何改良調節，自有那時候的政治家會想法子，我們此時不必多談。

第一件當然要關稅自主——有了關稅自主，纔能實施保護政策，這種道理，稍爲學過經濟的人大概都知道，而且近幾個月來報紙上演壇上關於關稅問題的議論已經很多。內中尤以馬寅初陳淵泉兩位先生說得最為明透。我想這個問題雖是本文最主要之點。但青年們諒來都已熟悉。我索性不再費筆墨罷。但是有一句話要講。倘使這回關稅自主的主張不能貫澈。我們最後的武器只有厲行銷場稅或其他類似的租稅。對於土貨一律豁免。對於洋貨加以重征。這種辦法。倘使將來有必要時更當著論說明（洋貨抽銷場稅是馬凱條約所禁。但外人若蠻不講理。我們抽變相的稅來對付他也很有辦法。）

第二件是裁釐——現在關稅會議。外國人想拿裁釐做交換條件。我們固然同聲反對。但反對者不在裁釐。而在以裁釐為條件。釐金之害。自從有了子口半稅之後。實際上洋商受的甚少。華商受的最多。他們拿來做條件。並不是為的裁釐之後他們得多少利益。不過出個難題難難我們。看透了我們辦不到。借此為挾持遷延的口實。我以為我們國民若還有點力氣。亟宜趁此時機自動的作一種國民裁釐運動。一則對於各國表示我們要求關稅自主。也肯努力出相當代價。二則這種萬惡的稅則。不乘此時給他一刀兩段。將來何日是了。所以這件事我看着和關稅自主同一重大。（近來有人因外人提起裁釐便連裁釐也反對。未免太意氣用事了。無論為本國經濟政策起見。為對外交涉成功起見。都不應作此等怪論。）

第三件出廠稅問題——馬凱條約第八條第九節所規定。洋商在通商口岸用機器紡製之棉紗棉布。除完一出廠稅外。其餘盡行豁免。同時規定華商在任何地方紡織之紗布也照樣完納出廠稅。又規定此項稅須由海關征收。這個問題關係甚大。將來關稅自主有相當的成功。我們實行保護政策時。眼看着外國資本家紛紛把他們的工廠都搬到中國。（其實不必等到完全關稅自主時。現在已經有此趨勢。七五加稅或十二五加稅實行後一定變遷很劇）他們憑藉雄厚的資本利用中國廉價的原料（該約還有此類原料由外國入口的也都免稅的規定）廉價的人工在我們國內製成熟貨賣給我們吸取我們膏血保護關稅完全失其効力拿我們這樣幼稚的人才穀薄的資本在同一待遇之下和他們競爭眞是「雞肋不足以當尊拳」這問題可以說是比關稅自主還加倍重要因爲往後外國人決定要走這條路是眼看得見的關稅受片面協定的束縛已經奇恥大辱出廠稅完全是國內稅性質我們愛怎麼定就怎麼定如何能容外國人插嘴國內稅而用條約規定分明是干涉內政這種條約如何能容他有效光緒二十八年此約簽字公布後我曾在新民叢報上做過一篇痛切的論文直到今日我的主張還是和從前一樣而且益感覺事機之危急現在的關稅會議和馬凱條約有密切淵源這是人人共知的然而外交當局和國民輿論關於此點像完全沒有注意我很怕外國人用瞞天過海手段混過去留下絕大禍根加增後來多少麻煩所以不能不趁此時鄭重提起至於詳細理由和辦法俟得空時當再著專論

第四件是保息——民國二三年間農商部曾頒有保息條例對於特種工業政府認爲應格外保護獎厲者若初時不能獲利政府爲之保息若干釐這種積極的保護政策原是不得已之舉也不能說沒有流弊但以中國現在生產界能力微薄到如此我認爲這種政策於「條件附」之下仍有實行之必要（條例頒布後實在始終並未實行）

以上不過隨舉幾件爲例罷了實際上一個國家要保護自己人民利益所用手段因時制宜如何能彀列舉總之依我的見解現在中國的經濟政策凡有可以保育本國生產事業使之和外國的資本侵略對抗而立於有

利之地位者惟力是視譬之抱在懷裏的小孩子怎麽樣的乳哺他長大扶掖他行走出入顧復令他達到成年。做父母的對於這種責任惟力是視凡有違反這種目的的主張我都極力反對。請再說來。

(一)含有獨占性質的事業如鐵路電車電燈自來水之類應歸國有或市有這個原則我雖然絕對承認但現在我連這一點也不敢主張因爲國有鐵路的成績令我們太寒心了。本節所講雖假定有個像樣的政府爲前提。但是因爲(1)政府像樣不像樣中間程度等級還有許多消極的不爲害的政府不見得便是積極的能包攬許多事情的政府(2)得一個像樣的中央政府已經很難得許多像樣的市政府更難(3)想事辦好必須人才生產界人才本極稀罕若都網羅去做官營事業我認爲於社會全部發展不利(4)現在國中可着手之事業雖多然對外競爭甚烈易招失敗能把若干種較易獲利之事業聽人民自辦亦獎厲企業之一道因爲這些理由所以我主張連這類獨占事業都暫許私有不過規定若干年後以某種條件可以隨時收歸公有也就很彀了。

(二)累進率所得稅爲最合理之租稅。我也絕對承認。但以現在幼稚脆弱可憐之中國生產界連這一點我也以爲要斟酌情形分別施行最少凡與外國競爭的事業縱令暫時成功賺得幾個錢前途難關還不知多少國家總要十分保護厚養其力指導他鼓厲他往繼續奮鬥那條路上幹去不可因財政收入目的增加他的負擔。我是連保息都主張的這種主張當然是從一貫精神引伸出來(詳細點說個人累進所得稅我是極端主張的公司則大要商量最少也要分別性質。)

我這種主張總算頑固極了。幾乎連社會主義政策都不贊成。朋友們。我雖頑固也不至頑固到這步田地。老實說『火燒眉毛。且顧眼下』。現在想救這奄奄垂斃的中國。只有全副精神獎厲國產。先求對於外國資本家脫離羈絆宣告獨立。至於將來本國資本發達後。會生出流弊。自有那時的政治家講救濟之策。不勞我們現在越俎代庖（如地價差增稅遺產稅之類。對於那種非用生產手段勤勞獲得之利益。增加稅目或稅率。我自然主張立刻實行）

以下請說勞資關係。

勞動爲生產第一要素。獎厲生產。當然不能不拿十二分注意來保護勞動。保護之法。第一。要政府有相當制裁。第二。要企業家有徹底覺悟（不說資本家而說企業家者。因經營生產管理工場的人不見得都是資本家）第三。要工人自身曉得正當防衛。

所謂政府相當制裁者。政府須從速制定妥善適用的工場法。力求實行。尤其對於外國人所開工廠。非設法令其一律遵守不可。所謂妥善適用者。並非把外國最好的工場法照鈔之謂。並非從經濟學書裏頭最高的原理演繹出來之謂。要用專門家細細做一番調查工夫。看出目前弊病最大的是那幾點。工人最需求的是那幾點。用政府之力代他們救濟。主持外國工人所必要者。未必便是中國人所必要。中國工人所必要者。外國人也怕不會知道。所以工場法非自制定不可。而且非調查實際情形後不能制定。工場法不必全國畫一。要察各地所宜。有效期間不必太長。須時時改良。逐漸提高勞工地位。

所謂企業家徹底覺悟者。第一要覺悟現代潮流所趨。斷非用高壓手段可以相安無事。想提防不決潰。只有疏通水勢不叫他激流。第二要覺悟凡事業之發達。最要緊是令勞動能率加大。能養成熟練而忠實的職工。比什麼本錢都有價值。想辦到這一着。非令工人們與公司有共同利害關係。且與公司當局保親愛之情誼不可。所以我希望聰明的企業家十分注意此點。不待政府干涉。不待工人要求。時時刻刻想方法把工人的地位趕緊改良。

所謂工人正當防衛者。第一對於廠主的防衛。如其有不合理的待遇。便堂堂正正爲有秩序的反抗或要求。這種話近來提倡的人很多。不必我詳述理由了。第二對於「中梗」的防衛。這句話要稍加說明。中國現在各處通行所謂工頭者。實萬惡之藪。狐假虎威。噬其同類。工人欲得眞正自由。首當抉除此階級。要求廠主派曾經學過工廠法的人管理工場。工人直接受其指揮監督。一定可以省去許多葛藤。第三對於「冒牌」的防衛。善良的工人們謹防扒手啊。現在有許多穿長衫穿洋服的先生們正在代表你們哩。代表你可以在社會上得聲名。得勢力。或者還可以在外國人跟前獻功發財。他們天天慫恿你們鬧事。鬧出事來。餓飯是你們餓。送命是你們送。他們却是……喂。夥計們。你到底曾否請他們當你的代表。請你稍爲留一點神。

我對於勞資關係問題。以爲總須要雙方養成交讓互助的精神。纔可以得圓滿解決。一面資本家要常常顧念勞動者利益。於可能的範圍內加以十分優待。而且叫他們和公司發生實利上永久的關係。一面工人雖應該極力主張自己權利。卻須以不妨害公司生存發展爲限。彼此常以平恕之心相待。不會有什麼大不了的事。勞工境遇之改善。並非除鬥爭革命外別無其他手段可以得到。鬥爭革命的結果。勞工境遇亦並不見得便增高。漫說中國現在並無所謂勞資階級。無鬥爭之可言。縱使有之。這問題也斷非純任鬥爭所能解決。該爭的雖不妨爭、該讓的也終須讓、「禮讓爲國、」不獨爲我們國民的優長特性。我還望這句話可以爲歐美人他山之石哩。

飲冰室文集之四十四（上）

祭六君子文

惟光緒二十有五年八月十三日實爲我中國維新六君子成仁第一週年旅居橫濱愛國之士某某等謹以香楮清酌庶饈設招魂記念之祭而告其靈曰嗚呼痛哉萇血化碧兮周室黍離潮音怒鳴兮蕩激鴟夷壯士一去兮人天同悲蒼黃變色兮風雨淒其非種披昌兮豆苗欲稀更安所得猛士兮鋤而去之嗚呼痛哉武穆三字而成獄兮椒山一疏而投繯范孟博呼子而語兮嵇叔夜索琴而彈痛巫陽筮予其無效兮誦大招以汍瀾望神洲之寥闃兮哀廣陵之不在人間嗚呼痛哉血腥尚熱兮諫草未焚雄志未成兮先隕厥星匪不才之見棄明主兮牝雞家索以司晨嗟我公等獨罹此咎兮痛哭其罪而無名公之靈其未沫兮應七日哭於秦庭大音發於水上兮吾知其爲公等之忠魂誹語出其含沙兮助秋氣之淒寥風雨慘其如晦兮曾寒燠之既更嗟吾儕寄身海外兮暴五百之田橫念比干之剖心兮作洛邑之義聲苟人人其精衞兮夫何塡海之不平惟天地之無情兮歎陸沈其未極鴟音震耳以啁啷兮鳳德衰而斂翼何浮雲之層陰兮陽烏黲黯而無色北有猛虎兮西貪狼磨牙吮血兮睨吾旁時黯黯兮將夕瞻蹙蹙兮何方公爲天下流血兮於公乎何傷獨漂搖之大廈兮更何堪折茲棟梁黃沙莽莽兮猨鶴悲東市昏昏兮朝衣非道旁動色兮豪傑飮泣嗟吾同胞兮其誰與歸奠桂酒兮椒漿歌招魂兮國殤靈之來兮風雨蓬萊淸淺兮忽臨睨乎舊鄉大地兮蒼蒼神洲兮茫茫四百兆人心兮未死公如有知兮

鑒此馨香。嗚呼痛哉。尚饗。

清光祿大夫禮部尚書李公墓誌銘

啓超以光緒己丑受學貴筑李公。旋壻公妹。飲食敎誨於公者且十年。戊戌啓超以國事獲罪。走東瀛。公亦以同罪戍西域。遂不復相見。又十年而公薨於里第。海內識與不識。罔不歎悼。顧哀慼未有如啓超深者也。公諱端棻。字苾園。其先湖南衡州府清泉縣人。曾祖某。祖某。俱贈順天府尹。復贈公官。祖始徙黔。乃籍貴陽之貴筑。父某某。以公貴。贈如其官。母何氏。贈一品夫人。公幼而孤。依母以育。而季父京兆公朝儀實敎養之。京兆公者。啓超外舅也。以道學吏治聞於時。事具國史本傳。京兆公旣以古聖賢之敎率其家。而於諸子中愛公獨摯。所以督之者良厚。故公終其生立身事君。大節凛然不可犯。一如京兆公。弱冠補博士弟子員。同治癸亥年二十九。以聯捷成進士。入翰林。倭文端羅文恪方倡程朱學以厲末俗。公咸從奉手有所受焉。丁卯典山西試。庚午分校順天試。壬申督雲南學政。時滇亂甫戢。民生彫悴。公校士之暇。輒爲畺吏籌敎養諸大政。多所贊畫。有驕將以重賄爲子弟干進。公正色斥之。風烈振厲。巡撫岑襄勤公敬禮有加。欲薦仕滇藩。共靖滇宇。公辭焉。旋母太夫人棄養任所。公哀毀骨立。奉櫬歸里。振貧恤匱。族鄙謳思。服闋入都。遷監察御史。未幾京兆公尹京兆。回避返詞曹。光緒己丑以內閣學士典廣東試。辛卯典四川試。甲午典山東試。壬辰副會試總裁。歷遷刑部侍郎。權工部侍郎。總督倉場。戊戌七月。授禮部尚書。未逾月而遣戍之命下。公之爲言官也。以直聲聞。籌海防。論武備。拳拳焉幾國恥之一雪。其議大禮一疏。益言人所不敢言。識者謂司馬文正歐陽文忠之濮議。皆不及焉。其歷次典試所拔擢。皆一時知名士。

世亦以比廬陵。其權工部也。監修陵工。前此奉職者。率以侵冒爲固然。公嚴絶苞苴。同列憚之。官紀一肅。其督倉場也。覩漕運之極弊。抗疏盡撤漕倉諸官。而身乞退職以爲之倡。夫在前代交通未開。設官輓南漕以餉京師。固非得已。然歲糜國帑千萬豢宂吏。利已不勝其病。海運既通。漕員益贅疣。人人知其敝而莫肯言。則甚矣積習之中人烈也。公倡汰宂官之議。而所汰則請自隗始。蓋所知者國家之利害。而藐躬未遑計也。嗚呼忠矣。天子既可公奏。益鑒公誠。遂受特達知。爲春官長。是時朝廷宵旰圖治。興利革弊。日不給。求賢才若飢渴。公既抗疏請大改官制。設立法之府。益盡以人事君之道。舉所知以進。未幾。疑獄興。黨禍作。天子惓念重臣。不忍加斥。而吏議持之。遂有新疆之謫。嗚呼。古名臣大儒。其遭遇與公一轍者。何可勝道。後之良史。未或有私焉。以公夙性恬退。得失久置度外。鞶帶之褫。不足爲公辱。俎豆之名。不足爲公榮。獨其所策國家百年大計。躓於中道。未獲覩其成。而賫志以歿。此則公所爲不瞑於九京也。公既遠戍。而大亂旋作。胡騎犯闕。乘輿蒙塵。公在戍所。不憂一身之阽隍。而憂君父之不卽安。不恥惡衣惡食。而恥國威之墜落。國權之淩夷。以其忠愛。發爲歌詩。蓋左徒之在江潭。拾遺之竄同谷。志潔言芳。後先同揆矣。天心悔禍。大難粗靖。朝廷痛定思痛。漸諒公忠。疇昔建議。往往見諸施行。遂命賜環。旋復故秩。而公固已老矣。既返故里。主講席。猶復以奬厲後進開風氣爲己任。黔中鐵路礦產。涎者數國。公以利器不可假人。民膏不可外溢。首倡自辦以杜隱憂。蓋其爲民請命之心。歷數十載如一日也。距夢奠前數月。猶寓書啓超曰。昔人稱有三歲而翁。有百歲而童。吾年雖逾七十。志氣尚如少年。天未死我者。猶將從諸君子之後。有所盡於國家矣。嗚呼。廉將軍之善飯。馬伏波之據鞍。以今方古。豈曰夐絶。天不憖遺。奪我元老。悲夫。公制行方正。而和以待人。自奉淡泊。而博施濟衆。服官數十年。所得俸錢。咸散諸親舊。其視諸從昆弟諸從子如己。飲食衣服相共也。性至孝。以母夫人茹貧撫孤。備嘗荼蘖。既得祿養。先意承志。靡所不至。母逝。痛哭絕而甦者再。事京兆公如父。髮斑白猶侍膳作舞綵戲云。妻傅氏。續娶王氏。王氏皆贈封一品夫人。先公卒。蚤歲生丈夫子女子子各二。俱不育。從弟端渠子葆忠嗣。有孫一人曰心良。公生於道光十三年癸巳九月初十日。薨於光緒三十三年丁未十月十二日。春秋七十有五。翌年戊申三月十二日。葆忠奉其喪葬於貴州省城大關口先人之塋。馳書日本乞啓超爲銘。銘曰。

神州赤縣一髮危。立憲期成庶起衰。議院之議疇倡之。觥觥李公超也師。黃鐘聲洪里耳眙。七十荷戈征西陲。歸來幽怨託江蘺。大業不就鳴以詩。其言將行其人萎。功耶罪耶良史知。潛德或闕徵此辭。

嘉應黃先生墓誌銘 清宣統元年

國家自甲午喪師以後。勢益不競。謀國者尙泄泄未知改圖。獨德宗皇帝大奮神斷。明詔天下。改變百度。而是時各行省大吏奉行詔書最力者。惟湖南巡撫義寧陳公寶箴。而相與助其成者。則嘉應黃先生公度也。先生時方任湖南鹽法道署理按察使。與陳公戮力殫精。朝設而夕施。綱舉而目張。而其尤爲先生精心所措注者。則曰保衞局。保衞局者。略仿外國警察之制。而凡與民利民瘼相麗。爲一方民力所能自舉者。悉統焉。擇其鄉邑之望。分任之。而吏董其成。創布之初。民頗疑駴。後乃大讙。先生方欲推布一切。以圖久遠。而朝局變。黨禍起。先生與陳公得罪而去。而天下事益不可爲。嗟乎。古有以一人之用舍係一國之興亡者。觀於先生。其信之矣。先生諱遵憲。世爲嘉應州人。曾父諱某。祖諱某。贈某官。父諱某。廣西候補知府。以先生貴。贈某官。先生以拔貢生中式光緒二年順天鄉試舉人。起家知縣。歷官四十年。有小大久暫之不同。而皆舉其職。嘗爲日本使館參贊矣。日本方縣我琉球。且覦及朝鮮。先生告使者乘彼謀未定。先發制之。具牘數千言。陳利害甚悉。東人至今誦之。而當事不省。不二十年。二屬遂相繼不保。嘗爲英之新嘉坡。美之舊金山總領事矣。美人嫉吾民之僑彼境者。蓄志擯之。先生既以先事禦之之謀告其上。而不用。迺盡其力所能及。以爲捍衛。美政府嘗藉口衛生。係吾民千數。先生數語捭闔而脫之。且責償焉。吾嘗游美洲。去先生爲領事時二十餘年矣。而吾民尚稱道此事不容口。先生居外國久。於其上下情形。內外形勢。洞幽察隱。故凡有所應付。莫不迎刃而解。而大吏亦稍稍知先生能外交。故每以事相屬。江鄂四省教案積數十起。連十數年。文牘盈尺。莫能斷結。及先生受委。則浹月而決之。教士撟舌而不敢爭。異時沿江沿海劃地爲市。租借外旅。命曰租界。始事者昧於國際法。於界內與以治外法權。喪威失權。悔不可追。先生恫之。值甲午之役。約以蘇州杭州兩處爲租界予日本。授受之際。先生適主其事。乃曰。蘇杭腹地。非江海口岸比。因議自營市政。凡所以便外旅者纖悉備至。而獨於治外法權則靳焉。日本主者莫能難也。殆畫諾矣。適有以蜚語相中者。謂先生受外賂。爲它人計便安。約遂廢。而日本亦撤其使歸。兩國同以此事譴其使。而天下萬國則謂日本之舉爲計獨得也。先生雖以外交知名當世。然兩受使命。皆中沮。光緒二十一年。奉旨入覲。以道員帶卿銜。授出使大臣駐德國。時德人方圖膠州。憚先生來。折其機牙。迺設詞以撼我政府。卒尼其行。光緒二十四年。復以三品京堂候補充出使日本大臣。時先生方解湖南按察使任養疾上海。淹留未行。而黨禍卒起。緹騎繞先生室者兩日。幾受羅織。事雖得白。使事亦解。先生遂歸田里。光緒三十一年二月二十三日。以疾卒於家。嗚呼。以先生之明於識。練於事。忠於國。使稍得藉手。其所措施豈可限量。而乃使之浮沈於羣吏之間者且數十年。晚遭際會。似可稍展其所蘊矣。而事變忽起。所志終不遂。且乃憂讒畏譏。流離失職而死。此豈天之所爲耶。先生讀書有精識遠見。不囿於古。不徇於今。嘗思成一家言。曰演孔篇。未成。而所成之日本國志四十卷。當吾國二十年以前。羣未知日本之可畏。先生此書則已言日本維新之效成則且霸。而首受其衝者爲吾中國。及後而先生之言盡驗。以是人尤服其先見。先生爲文章。務取暢達。不苟爲夸飾。至其爲詩。則精思渺慮。盤礴而莫測其際。平生所作。逾千首。自哀集得六百首。曰人境廬詩集。自其少年稽古學道。以及中年閱歷世事。暨國內外名山水。與其風俗政治形勢。土物。至於放廢而後憂時感事。悲憤伊鬱之情。悉託之於詩。故先生之詩。陽開陰闔。千變萬化。不可端倪。於古詩人中獨具境界。先生娶葉氏。誥封口人。子四人。曰晁。曰鼎崇。曰履剛。曰璇泰。履剛早殤。女子二。適鍾。適梁。先生之卒也。晁方隨節日本。奔喪歸。旋以毀卒。某年某月。鼎崇璇泰始奉其喪。葬於某原。先生之從弟曰遵庚。以請銘。且曰。先兄志也。某以弱齡得侍先生。惟道惟義。以誨以敎。獲罪而後。交親相棄。亦惟先生咻噢振厲。拳拳懇懇有同疇昔。先生前卒之一歲。詒書某曰。國中知君者無若我。知我者無若君。然則某雖不文。又安敢辭。

誥封榮祿大夫允初黃公畫像贊

公諱際昇。字允初。嘉應黃氏。而公度先生之王父也。黃氏世有令德。至公益大。故天以賢子孫報之。生平行誼之修於家。而澤之施於州鄉者。具公度所爲家傳。公歿後且二十載。其孫曰遵庚。奉遺像以屬其年家子新會梁啓超爲贊。贊曰。

是頎然而玉立者。何其似中興之南豐也。是夙昔以大孝聞州里。江夏之黃童也。其事親竭誠養志。而非以爲容。

錫類以捍衛桑梓。爲一方長城而不居其功。其與人爲善也。藹乎如春風。其不可干以私也。凜乎如秋空。其臨大事而整暇縝密。指揮若定。應變之略。曠千載而不一逢。是以其胤孫稟其氣習其教者。矯矯若人中之龍。天復賚之以大年。使其所受之報。與其施者而比隆。嶽嶽喬嵩。浩浩長松。是曰明德。百世所宗。

林太恭人壽序

歲丙午。余始獲交臺灣林子獻堂。時余逋居日本既九年。而臺之改版且十二年矣。獻堂溫而重。氣靜穆而志毅果。皦然有古君子之風。竊計其世德之必有所受。既而展閥族。知爲剛愍公從子。愈益起敬。越五年。余如臺觀風。獻堂館余於其萊園。萊園者。獻堂尊甫允卿孝廉所築以頤母者也。母羅太恭人。年八十矣。而强健尙如六十許。余卽升堂修謁。肅瞻懿範。獻堂兄弟侍側。時時作孺子容。曾孫之環膝而嬉者若雁行也。盎然春氣。充於閭庭。余去國逾紀。習聞自故鄉來者道宗邦禮俗日渝。彝倫泯焉。䰗然不堪其憂。及踐林子之庭。而感不絕於余心也。獻堂復爲余言太恭人之初來嬪也。王考景山公率剛愍治兵於外。世以比王濟叔姪。而太恭人與剛愍之母戴太夫人治家於內。識者亦以擬鍾郝云。景山公卽世。孝廉公年未弱冠。太恭人則以慈母而兼教師。漸以學而致之用。故孝廉公起將種爲名儒。自甲申之役。法師壓境。孝廉公率羣子弟爲國捍城。大吏倚之以奏膚功。昔田子泰挈宗族講禮徐無山中。而能從容靖烏丸之難。以今方古。未云多讓。於時餉糈皆不仰縣官。太恭人裂帛爲旗。拔釵助饟。世人盛道孝廉公之殊伐。而不知居者之勞。太恭人實專之也。於戲。以婦人而能效忠致果於國家。若太恭人者。可以風矣。今獻堂兄弟秉懿訓以自淑。醇行型於鄉里。俠聲著於海隅。身爲逸民。而拳拳父母之邦。未嘗去懷。仲尼稱明德達人。子輿嘆故家喬木。余既重獻堂之義。而臨睨舊鄉。乃益欷歔而不能禁也。秋月爲太恭人九袠開一設帨之辰。獻堂馳書督余一言爲壽。余以爲太恭人之急公持大體。與夫獻堂之承志善養。舉足以厲末俗。乃敬序而歸之。若乃岡陵祝禱之恆辭。請以俟諸佳客。壬子八月

湯母蔡太夫人壽言

中華襲號共和之第四年。太歲在乙卯。舊曆九月十三日。爲我湯伯母蔡太夫人六十設帨嘉辰。同人等與令子覺頓夙以聲氣相應求。以道義相磨砥。乃胥謀登堂稱觴。爲太夫人壽。而屬啓超爲之辭。啓超交覺頓逾二十年。其間患難相從若形影者且十年。儕輩中熟知覺頓性行者。宜莫如啓超。其爲人也敏達而方嚴。慨慷而澹泊。可以歷無量艱阻以負荷世事。可以翛然蟬蛻於濁穢。君子人歟。君子人也。既敬愛覺頓。則進紬其受性成器之所由。遂獲侍太夫人。而肅然有以得其故也。疇昔啓超與覺頓同避地於日本之須磨。賃廢園而居。衡宇相望。啓超蓋間日輒一承太夫人顏色。見其平居靄然。予人以可親。然每一侍坐。則恆有義方之語以相誨迪。雖小節弗假借也。待賓客。周孤貧。無所吝。然終歲布衣蔬食。曾未肯稍侈於自奉。此三四年來。覺頓益有譽於國中。亦得薄祿。而迎養於京師析津之間。而太夫人詔勉督責之嚴。猶昔也。服御壹皆泊然無改乎其素。蓋自啓超獲侍垂十年。太夫人所遭之境亦屢遷。而其方嚴儉素之度。未或豪釐忒。啓超穆然未能測其德量之所至也。覺頓復爲言其先德參戎公之見背。覺頓生甫五齡。而太夫人之年則二十五而已。家本中人產。及是乃中落。有嫡兄嘗一祿仕。非久亦淪逝。覺頓與弟妹及其兄之子。皆太夫人數十年茹荼餐蘗以育以成。夫以孤嫠撫弱。其篤愛豈待問。然

太夫人未嘗稍姑息。篝鐙課讀。機杼厲德。髫齓迄長。未或間也。覺頓未弱冠。卽遣學於外。繼以奔走國事。流離顚沛。能奉養膝下者不數歲。太夫人則惟詔以人生天職之所在。毋使以烏私奪壯志。甘茹萬苦。而以大器詒謀於厥子也。今若稍可以自豫逸。而太夫人之堅卓樸素既成性習。自不樂改其度。又以世變豈有常。惟能食貧居賤者。始可以長保金玉而任盤錯。日以此敎覺頓。而覺頓未嘗敢須臾忘也。嗚呼。士之能自樹立也固不易。苟夙無所養。而待夾輔於師友。其幾已危。況良師友又豈易邂逅者。覺頓禀太夫人之氣。而飫其敎。以瑩然淬厲於士君子之行。天之所以厚覺頓也。同人等以交覺頓故。而覺頓得以其所受於太夫人者。還相夾輔。亦天之所以厚同人等也。秋英擢秀。涼月赴圓。有子舞綵。有孫索飴。吾知太夫人其必樂此。而使覺頓與同人等同樂其樂也。夙附末行。不敢諛祝。謹述庸德。以介永釐。

祭蔡松坡文

蔡公松坡之喪。歸自日本。止於上海。將反葬乎湖南。友生梁啓超旣與于旅祭。更率厥弟啓勳。厥子思順思成等。敬潔清酒庶羞。奠君之靈而哭之。以其私曰。嗚呼。自吾松坡之死。國中有井水飲處皆哭。寧更待余之費辭。吾松坡宜哭我者。而我今哭焉。將何以塞余悲。君之從我。甫總角耳。一彈指而二十年。於茲長沙講舍。隅坐之問難。東京久堅町。接席之笑語。吾一閉目而曖然如見之。爾後合并之日雖不數數。然書札與魂夢。日相濡沫而相因依。客歲秋冬間。滅燭對榻之密畫。與夫分攜臨歧之訣語。一句一字。吾蓋永刻骨而鏤肌。三月以前。海上最後之促鄒君之瘖聲。尫貌與其精心浩氣。今尚彷彿而依稀。吾松坡乎。吾松坡乎。君竟中道棄余而君且奚歸。嗚呼。庚子漢口之難。君之先輩與所親愛之友聚而殲焉。君去死蓋間不容髮。君自發憤而治軍。死國之心已決於彼日。乙巳廣西不死。辛亥雲南不死。去冬護國寺街不死。今春青龍嘴不死。在君固常視一命爲有生之餘。仍今爲國家一大事而死。死固當其職。雖然。吾松坡之報國者如斯而已耶。不獲自絕域以馬革裹屍歸來。吾知君終不瞑於泉窟。嗚呼。君生平若有隱痛。我不敢以告人。要之今日萬惡社會。百方蹙君于死。吾復何語以叩蒼旻。嗟乎。松坡乎。汝生而靡樂。誠不如死焉。而反其眞而翁。枯守泉壤者十有五載。待君而語苦辛。君之師友在彼者亦已泰半。各豁寃抱。迓君而相親。嗟夫。松坡乎。斯世之人既不可以與處。君毋亦逃空寂以全其神。其更勿齎所苦以相誶告。使九淵之下永噎而長嚬。嗚呼。余天下之不祥人也。而君奚爲乎暱余。屈指平生素心之交。復幾許。棄我去者若隕蘀相續。而幾無復餘。遠昔勿論。近其何如。孺博遠庸覺頓典虞。其人皆萬夫之特。皆未四十而摧折於中途。嗟乎嗟夫。天不欲使余復有所建樹。曷爲降罰不於吾躬。而於吾徒。況乃蓼莪罔極。脊令畢逋。血隨淚盡。魂共歲徂。吾松坡乎。吾松坡乎。汝胡忍自潔而不我俱。嗚呼。吾有一弟。君之所習。以知吾有羣雛。君之所樂與嬉。今率以拜君。既以侑君之靈。亦以永若輩之思。心香一瓣。淚酒一巵。徵陽麗幕。靈風滿旗。魂兮歸來。鑒此淒其。嗚呼哀哉。尚饗。

公祭蔡松坡文

惟中華民國五年十二月五日。勳一位陸軍上將四川督軍兼省長蔡公之喪歸自日本。實公薨後之二十七日也。含生栖惶。九宇震悼。旅滬人士執紼號慟者萬數。既奉迓靈輀。止於殯宮。乃敷衽陳詞而公祭之曰。嗚呼。覽史乘之阸軌。惟時危乃挺異人。而斯民受賜之厚薄。則視其志事之能否卒伸。惟公以萬夫之特。丁陽九之屯。鬱奇氣於蚤歲。煥靈曜於壯辰。當清紐之方解。紛滄海其揚塵。公以一旅崎嶇。崛起邊徼。遂使西南半壁勢重於千鈞。滇之瘠劇。爲諸鎮最。公能使民樂而忘其勤。迺用之援黔援蜀。以及於藏衛。寸寸彎强弓而目曾不瞬。盼兩載之治績。旣曠世而軼倫。悵明夷之未融。遵養晦於京國。能智全於猜鷙之朝。有以知公之所託。然猶不擇事以瘁形神。常應機以寓規畫。治井地則周知廣輪。籌軍旅則疆及戎索。儻所規什舉一二。其所造於國家者。抑當何若。誰生厲階。帝制自爲。盈廷盈野。走魅奔魑。公旣天下物望所集。固宜爲彼其所最猜疑。室環諜騎。庭布鉏麑。其影魁魁。其目睽睽。公夷然若無事。以出入於虎穴者八九十日。而從容部署萬里以外之機宜。碧雞晨號。金馬宵馳。萬衆企徯。百靈護持。飛將軍自天而下。千七百萬父老子弟歌舞而從之。公曰。吾蓋深恫極慟於內競之不祥。吾誠不得已之所爲。儻人格之蕩墮。寧國命之孑遺。劍及屨及。飆馳電移。以數千飢卒當十萬大敵。天下萬國聞者夫孰不爲公危。公何以能克敵致果。其神略非吾曹之所能窺。唯側聞公之所以瘁厥心力者。識與不識其能勿感激而漣洏。納溪相持一月。有奇敵驕而悍。我耗以疲。矢盡援絕。士病將疑。公蓋不解甲不親榻者數十晝夜。徧提軍士之耳而摩厲之以大義之所期。竭移山塡海之精力。以維持此不衰不竭之士氣。然後出奇制勝。而蹙敵於不支。此數月間者。食則雜糠礫。衣則截蓋帷。骸垢不得浴。髮椎不得治。公蓋一切與士卒共此苦。而能分公運籌之苦者則誰。嗚呼。雖以頑健之夫。當此猶不克堪命。况公之常病而常羸。嗚呼。謂國人爲天所絕耶。國人所嫉者天則斂其魄。謂國人爲天所憐耶。國人所恃者天復靳其年。天實愛公。俾公以功名自全。公實愛吾民。其曷忍一瞑不視而聽其顚連。元首倚公以奠根榦。政府待公以持衡銓。疆吏仰公以絡樞軸。民獻望公以決疑。然軍士恃公以訓以節學子瞻公以勵以孳工曰有公吾安吾肆商曰有公吾樂吾廛旅曰有公吾坦吾途農曰有公吾田吾田友邦竚公以增益信睦先民歆公以嚴淨山川嗚呼今其爲無望矣也夫凡所云云悉隨公以葬於九原若夫滇人之哀莊蹻蜀士之哭諸葛斯又各懷切膚之痛其曷能以言傳又況沅湘親知招魂無所山陽故舊聞笛潸焉萬方一哭聲聞於天眼枯淚盡齎以入泉公其有知耶其無知耶胡寧忍予而羌不少延嗚呼哀哉先民有訓所尚不朽曷爲而能然有所立以永於厥後薪盡傳火石穿積溜是故仁人君子心力之所爲雖百世之下猶食其報公今形解吾民號咷公永神留吾民臨照惟哀矜此不辜神罔恫其來告耄斯溪毛瀌彼潢潦積誠可通豈弟其勞嗚呼哀哉尚饗

祭海珠三烈文

海珠慘變後一百九十日邦人諸友乃克設位京師公祭湯覺頓譚典虞王鬷吉三先生之靈其後死之友有梁啓超又方斬焉在縗絰之中奔喪歸里不克躬奠醊乃傾血淚爲文而祭之曰嗚呼謂天不相中國耶夫既已去其所害而應其所期謂天相中國耶胡爲選其良焉而奪之當禍水滔天之日舉國咸惴惴焉不知命在何時而三君子者方日日探穴而睨虎泅淵而狎螭出入九死得不死乃死於人之所不及疑日憂我之蹈險胥謀保之如嬰兒卒乃躬以死代我而我傫然猶生爲嗚呼痛哉吾覺頓之器識風義既天下所共聞當天津之定策君志氣其如神每發一謀定一議其斷制之力若截衆派而舉萬鈞使蔡戴與賤子堅赴義之志而氣益新洎絕裾以從我相弔影於滬濱雖在驚濤駭浪之境蓋無日不以道義相砥以問學相親杖策邕桂陸公是賓當閒關以潛

赴。固已等於履虎尾而批龍鱗。及其銜命東下。又幾蒙轟襲以逐波臣。孰謂尊俎決勝之後。還快意於魑羣。憶最後兩夜邕南促剡之苦語。永裂肝而斷魂。嗚呼痛哉。吾典虞宜可徑滇以從蔡。宜可遡梧以就余。此吾兩人所要約而亦君之所愈。君終以粤局爲重。務犯萬險任其難而不渝。半年來君何以能免。吾至今未測其徑塗。但見飄忽數度省我於海舶艙底之漆室。指天畫地。其自如。謂君智略足以自衞。其孰以君爲虞。詎暫訣於一月。永遺恨於今。吾嗚呼痛哉。吾翹吉之堅苦卓絕。固不求譽於今。聞吾去官而相賀。吾昔見子面而自茲乃見其心。君捍難救災徹廿晝夜不息。而疾癘不能爲君侵。君日周旋於豺狼鬼蜮中。而能使人莫測其淺深。當粤局煎急。軍帥首鼠。君當機一斷而懾羣陰。正入淵以挽日。竟虹貫而星沉。嗚呼痛哉。吾非於三君死後而始爲溢美之詞。吾校百粤之良。媿君者其誰。猗豈唯粤才。吾環顧國中而實罕見其等。期天乎天乎。一綱以盡。而曾不慭遺。構禍何由。嗾使者誰。寃至今沈。讞至今疑。慘霜被原。憤泉沸池。漫漫夜臺。蕭蕭德帷。天乎何言。魂兮何之。嗚呼痛哉。三君子者上有九十七十六十之鐘漏垂盡之老母。中有懷冰茹蘗之孀妻。下有扶牀襁負之衆雛。方爛漫睢盱。隨人笑啼。遺盎無宿糧。遺笥無疊襦。幼何以爲育。老何以爲娛。翳後死之有責。益營怔以踟躕。嗚呼。悟有生之靡樂。則更於死乎何哀。君亦何幸而不見今日。見之且悲以摧。今日尚爾。來日復何如哉。君靈未沫。其毋乃被髮下荒。臨睨八垓。眄滄海之揚塵。指大地之成萊。其更勿懸眼國門。其更勿化碧泉臺。既萬化之一刦。亦何彭殤之足芥於懷。海珠月死。海門潮回。四顧無人。魂兮歸來。嗚呼哀哉。尚饗。

黃太公壽辭

太公冠圭先生。吾友溯初之尊甫也。歲六月十一日。太公九十生日。越十月十日。溯初稱觴祝於里閈。其友之夙以風義相許者若而人造焉。太公深嫉時俗之靡僞。舉凡諸餽贈自儀物以至文辭。悉屏勿受。而吾儕躋此堂者。終不能不一致其潔誠也。乃屬梁啓超前致辭曰。國之所以與立。與世運所以向上。恃有矯矯之人與赫赫之功耶。嘻。殆非然。彼矯矯赫赫者。什九皆攘人以自殖。轢人以自崇者也。國有石民焉。終其身孳孳勤動。不肯一日自暇逸。篤於其所親。而善推厥愛。不惜自嗇苦以阜其鄰。盡人如此。斯羣治之蒸蒸可計日而待也。以吾儕所聞諸溯初者。太公自其幼年由農而商。咸恃自力以進厥業。劬至老而不息。三十喪其偶。篤於伉儷。遂不復娶。溯初蓋其季之子。擇愛而立者也。五十矣。而事母夫人猶作孺子慕。其至性肫篤有如此者。太公既以刻苦起其家。家雖漸裕。而自奉之約。壹不改其舊。惟敬宗樂羣濟衆啓後之爲務。其所舉公共事業之犖犖大端。曰重建宗祠。敎子孫無忘先志也。曰創鄭樓小學。樹蒙養之本也。鄭樓爲其所自遷。故以名。曰主持甌海公立醫院。視人之疾苦若在己。而匍匐以救也。若此者。曾未見有以高世而震俗。然使舉天下而皆志太公之志。行太公之行。天下不足平也。聞之善敎者使人繼其志。吾儕交溯初久。而因以想像太公之爲人。溯初刻於持己。敏於察物。忠於待友。而熱於憂世。事所宜任者。罔不任。顧謇謇焉終不少自枉以徇流俗。故常在困橫中。然鍥而不舍之度。終不改也。意者其所受於太公之敎深矣。太公既大耋。而體氣健如中年。志力亦稱是。天其留此大老。以觀厥子之盡瘁事國。且以待天下之淸也。吾儕誠歡誠抃。敢以此爲太公壽。梁啓超揚觶。而姚華操筆爲之記也。

民國十年十月十日

番禺湯公墓誌銘

公諱叡。字覺頓。其先籍浙之諸曁。祖嘉信。父世雄。母王氏。生母蔡氏。昆弟姊妹六。公其四也。父宦廣東。因家焉。故又爲番禺人。公幼從長兄輔清讀。有奇氣。嗜文藝。抗世希古。年十七。學於南海康先生。從事古聖賢所以治身經世者。戊戌變作。公急師友難。間關涉海外。與啓超相依爲命十餘年。以其間肄治當世學術政聞於生計學尤邃。著述論列十數萬言。學者宗之。民國建。公嘗任中國銀行總裁。當時國中未有能治銀行者。公草創經畫。一年有奇。而規模大成。所陶養人才尤衆。後此斯業漸廓。及斯界多克自樹立之士。半食公賜也。民國三四年之交。袁世凱叛國徵露。公毅然棄職。奉母隱津門。衣食不給。鬻文字供菽水。怡怡如也。帝制議興。公與啓超及邵陽蔡公鍔等謀討賊。公於事理最縝密。大計多取決焉。蔡公既以護國軍起滇南。轉戰巴蜀。公與啓超先後入桂。以大義動桂帥陸榮廷。用其軍與蔡軍犄角。時龍濟光方據粵。受僞命爲親王。公曰『粵不定則賊不滅。吾當以血誠濟此艱鉅。』孑身詣廣州。爲濟光譬陳利害。一晝夜。卒挾粵獨立。羣賊不慊公。陰圖之。翌日議善後於海珠。濟光以其衆衷甲示威。公無所葸。力排紛難。辭甚苦。未及半而難作。兇賊顔啓漢。濟光部將也。首實彈狙公。中顱。公仆。南海王公廣齡。新會譚公學夔相繼遇害。時民國五年四月十二日。實夏曆三月十日也。公年三十有九。護國之役。儕輩中志節卓犖才智瑰特之士以身殉者十數。公罹毒最先亦最烈。自公以桂粵討賊。袁世凱始震懾。自黜帝號。公成仁後兩月。世凱亦慚恚死。公報國之志固遂。然人亡而邦既瘁矣。公有至性。事母常作孺子慕。趨朋友之急若其私。自奉刻苦。取與綦嚴。治事綜覈持大體。治學好爲綿邈之思。善屬文。尤工箋札。又常爲小詞。寫幽怨。顧成輒棄之世。無傳焉。夫人梁氏早世。繼室以其妹。生子衍瑞衍明。女衍同衍齡。梁夫人以母太夫人老矣。不敢以變聞。並羣雛亦勿使知。夜啜泣。晨興盥洗奉母色笑而以義方鞠遺孤。於今六年矣。公忠骸權厝廣州某寺。粤比多難。未正窀穸。民國十一年十二月粤人士始克以公葬之禮葬公於斯原。嗚呼公固爲國死。亦爲啓超死也。啓超雖不文。無以狀公德業於萬一。然於茲銘。安敢辭。銘曰。

包胥力能復楚。魯連義不帝秦。功在天下。而災逮其身。是之謂志士仁人無求生以害仁。百世之下。將亦有感於斯文。

蔣母楊太夫人墓誌銘

海寧蔣方震喪母既虞。銜哀述先德。且寓書啓超曰。『憶昔國難。同伏香港舟中。先生作家書。方震涕不敢侍竊避以號。今幾何時。而方震亦爲無父母人也。方震微先生無與歸吾母。微先生亦莫能傳。知在矜愛。敢乞銘誄。』嗚呼。方震書所述者。丙辰四月事。啓超方以討袁世凱在軍中。吾父二月棄養。遺言勿許召啓超。啓超不自省其通天之罪。間數日。輒以書起居吾父。謂父健在。念遊子之方而已。方震時方左右我。覩而哀之。今方震亦以奔喪歸。觸前事而增痛也。啓超與方震交逾二十年。居同學。出同游。天下事則同患難。以故知其行誼及其家世最稔。今茲銜恤疚戚。亦同。啓超雖不文。於茲銘則義焉得辭。謹按太夫人海鹽楊氏。實龜山先生之裔。二十四傳而至笛舟先生。以績學聞。卽太夫人父。太夫人生而孤。無昆弟。煢獨依母居。七歲。遭洪楊亂。困橫轉徙。數年始定。而母旋沒。太夫人年十三耳。又越十有二年。始嬪於蔣。蔣故浙西名族。方震之王父諱光煦。字生沐。以善校勘能文章、爲道咸間學者宗所稱東湖先生也。東湖有子八人。其某諱某某字某某。則方震父東湖諸子。皆儒冠襲家業。某某先生獨以先天有肢體疾。弗與以啓超所聞於其里中長老。則其童幼時所歷。頗與后稷隘巷平林事相類。故蚤失學。而三十始娶。然性絶聰異。卒能以醫學起其家云。太夫人之來歸在亂後。家已中落。別下齋鞠爲茂草。藏書蕩然矣。歸一年而舉方震。又十三年太夫人年三十有九。而某某先生沒。方震無同懷兄弟姊妹。與太夫人同也。方震語啓超曰『吾母自墮地以迄蓋棺。其所歷殆非恆人所克堪。髫年避亂。嘗餓走一日夜。從鄉人乞菜粥哺外王母。侍外王母疾。風雪夜滌中衣。腕際龜裂。淚漬之倍痛焉。楊氏世傳能截竹爲衣。竹似珠。善辟暑。母精其藝。因得自力於衣食。猶且以其間讀書史。曉暢義理。自方震始學語。唐詩孝經及朱子小學。皆母授也。父故羸。嘗以肝疾損目。不能視者積年。母布衣木簪。拮据內外。嘗曰「昔人所教勤儉持歲。若井臼縫紝之勞。勸米鹽布帛之撙節。易爲耳。若乃無米之炊。量出以計入。斯眞難。而於其間侍病人。令其心氣和平。教幼兒。令其神志發越。則尤難。」』嗚呼。此太夫人自道甘苦之言。而古聖賢豪傑終身在憂患中。猶能出其學以格君而澤民者。又豈有他道哉。太夫人之善教。蓋其天性。方震以獨子相依茹荼蘖。而所以督教之者。未嘗稍寬假。有過必痛責。責已則丁寧引喩。發其眞悔。往往母子相持而泣。方震弱冠。踸踔將游學海外。顧戀母不忍去。太夫人曰『行矣。吾不以流俗人望汝。汝亦不以流俗人自待。汝夙孤露。能奮自樹立。乃所以爲孝也。』方震學成。服公職。稍有所入。以奉母。母則出之以創振坤女學。而躬自董理之。硤石之有女學。自太夫人始也。方震學問文章。世之賢達多能知之。其他日事業所就。蓋未可測。視時會何如耳。顧啓超久與遊。獨深敬其天性過人。蓋嘗間關數千里。兩度急其友蔡鍔戴戡之難。既不可救。歸時則與啓超相對作孺子泣。又制行絶介。位至將軍。而饘粥恆不繼。曾不屑有所攀援。

亦未嘗戚戚。雖飢不忘天下。嘻是皆秉太夫人之遺傳及其身敎。以克有是也。太夫人生清咸豐五年乙卯正月十三日。卒民國十二年癸亥三月十四日。得年六十有九。以某某年某月某某日葬於某某之原。宜銘。銘曰。墨氏敎任。損己而益所爲。斯道久絕於士大夫。而匹婦能蹈之。其將成敎於厥子。以起一世之衰。後之續人鑑者視此辭。

亡友夏穗卿先生

我正在這裏埋頭埋腦做我的中國近三百年學術史裏頭清代學者整理舊學之總成績一篇。忽然接到夏浮筠的信。說他父親穗卿先生死了。

我像受電氣打擊一般。驀地把三十年前的印象。從悲痛裏兜轉來。幾天內天天要寫他。又寫不出。今天到車站上迎太戈爾。回家來。又想起穗卿了。胡亂寫那麼幾句。

近十年來。社會上早忘卻有夏穗卿其人了。穗卿也自貧病交攻。借酒自戕。正是李太白詩說的『君平既棄世世亦棄君平』。連我也輕容易見不着他一面。何況別人。但是若讀過十八九年前的新民叢報和東方雜誌的人。當知其中有署名別士的文章。讀起來令人很感覺他思想的深刻和卓越。『別士』是誰。就是穗卿。

穗卿是晚清思想界革命的先驅者。

穗卿是我少年做學問最有力的一位導師。

穗卿既不著書又不講學。他的思想。只是和心賞的朋友偶然講講，或者在報紙上隨意寫一兩篇。——印出來的著作只有十幾年前商務印書館出版的一部中國歷史教科書也並非得意之作——他晚年思想到怎樣程度恐怕除了他自己外沒有人知道但我敢說

他對於中國歷史有嶄新的見解——尤其是古代史尤其是有史以前

他對於佛學有精深的研究——近世認識「唯識學」價值的人要算他頭一個

我將來打算做一篇穗卿的傳把他學術全部詳細說明——但不知道我能不能因爲穗卿雖然現在才死然而關於他的資料已不易搜集尤其是晚年——現在只把我所謂「三十年前印象」寫寫便了

穗卿和我的交際有他贈我的兩首詩說得最明白第二首我記不眞了——原稿更沒有第一首却一字不忘請把他寫下來

『壬辰在京師廣座見吾子

草草致一揖僅足記姓氏

洎乎癸甲間衡宇望尺咫

春騎醉鶯花秋燈狎圖史

冥冥蘭陵門萬鬼頭如螘

質多舉隻手陽烏爲之死

袒裼往暴之一擊類執豕

酒酣擲杯起跌宕笑相視

頗謂宙合間只此足歡喜．
夕烽從東來孤帆共南指．
再別再相遭便已十年矣．
君子尙青春英聲乃如此．
嗟嗟吾黨人視子爲泰否．』

這首詩是他甲辰年游日本時贈我的．距今恰恰整二十年了．我因這首詩纔可以將我們交往的年月約略記憶轉來．

我十九歲始認得穗卿．——我的「外江佬」朋友裏頭．他算是第一個．初時不過「草草一揖」了不相關．以後不曉得怎麼樣便投契起來了．我當時說的純是「廣東官話」．他的杭州腔又是終身不肯改的．我們交換談話很困難．但不久都互相了解了．他租得一個小房子在賈家胡同．我住的是粉房琉璃街新會館．——後來又加入一位譚復生．他住在北半截胡同瀏陽館．——「衡宇望尺咫」．我們幾何沒有一天不見面．見面就談學問．常常對吵．每天總大吵一兩場．但吵的結果．十次有九次我被穗卿屈服．我們大概總得到意見一致．這會想起來．那時候我們的思想眞「浪漫」得可驚．不知從那裏會有恁麼多問題．一會發生一個．一會又發生一個．我們要把宇宙間所有的問題都解決．但幫助我們解決的資料却沒有．我們便靠主觀的冥想．想得的便拿來對吵．吵到意見一致的時候．便自以爲已經解決了．由今回想．眞是可笑．但到後來知道問題不是那麼容易解決．發生問題的勇氣也一天減少一天了．

穗卿和我都是從小治乾嘉派考證學有相當素養的人。到我們在一塊兒的時候。我們對於從前所學生極大的反動。不惟厭他而且恨他。穗卿詩裏頭『冥冥蘭陵門萬鬼頭如蟻質多舉隻手。陽烏爲之死』「蘭陵」指的是荀卿。「質多」。是佛典上魔鬼的譯名。——或者即基督教經典裏頭的『撒但』陽烏即太陽。——日中有烏是相傳的神話淸儒所做的漢學自命爲「荀學」。我們要把當時壟斷學界的漢學打倒便用「擒賊擒王」的手段去打他們的老祖宗。——荀子到底打倒沒有呢。且不管。但我剛纔說過。『我們吵到沒有得吵的時候。便算問題解決。』我們主觀上認爲已經打倒了。『祖禓往暴之一擊。類執豕。酒酣擲杯起。跌宕笑相視。顚謂宙合間。只此足歡喜』這是我們合奏的革命成功凱歌。讀起來可以想起當時我們狂到怎麼樣。也可以想見我們精神解放後所得的愉快怎麼樣。

穗卿自己的宇宙觀人生觀。常喜歡用詩寫出來。他前後作有幾十首絕句。說的都是怪話。我只記得他第一首。

『冰期世界太淸涼。洪水芒芒下土方。巴別塔前一揮手。人天從此感參商。』

這是從地質學家所謂冰期洪水期講起。以後光怪陸離的話不知多少。當時除我和譚復生外沒有人能解他。因爲他創造許多新名詞非常在一塊的人不懂。可惜我把那詩都忘記了——他家裏也未必有稿他又有四首寄託遙深的律詩。我只記得兩句。

『闔視吾良秋柏實。化爲瑤艸洞庭深。』

譚復生和他的是。

『……金裘噴血和天鬭。黃竹聞歌匝地哀。徐甲倘容心懺悔。願身成骨骨成灰。』

『死生流轉不相值．天地翻時忽一逢．且喜無情成解脫．欲追前事已冥濛……』

這些話都是表現他們的理想．用的字句都是象徵．當時我也有和作．但太壞．記不得了．簡單說．我們當時認爲中國自漢以後的學問全要不得的．外來的學問都是好的．既然漢以後要不得．所以專讀各經的正文和周秦諸子．既然外國學問都好．却是不懂外國話．不能讀外國書．只好拿幾部教會的譯書當寶貝．再加上些我們主觀的理想——似宗教非宗教．似哲學非哲學．似科學非科學．似文學非文學的奇怪而幼稚的理想．我們所標榜的「新學」就是這三種原素混合構成．

我們的「新學」要得要不得另一問題．但當時確用「宗教式的宣傳」去宣傳他．穗卿詩說『嗟嗟吾黨人．』穗卿沒有政治上的黨．人人所共知．「吾黨」却是學術界打死仗的黨．

穗卿爲什麼自名爲別士呢．「別士」這句話出於墨子．是和「兼士」對稱的．墨子主張兼愛．常說『兼以易別』所以墨家叫做「兼士」．非墨家便叫做「別士」．我是心醉墨學的人．所以自己號稱「任公」．又自命爲「兼士」．穗卿說．『我却不能做摩頂放踵利天下的人．只好聽你們墨家排擠罷』因此自號別士．他又有兩句贈我的詩說道．

『君自爲繁我爲簡．白雲歸去帝之居．』

這是他口裏說出來我們彼此不同之點．大概他厭世的色彩很深．不像我凡事都有興味．我們常常彼此互規其短．但都不能改．以後我們各走各路．學風便很生差別了．

穗卿又起我一個綽號叫做「佞人」這句話怎麼解呢．我們有一天閒談．談到這「佞」字．古人自謙便稱「

不佞」論語又說『仁而不佞。』又說。『非敢爲佞也疾固也。』不佞有什麽可惜又有什麽可謙呢。因記起某部書的訓詁『佞才也』知道不佞卽不才仁而不佞卽仁而無才非敢爲佞卽不敢自命有才。然則穗卿爲什麽叫我做佞人呢莊子天下篇論墨子學術總結一句是『才士也夫。』—穗卿當時贈我的詩有一句。『帝殺黑龍才士隱。』「黑龍」用墨子貴義篇的話。才士卽指墨子——他挖酷我的「墨學狂」把莊子上給墨子的徽號移贈我。叫我做「才士。」再拿舊訓詁展轉注解一番一變便變成了「佞人」有一年正當丁香花盛開時候。我不知往那裏去了。三天沒有見他回來見案頭上留下他一首歪詩。說道。

『不見佞人三日了。不知爲佞去何方。

春光如此不遊賞。終日栖栖爲底忙。』

這雖不過當時一種絕不相干的雅謔。但令我永遠不能忘記。現在三十年前的丁香花又爛漫着開。枝頭如雪。「佞人」依舊「栖栖」却不見留箋的人。

我們都學佛但穗卿常常和我說『怕只有法相宗纔算眞佛學。』那時窺基的成唯識論述記初回到中國。他看見了歡喜得幾乎發狂。他又屢說。『楞嚴經是假的。』當時我不以爲然和他吵了多次。但後來越讀楞嚴越發現他是假。我十年來久想仿閻百詩古文尚書疏證的體例著一部佛頂楞嚴經疏證。三年前見穗卿和他談起他很高興還供給我許多資料。我這部書不知何年何月才做成便做成也不能請教我的導師了。

穗卿是最靜穆的人。常常終日對客不發一言我記得他有一句詩。

『一燈靜如鷺』

我說這詩就是他自己寫照。從前我們用的兩根燈草的油燈。夜長人寂時澄心眇慮和他相對。好像沙灘邊白鷺翹起一足在那裏出神。穗卿這句詩固然體物入微。但也是他的人格的象徵了。

『白雲歸去帝之居』嗚呼。穗卿先生歸去了。

嗚呼。思想界革命先驅的夏穗卿先生。

嗚呼。我三十年前的良友夏穗卿先生。

十三年。四月。廿三日。穗卿死後六日。

悼啟

悼啟者。先室李夫人。實貴筑京兆公諱朝儀之季女。累代清門。家學劭茂。夫人以同治己巳生於永定河署。幼而隨任京畿山左。京兆公薨於位。乃全眷返家園。光緒己丑。尚書苾園先生諱端棻主廣東鄉試。夫人從兄也。啓超以是年領舉。注弟子籍。先生相攸。結婚嫞焉。於是夫人以二十三歲歸於我。啓超故貧。瀕海鄉居。世代耕且讀。數畝薄田。舉家躬耘穫以爲恆。夫人以宦族生長北地。嬪炎鄉一農家子。日親井臼操作。未嘗有戚容。夫人之來歸也。先母見背既六年。先繼母長於夫人二歲耳。夫人愉愉色養。大得母歡。篤愛之過所生。戊戌之難。啓超亡命海外。夫人奉翁姑攜弱女避難澳門。既而隨先君省我於日本。因留寓焉。啓超素不解治家人生產作業。又奔走轉徙。不恆厥居。惟以著述所入給朝夕。夫人含辛茹苦。操家政。使仰事俯畜無飢寒。自奉極刻苦。而常撙節所餘以待賓客及資助學子之困乏者。十餘年間。心力蓋瘁焉。夫人厚於同情心。而意志堅强。富於常識。而遇事果斷。訓兒女以義方。不爲姑息。兒曹七八人。幼而躬自授讀。稍長選擇學校。稽督課業。皆夫人任之。啓超未嘗過問也。幼弟妹三人。各以十齡內外依夫人就學。夫人所以調護教督之者無不至。先姊早世。遺孤甥趙瑞蓮瑞時瑞敬三人。外家諸姪李桂姝續忠福鬘。皆蚤喪母。夫人並飲食教誨之如己子。諸甥姪亦忘其無母也。啓超自結婚以來。常受夫人之策厲襄助。以粗自樹立。蚤歲貧。無所得書。夫人輒思所以益之。記廿一歲時所蓄竹簡齋石印二十四史。實夫人嫁時簪珥所易也。中歲奔走國事。屢犯險艱。夫人恆引大義。鼓其勇。洪憲之難。啓超赴護國軍。深夜與夫人訣。夫人曰『上自高堂。下逮兒女。我一身任之。君但爲國死。毋反顧也。』辭色慷慨。超啓神志爲壯焉。至其平日操持內政。條理整肅。使啓超不以家事嬰心。得專其力於所當務。又不俟言也。嗚呼。天祐不終。奪我良伴。何其速耶。何其酷耶。夫人體氣至強。一生無病。民國四年冬。忽患乳癌。乳癌諸病中最酷毒者。全世界醫家迄今未得其病因及救治法。惟恃割治。割必復發。發至不能割。則束手焉。夫人自得病以來。割既兩度。今春再發。蔓及項脇之際。與血管相接。割無所施。沈綿半年。卒以不起。然夫人性最能忍。雖痛苦至劇。猶勉自持。兒子思成思永卒業清華學校。屬當適美留學。戀戀不欲行。夫人慮其失學。揮之使去。曰『吾病無害。能待汝曹歸也。』嗚呼。孰謂竟與其愛子長別耶。夫人夙倔强。不信奉任何宗教。病中忽皈依佛法。沒前九日。命兒輩爲誦法華。最後半月。病入腦。殆失痛覺。以極痛楚之病而沒。時安隱。顏貌若常。豈亦有夙根耶。哀悼之餘。聊用慰藉而已。略陳行誼。不敢溢美。海內君子。寵以哀誄。俾塞兒曹哀思。不勝大願。

陳伯謙誄詞

家國多難。悲哉此秋。更傾餘淚。哭我陳侯。侯舉於鄉。實同我年。有弟競爽。聲實爛然。戊己以還。侯宰吾邑。我方蒙難。海外漂泊。時有親舊。來自鄉居。奔走相告。吾儕其蘇。吾有賢侯。維閩之陳。心力蓋瘁。以惠我民。疇昔積案。覆盆多癀。今侯來思。訟庭花落。疇昔饗序。鞠爲園蔬。今侯來思。弦歌歡娛。昔爲宰者。盬我脂髓。侯去拂袖。清風而已。侯之所歷。劇邑五六。尸侯祝侯。一如吾屬。我聞侯賢。心寫心藏。更欣同譜。獲附末光。天地方閉。賢人竟隱。十年丘樊。憂時成疢。我徂自東。侯歸奉母。相思不見。南望搔首。侯有令子。繩武淵泉。與我共學。令我忘年。侯之示疾。游子歸省。方期就醫。扳輿相迎。何圖倉卒。天不憖遺。白雲歸去。陟岵淒其。憂能傷人。年及中壽。孰謂斯人。不永天祐。我方失偶。隻影自憐。更厭鼙鼓。百慮相煎。那更懷舊。前塵如夢。聞笛心驚。過墟腹痛。惟侯遺愛。在我邦族。懸知父老。聞赴聚哭。昔韓誦柳。勒銘羅池。黃蕉丹荔。祝侯莫違。我歌彼章。以代薤露。侯靈不遠。歆此誠素。

范母謝太夫人七十壽言　民國十四年

民國十有四年七月十四日。范母謝太夫人七十眉壽。戒其子靜生旭東勿召親友作流俗慶祝。同人有讅其時日者。胥謀曰。縟禮非母所喜。弗敢以進。顧不可不以一言爲壽。屬啓超致辭焉。啓超交靜生且三十年。時則丁酉之冬。講學長沙。而靜生實從我游。越三年。旭東隨兄游學日本。吾又因靜生以交旭東。自爾以來。以學問行誼相砥礪。未或輟。蓋深知二范立身本末及其家世者。宜莫我若也。靜生年十三而尊甫彥瑜先生捐館舍。旭東六齡耳。尤有一從弟洪疇。咸煢煢孤露。一皆仰鞠育於母家。無立錐地。親戚故舊無可倚。母居保節堂。自庸其力以養衰姑。教弱子。遣靜生晝從舅氏學。夜則篝燈依膝下。督課誦。靜生蓋未弱冠而就蒙館。求升斗以分母勞。既而肄業時務學堂。益踸踔向上矣。顧甫半歲而遭戊戌之變。學堂爲緹騎蹂躪。師友死亡。風流雲散。靜生奮然思棄館穀。負笈海外。而憂無以爲養。母曰。吾精力尚健。十指可自給。艱苦所夙習。汝不憂汝不學。憂我無食耶。行矣。靜生遂行學於日本。越兩年。母更遣旭東從兄各顓所學。今靜生巍然負海內重望。從事教育者咸宗之。旭東爲中國創新工業。賴其利者徧天下。嘻。夫孰知三十年前以一嫠鞠二雛。極人生所不堪之境。而能堅苦卓絕以有今日耶。墨子有言。任損己而益所爲也。如母者蓋聖之任矣。靜生兄弟歷膴仕綰鹽筴。而被服儒素。一如未達時。所任事歷千艱百險。毅然不回撓。亦不赴以意氣。恆堅忍曲折以底於成。是皆受性於母。且能率母教以有是也。母爲國育此才子。又豈特一家之慶而已。新秋乍爽。華月將圓。啓超等獲隨靜生昆弟敬進一巵。奉慰劬勞。聖善於無極。榮幸何以加諸。

南海先生七十壽言

歲丁卯二月五日。實我本師南海康先生七十生日。上距廣州長興里萬木草堂設教。伊始三十有七年矣。同學著籍者徧天下。咸思所以爲先生壽。其最初受業於門者及游宦於京邑者若而人。則胥謀命啓超爲之辭。啓超竊惟先生思以道援天下溺。惻惻焉數十年如一日。顧竟不得所藉手。至於今而世變愈棘。夷狄禽獸交於中國。四民慘悴顛沛。不可終日。先生蓋蹙然憂傷。其不能一日展眉以爲歡也。雖然先生有天游焉。終日行不離輜重。而神明乃栖息乎方之外。以故一生所歷勞苦患難。非恆人所堪。而常能無入而不自得。古之眞人。蓋有入水不濡。入火不熱。壽不知其幾。而顏色常如嬰兒者。孔子有言。智者樂。仁者壽。先生惟仁也。故有終身之憂。惟智也。故不改其樂。仁且智故樂而壽。正惟弟子不能及也。先生之功在國家與其學術之開拓千古。若悉說之將累萬言不能盡。吾儕今日求所以樂先生者。請語草堂之樂。以爲樂可乎。吾儕之初侍先生於長興也。徒侶不滿二十人。齒率在十五六乃至十八九之間。其弱冠以上者裁二三人耳。皆天眞爛漫。而志氣踸踔向上。相愛若昆弟。而先生視之猶子。堂中有書藏。先生自出其累代藏書置焉。有樂器庫。先生督製琴竽干戚之屬略備。先生每逾午則升坐講古今學術源流。每講輒歷二三小時。講者忘倦。聽者亦忘倦。每聽一度。則各各歡喜踴躍。自以爲有所創獲。退省則醰醰然有味。歷久而彌永也。嚮晦則燕見。率三四人入室旅謁。亦時有獨造者。先生始則答問。繼則廣譚。因甲起乙。往往遂及道術。至廣大至精微處。吾儕始學耳能質疑獻難者蓋尠有之。則先生大樂。益縱。而所以誨之者益豐。每月夜吾儕則從游焉。粵秀山之麓。吾儕舞雩也。與先生或相期或不相期。然而春秋佳日。三五之夕。學海堂菊坡精舍紅棉草堂鎭海樓一帶。其無萬木草堂師弟蹤跡者蓋寡。每遊率以論文始。既乃雜遝泛濫於宇宙萬有。芒乎沕乎。不知所終極。先生在則拱默以聽。不在則主客論難鋒起。聲往往振林木。或聯臂高歌驚樹中棲鴉拍拍起。於戲。學於萬木。蓋無日不樂。而此樂最殊勝矣。先生著新學僞經考方成。吾儕分任校讎。其著孔子改制考及春秋董氏學。則發凡起例。詔吾儕分纂焉。吾儕坐是獲所啓發。各斐然有述作之志。其著大同書。覃思獨造。莫能贊一辭。然每發一義。未嘗不擇其可語者相與商搉。陳禮去曹著緯。其最有異聞者也。抑先生雖以樂學教吾儕乎。然每語及國事杌隉。民生憔悴。外侮憑陵。輒慷慨欷歔。或至流涕。吾儕受其教。則振蕩怵惕。懍然於匹夫之責而不敢自放棄自暇逸。每出則舉所聞以語親戚朋舊。强聒而不舍。流俗駭怪。指目之。謚曰康黨。吾儕亦居之不疑也。自長興以後。而鄺家祠。而府學宮。從遊者歲增。動至數百千人。雖得朋日豐。而親炙之時日不能徧給。樂稍替矣。既而公車上書强學會戊戌政變以迄今日。忽忽三十年。先生轉徙海外之日强半。吾儕相從於患難中。其間零落彫謝不一二數。今先生七十。吾儕亦皆垂垂老矣。各牽於人事。或經數歲不得合幷。然每一侍坐。則先生譚興之豪。與撫愛之切摯。壹不減長興時。吾儕深慶事先生之日方長。而所以鼓舞之使靖獻於天下國家者。正未有艾也。今國事誠有大不忍言者存。然剝極之後。會有其期。戊戌以後之新中國。惟先生實手闢之。今之少年或能譏彈先生。然而導河積石。則孰非聞先生之風而興者。事苟有濟。成之何必在我。先生其亦或可稍紓悲憫。雍容扶杖以待一陽之至也。啓超等或于役京國。或息影家園。或棲遲海外。不能一一摳衣趨祝。惟往往風晨雨夕。相促膝話疇昔少年同學事。則心魂溫馨而神志飛揚。謂爲有生第一至樂。而知先生亦必有以樂乎此也。乃以所以樂先生者爲先生壽。而屬親炙於側者致辭焉。先生其將莞爾而笑曰。吾黨之小子狂簡猶昔也。

公祭康南海先生文

惟孔子卒後二千四百有五年。歲次丁卯二月二十八日甲子。先師南海先生歿於山東之青島。越三月十六日辛巳。受業弟子梁啓超等爲位而哭於京師宣武城南之畿輔先哲祠。既荐生芻奠淸醑。乃長號而告於其靈曰。嗚呼。吾師視中國如命。而今也國則不綱。吾師以孔子之道爲己任。而今也道則淪胥以亡。師呑淚泣血。摧肝斷腸。視天夢夢。扣地芒芒。既攖冠之弗可救。乃被髮而遯於大荒。師乎師乎。其將一瞑不復視耶。毋亦緤馬反顧。掩涕而旁皇。惟師以天縱之資。當道喪之運。齊百家以折衷。執聖權而宅俊。雖游心於無垠。終明志於不忍。思託古以改制作新民而邁進。爰有奇書書曰大同。鑒世患之所自始。哀民艱之不可終窮。謂一切惡業皆起於自私其我。救之之道在廓天下而爲公貨惡棄地而不必藏諸己力惡不出而恥以自澤其躬。家之名不立。則誰獨親其親而子其子。國之界不存。則安有溝池城郭以爭長雄。師以謂是孔子所有志未逮。後之善治者舍此其莫從覃思淵微。闢境蠶叢。籀創其條理。究極其始終。經十年之斟酌損益。乃泐爲一編以詔羣蒙。凡今世學子稗販以相詫之新學說。皆我師三十年所嘗瞑索而精礱。非我今日始作此語。其書之散佈人間者固早已如日月之麗空。顧師以爲理想可懸鵠於極高。而推行必取次於條貫。春秋雖所以致太平。而託始乃在於撥亂。若芻狗羣生以自爲功。其心術先自不可逭。況嘯聚莠民以徼功名。其去致治之道抑更遠。是故怵然於破壞之不可以嘗試。而常思別運心力以弭消禍變。桓桓德宗。帝中之英。發憤國恥。旁求賢良。吾師受特達之知。奮草茅以陟廟堂。上書痛哭。前席慷慨。謂瓜分迫於目睫。非維新無以自强。帝遽動容。舉國從將。繫百日之施設。實宏遠而周詳。强鄰動色。以相告。民氣蹈厲而發皇。天不厭亂。變在蕭牆。牝鷄跋扈。應龍摧藏。師播越於外者十有六年。艱難險阻之備嘗。國命日蹙。清乃先亡。曾墜日之不可挽。指虞淵而茫茫。雖驟起而卒蹶。後有作新中國史者。終不得不以戊戌爲第一章。斯萬世之公論。匪吾黨之阿揚。復辟之役。世多以此爲師詬病。雖我小子亦不敢曲從而漫應。雖然丈夫立身各有本末。師之所以自處者。豈曰不得其正。思報先帝之知於地下。則於吾君之子而行吾敬。栖燕不以人去辭巢。貞松不以歲寒改性。寧冒天下之大不韙。而毅然行吾心之所以自靖。斯正吾師之所以大過人。抑亦人紀之所攸託。任少年之喜謗。今蓋棺而論定。嗚呼哀哉。今復何言。狐狸入室。虎狼在門。同氣攘臂。以日相斫。各倚狡敵。以爲之倀魂萬方一概。八表同昏。魑魅舞於白晝。石民呻於覆盆。僻壤則荊杞生。村落戰區則白骨蔽平原。縱有什一之孑遺。亦將爲待刲之孤豚。凡此慘象。皆我師二十年前所懸記。大聲疾呼而莫之或聞。今大亂方作。始耳。他日遷流所屆。曾不知其垠。師乎師乎。其何能瞑於九原。嗚呼哀哉。先後一月間耳。方介師之壽。旋執師之喪。瞻晷度之昭回。信人命之不常。以師智周萬物。道協天行。一瞬息間。往返於諸天者不知幾千百度。久游嬉以馳翔。彼 死一屈伸臂。豈足以攖至人之所藏。況爲一大事出世。事已則宜返其鄉。諸漏已盡。不受後有。奚戀乎末次報身之一皮囊。死期乃師所預定。吾儕於曼宣書中已審其端。詳示疾僅五日。實等於無病而坐亡。亦知大慧之解脫。非凡心之所可計量。但悲仰於山頹而木壞兮。其孰能不摧慟乎中腸。嗚呼哀哉。去年八月師來我撫。一一執手以相勞苦。德容溫語。歷落在睹。豈期從此一別。如雨雨落不上天。人去無見期。昨夢見顏色。非復平生時。悵干戈之滿眼。欲奔喪而嶇崎。並憑棺而不逮。空臨風而淚滋。薦春蘭兮秋菊。靈之格兮歆斯。嗚呼哀哉。

尚饗。

碑帖跋

鶴洲零搨本瘞鶴銘

凡碑版皆尊舊拓。獨瘞鶴銘不然。水拓本當俟窮冬潮落。刮剔沙泥。偃臥仰搨。雖有良工。不易運技。今佳本在人間者既若星鳳矣。陳恪勤曳石出水後。翁覃溪得其初搨本。謂經人鑱鑿。神理全失。數爲神物之厄。反不如曩在水中得完其璞。實則安有此。蓋石本摩厓。凹凸不齊。布紙着墨。豪釐之忒。遂成巨繆。工之不臧。石奚病焉。寺僧鶴洲𥟶用日本雁皮紙零搨法。其技之神。世多知之。彼嘗爲人言每搨一本。必新有所心得。蓋於堅頑漶漫中。𢇁其體勢。若以無厚入有間。故積久而化神也。余以乙卯五月遊焦山。獲此本。實鶴洲最近拓成者。鶴洲年既七十有六矣。今方臥病。苟其不起。則此本卽其最後所作。雖謂出水後第一精本焉可耳。乙卯。

漢萊子侯殘石

新莽石刻。存者惟此。此搨尚舊。丁巳二月。

石在嶧山西南廿里臥虎山下。以嘉慶二十二年出土。今移置鄒縣孟廟。萊子侯當是姓名。孟子有萊朱。豈其苗裔耶。此刻蓋封田以贍宗族者。亦可見古誼也。其年十二月再記。

漢鄭固碑

鄭固碑乾隆四十二年以前拓本皆止上半段，每行十九字，所謂未升石本也。先是雍正六年有李䴙者，於濟甯學泮池左發地得是碑下段，乾隆四十二年有藍嘉瓚者復掘得中段，自爾始有全石拓本。校前此增八十字，又兩半字，此本殆未升石本之稍新者，以第二行耤字已半損也。丁巳冬。

碑中俛辟卽危辟也，舊釋作詭辟，非是。謇諤作愕，固辭作錮，妣作㚰，模作㯂，皆當時俗字。顚沛之沛讀入聲，與得直等字爲韻。僅見於此。乙丑後立春三日。

漢司馬長元石門題名

司馬長元石門題名，近年出土於山東文登西三十里之顧頭村，諸家皆未著錄。石刻於漢章帝建初六年，今世所存第七古石也。丁巳十月。

又漢延光殘碑

延光殘碑，康熙六十年出土，今在諸城縣治內堂之東垣，與三公山碑字勢極相類，嵩山三闕亦髣髴近之，蓋由篆變隸之跡也。玆拓精良可珍。丁巳十二月。

漢昆弟六人買山地記

建初元年，爲章帝卽位之年。此石在鄐君開褒斜道後，司馬長元石門刻前，可稱東漢第二古石。石以道光三年出土。距刻時凡千七百四十八年。今存浙江會稽縣東南烏石村。丁巳十二月。

文曰昆弟六人。共買山地。建初元年。造此冢地。直三萬錢。冠以大吉二字。迼字或釋爲住。或釋爲作。皆非。實造字省口耳。漢碑繆變。類此正夥。冢或釋作衆。亦誤。隸續所載。延熹五年眞道冢碑。冢字正如此。又記。

魏公卿上尊號奏

此碑明拓及清初拓。皆至華裔字止。至乾隆間。始併拓陛下即位以下之十行。然嘉道以還。漫漶日甚。近且剜過。神理全失矣。此本第二行（指原石行數下同）將軍下半都字可見。第三行臣眞之臣字可見。第五行奉字臣字完好。第九行懷遠將軍之懷字。首少損而末半泐。第十二行得保首領之保字可見。第十四行唐之禪虞四字清晰。第廿三行文德之德字完好。第廿五行物雜二字完好。第廿六行陳字。第廿七行信矣二字皆完好。第廿九行禮字示旁未損。第三十行臣眞之臣字可見。此皆近百年來拓本所無也。丙辰秋得自廣州。蓋曾藏吳荷屋家云。丁巳十二月校記。

受禪上尊號兩刻。相傳爲梁鵠書。雖無顯證。然其文爲當塗一代大典。比諸祖龍泰山瑯琊會稽之銘功。則握管者必爲當時大手筆無疑也。書埶稍傷平板。不如東京諸碑之姿致橫溢。然而喬皇典重。嶽廟之外。莫或媲之。此本有荷屋覃溪墨卿印。有茝林題籤。諸公蓋遞寶之矣。乙丑立春後四日再跋。

范式碑

此本墨色不惡，而未拓之字殊多。丁巳臘八。

此碑重出土，先得額，次得碑。李東琪、黄易等題記於碑之西面，時在乾隆己酉。兹搨無題記，蓋重出土時初搨本也。惜拓工省紙，前三行遺夏字、實字、百字未拓。丁巳臘半。

漢孔宙碑

兹拓訓字完好，辭字尚存泰半，高字右下角雖泐，殄字右上角宛然。嘗以與影印谿齋藏本互勘，豪髮脗合。彼本諸家審定爲明季紙墨，此亦然矣。丁巳臘八。

漢君車等字畫象

右石曾爲濰縣陳簠齋所得，築亭護之，曰君車漢石亭，自署漢石亭長。當時拓片已不多覯。比石爲胡賈輦去，在巴黎博物館中，氈椎之事從兹絶矣。此本爲簠翁家精拓，良可珍祕。丁巳臘八。

漢史晨饗孔廟碑

此本當爲明拓，即不爾，亦清初拓也。乾隆後，拓本每行三十六字，前此所拓皆三十五字，末一字失拓，以石未叔末字在土中也。乾隆間，闡弘德政之弘字上損，乾坤所挺、西狩獲麟之乾字左下角、獲字右上角損，德亞皇代、雖有褒成之代字、褒字下損，尊先師重教化之先字、化字皆損，剏乃孔子之孔子二字泐，此本皆不爾，故知爲乾隆前舊物無疑。丁巳臘八校竟記。

北齊西門豹碑頌

第三行治下鄴字。第四行自下不省書三字。第五行術字均字美字。第六行非口下襄王二字。第七行實下降字。第十行從下想字皆未泐。實二百年前舊拓本也。丁巳臘半校藏。

此碑著錄率題爲分書。而碑陰題爲正書。實則體勢相去不遠。齊周間書率如此也。雄渾漸失而日趨險怪。似此猶其稍平實者耳。乙丑正月再跋。

漢郙閣頌

吾新得端匋齋所藏一本。校致攻堅四字未損。校此固勝。然此本椎拓極精。紙墨黝然。亦乾隆初年物也。丁巳十二月。

孔褒碑

此碑第二行繼德前業之繼字。乾隆初年即損小半。乾隆四十二年。杭州何夢華元錫監工精拓本。繼字僅存右下之㡭。今惟見末筆矣。茲拓全繼字完好。第三行遺字及幼眇二字。第七行敢字。第八行勇字皆未泐。此皆乾隆後拓本所無者。碑以雍正三年出曲阜縣東周公廟側廢田中。此爲初出土拓本無疑。丁巳臘半。

裴岑紀功碑

東京中葉書勢爲篆隸蜕嬗之期。延光殘碑。祀三公山碑。及嵩山三石闕。歷歷可按。景君碑立於漢安二年。始見波磔。然字體猶作長方用筆猶取圓勁。建和以後。諸刻則姿態勝矣。裴岑紀功爲順帝永和二年勒石。正在三公開母與景君之間。地處偏陲。非出書家之手。近世藏家以其難致。或推挹過甚。固非篤論。然以考書勢變遷源流。見一時代萬里同文之跡。滋可信矣。茲搨爲黃小松所藏。其兄自巴里坤遠寄者。小松題跋再四。尤有李鐵橋孔葓谷諸跋。蓋在當時已共詫爲瓌寶矣。嗣由任氏歸莊氏。不知何時展轉入吾粤。丙辰秋。余在廣州得舊拓漢碑十數種。此最可祕珍也。丁巳臘半。

漢魯峻碑

茲拓宣尼二字完好。遐邇二字各存泰半。應爲晚明或清初拓本。丁巳十二月。

秦瑯邪臺刻石

秦皇刻石六。唐宋以還所傳者。嶧山泰山瑯邪而已。然嶧山自杜工部已稱爲棗木傳刻。泰山二十六字亦宋人摹本。獨瑯邪臺片石巋然。閱二千餘年。斯相遺跡賴此廑見。乃逮清季石忽墮海。或謂燬於雷。自茲先秦石墨永絕天壤矣。此區區者。乃與帝王之運同靳。不亦異乎。茲拓德字可見。之字漫漶。蓋嘉道間拓本。在昔非甚可珍。今後且成吉光矣。丁巳十二月。

石鼓文

石鼓黄帛未損本。久成星鳳。茲拓此二字左側。石花痕雖頗大。尚未蝕及點畫。氐鮮鱮又諸字皆完好。載字尚存泰半。明搨無疑。固不必以梅村藏印鑑古近耳。丙辰秋得自廣州。丁巳臘八日校而記之。

漢開母廟石闕銘

右據翁氏兩漢金石記王氏金石萃編釋文迻録。第十七行杞下。翁釋作繪。王謂卽鄶字。杞鄶皆禹後漸替者。傷夏后子姓之陵夷是已。福祿來攸下二字。舊皆釋作柏肩。義不可通。疑攸下當是相字。相下何字不可察矣。此拓癸字完好。同字未大損。乾隆前拓本也。丁巳十二月。

廷燦謹案釋文未録

魏高貞碑

第五葉英華於王許。於王二字完好。此初出土拓本也。後此於字末筆泐。最近王字且泐及第二畫矣。丁巳臘矣。

漢乙瑛碑

第三行謹問之問字。近拓本與下太常之太字泐連。此極明晰。毫無泐痕。又辟雍之辟字。據校碑隨筆稱所見最舊明搨本左下少損。右上畫損。次之左𠃍僅存口。右辛存下半。至國初僅可辨半口與二畫耳。近拓則全泐云。此本正可辨半口與二畫。又第九行蜀郡成都之都字。邑旁未泐。此可審定爲明末清初本也。丁巳十二月。

漢景君銘

隸書作始於東京。而極盛於桓靈。建寧熹平以降。萬態備矣。前此刻石若祀三公山若是吾碑等。其椎輪也。篆之蛻而未化者也。景君銘立於漢安三年。全碑陽陰垂及千字。可謂隸石不祧之初祖也已。其書勢猶含篆意。抑又可見祖之所自出也。茲拓殘字完好。市字尚見左上半。審爲明本無疑。吾家藏此碑三冊。皆稱善本。此其最焉。丁巳十有二月。

阮芸臺先生畫像

阮文達公像在粤秀山學海堂之阮太傅祠。每歲公生日。吾粤學子集祠中瞻禮。因之以講誦。百數十歲勿忒。辛亥軍興以後。學海堂鞠爲茂草。乙卯春余歸粤省覲。求祠故址不可復得。像更何有。乃以其私哀籲軍吏。請爲吾粤名宦稍留蒴記。祠乃搜剔得茲像於舊紅棉山館之旁。旣以作斷橋薦馬。足矣。余乞就祠故址建一亭供養焉。此其拓本。則其趺已斷矣。學患方未艾。斯像他日之厄。又豈余所計也。丁巳臘半。

晉呂太公表

茲拓無嘉慶四年兩跋。德寅彌山莫分生迸隕九字完好。當爲二百年前舊拓。丙辰九月。得自廣州。丁巳十二月。校而記之。

漢西狹頌

西狹頌雄邁而靜穆。漢隸正則也。茲拓寧字未損。創字口未泐盡。當是乾隆前本。丁巳臘半。

漢魯相謁孔廟殘碑

此殘碑在曲阜孔廟。俗稱吉月令時碑。取所殘之首四字也。牛氏金石經眼錄。指爲孔宏碑。不知何據。考隸釋曾著錄此文。審定爲魯相謁孔廟所作。諒矣。茲拓墨光黝然。當是乾嘉前本。丁巳十二月。

晉李苞潘宗伯閣道題字

隸書帶楷行筆法。且含草意。此漢晉蛻嬗之跡也。宋晏袤著釋文。刻於碑陰。稱首行泰字下爲和字。翁氏兩漢金石記。謂魏明帝太和六年。正當漢建興九年。諸葛武侯復出祁山。以木牛運糧。大破司馬懿。射殺張郃。其時武侯屢修斜谷之道。豈有魏人得大書年號於石門者。因審定泰下爲始字。最爲篤論。今女旁尚隱隱可辨也。然則此碑蓋兼魏晉兩代之蹟矣。

茲拓有李鐵橋藏印。李名東琪。卽覓得范式碑者也。丁巳臘半。

漢樊敏碑

此碑自隸釋後罕著錄。寰宇訪碑錄謂石久佚。其搨本雖翁覃溪王蘭泉之博洽。未之見也。徐紫珊嘗得一紙。詫爲孤本。雙鉤刻入隨軒金石。吾此本不知視紫珊所得何如。惟信查浦跋中所謂海內第一本者。當不我欺耳。丁巳十二月。

漢郙閣頌

吾家今藏此碑精拓三本。以此爲最。續得匋齋舊藏本。海內名流題跋殆徧。然墨色搨工均遜此也。校致二字完好無損。爲明拓碻據。惟堅字失拓。不知何故。第一行褾工截損。亦可惋也。丁巳臘半。

雙鉤唐搨定武落水蘭亭

趙子固落水五字未損本蘭亭。清初在孫退谷家。中葉在翁覃谿家。馮魚山先生精心影摹一通。影成浹旬而物歸內府。魚山弟子黃香石先生命其門人李篔川雙鉤之。五易稿乃成斯本。白石子固退谷三跋。並鉤附焉。余近得安麓邨舊藏宋游相本。並按對校。神味尙出此本下。香石所謂下眞跡一等。信不虛也。吾宗章冉公手札謂不特魚山先生精神所注。內史靈爽。實式憑焉。今此神物經百數十年。乃展轉落余手。日與鄉先正數子手澤相親。心力相接。而因以抗希永和。得天游焉。子固跋曰。人其可輕視余有此哉。吾亦云然。戊午正月廿八日。

劉宋劉懷民墓志

宋碑今存者，此與爨龍顏耳。書勢若一，彼在蠻徼，此存鄒魯，邈不相涉，非一手可知，豈當時書風悉爾耶。何其與王侍書所摹南朝人書相遠也。此志先銘後序，亦一别格。戊午上巳。

梁陶遷造象

南朝造象極希，此刻若非贋則殊可寶矣。字體不樸茂，頗可疑。然造象書固多非工也。戊午四月晦。

隋王善來墓志

用筆有類龍藏者，風韻法度皆不逮也。其使轉多未脱北齊蹊徑。戊午五月。

隋蘇孝慈墓志

或指此爲歐書，雖不必彊附，然其筆筆含隸意，正是率更得力處。初出土時有詆爲贋鼎者，豈知書勢爲時代所限，非可假借耶。戊午五月。

魏鄭道忠志

鄭道忠以鬆秀勝。開褚薛法門。魏碑洵無體不備也。刁遵有其媚而無其遒。戊午五月五日。

神龜正光間爲魏書全盛時代。諸體雜出而皆歸於正。各極其勝。魏分東西後奇衺漸作。北齊北周益橫決矣。藝術隨政治爲隆汙。豈不然耶。乙丑正月再跋。

魏李謀志

唐後墓志多有額者。前此則魏韓顯宗志隋淳于儉志。並此而已。吾所已見者是殆非靈幽之文耶。或兩用耶。此志極腴潤風華。額尤妍妙。此爲王孝禹舊藏本。王文敏題簽。當是初出拓也。戊午五月五日。

魏俞玄志

此志適泐其姓。文中有根胄新平流移齊郡語。文敏題爲俞玄。豈新平爲俞郡望耶。當更考之。楊星吾壬癸金石跋疑爲漢宣秉之後。亦無碻證也。文敏云亡石歸端忠敏。比又不知入誰家矣。戊午五月五日。

此石出端家。遂入吾友貴筑姚茫父華之手。茫父嘗手拓一紙見贈。乙丑正月再跋。

薛稷書張元隱眞庵記

欲密處不通風。宜學圭峯。欲疏處可走馬。宜學眞庵。能兼之者。結體之能事畢矣。戊午端午記。

有持信行禪師碑來者。索直三千。摩挲一日歸之而已。得此何渠不若邪。同日又記。

頗有蘚標錯亂之處。極可惜。第八開羼入歐陽詢書四字尤奇。甲子臘半記

昔人云買褚得薛。今得薛難於得褚矣。同日又記。

初唐書家。歐虞褚薛並名。而薛少保書現存者。惟昇仙太子碑陰數十字。若信行禪師碑。則道州何氏所寶孤本。人間無其二矣。此眞庵記次行題鳳閣□□（二字原泐裝者補塡舍人疑當作侍郞待攷）河東薛稷書。末行題儀鳳元年正月二十九日立。此碑自歐趙以降。迄近代王陸諸家。從未著錄。碑後亦無一名人題跋及藏印。（有嘉慶間黃璋一跋其人似非績學之士）惟布套外一橫籤薛書眞庵記五小字。詆審碻爲何蝯叟筆跡耳。碑既未經人道。自無所憑藉以施考證。惟紙墨極舊。殆非元明以後物。持以與景本信行禪師校。體勢氣韻無二。則其非贋鼎蓋可斷言。然則此搨落吾手。良可以傲歐趙。邉論餘子。董逌謂稷得歐虞褚陸法至備。然其師承血脈。則於褚爲近。至於用筆纖瘦。結字疏通。又自別爲一家。今觀此拓。誠然。大體近褚。而鎔鑄歐虞處亦不少。宜其年輩稍後三君。而能與齊名也。行間每雜行書。愈增嫵媚。此亦前此所未有者。乙丑獻歲多暇。點檢舊藏。以自怡悅。摩挲不已。輒復題此。

雙鉤本褚書隨清娛墓志

褚書隨清娛墓志。歷代著錄家皆未之及。此本爲張叔未清儀閣舊藏。後歸龐芝閣。龐氏物故後。其故物散出。余竭其力得佳本三四。此志雖甚愛而力不復能逮。乃使廷偉姪鉤之。面目神理。尚不失耳。原本有叔未三跋。其第一跋言此志明王宇泰刻入鬱岡齋帖。王虛舟曾得宋本於江寧承恩寺前。云是鬱岡祖本。此外行本甚少。不審石佚於何時云云。又言得此本後。閱三十六年。復得魏水村舊藏本。國初諸老題記累數十人。益見此志之足重

云云。其第二第三跋皆引魏本之陳香泉跋語。謂此志不見於書。其銘文唯淳熙祕閣法帖有之。淳熙帖宋孝宗時刻。知其相傳已遠。叔未引此加案語。謂淳熙帖傳世絕少。香泉當曾見墨本。然則實係專刻。與魏本同。特未知刻石舊在何處耳云云。讀此三跋。可略察此志原委。太史公有侍妾前所未聞。託夢撰記事尤近誕。然確爲褚書逸品。校帖刻中之枯樹賦哀冊殆有過之。張氏舊藏原冊雖非孤本。恐亦不可多得矣。戊午五月二十五日。

唐李邕書靈巖寺碑頌

江姜二跋。記此碑顯晦因緣頗詳。所謂歲壬子者。實咸豐二年。此本則劉氏初搨數紙之一也。當時失下半截。今已得之。但右角仍缺六行有半耳。今夏講學歷下。得間游靈巖。曾躬炳燭摩挲原石。亦得新搨數紙歸。愈感茲本之可寶也。碑重出土後七十年壬戌臘。

魏王僧志

陸氏儀顧堂續跋云。此誌顯祖曾祖之名。皆筆跡極細。與全誌不同。初拓者顯祖下存一直。曾祖下存上半文字。祖下似衆字之半。近拓全無此。猶初拓本也。今此祖下清字全字完好。曾祖下殆爲齋字。孫遼浮圖銘之齋字。即作此寫。顯祖下之字雖不可辨。然所存尚不止一直。然則此拓過陸氏所藏矣。此三字所以特異者。蓋別由一人塡諱也。碑板中塡諱之例。不審是否以此誌爲最古。容再攷。癸亥二月十二日。

隋李富娘墓志

尉遲俟兜尙周太祖姊昌樂大長公主生迥及綱。見周書。尉遲迥傳富娘卽俟兜曾孫女也。於姓省遲字。僅稱尉。於名省俟字。僅稱兜。殊爲奇異。癸亥三月。

孝禹謂此志開率更先聲。率更險勁。筆筆驚心動魄。非此可比也。此自是隋時通行書風耳。乙丑正月。

魏三體石經殘碑

魏三體石經二搨本六紙。石以民國十一年壬戌在洛陽城東南三十里之朱格搭村出土。前石復被鑿斷爲二。損字百餘。此搨本爲羅原覺所贈。蓋已鑿本矣。題而藏諸松坡圖書館。冀永其傳。原石今在開封。祝其勿更逢厄也。民國十三年一月十日卽舊曆癸亥十二月五日。跋於北海快雪堂。

洛陽石經有二。其八分一體書者。漢熹平刻也。酈善長水經注。趙德夫金石錄。洪文惠隸續。俱分別記載甚明。獨後漢書儒林傳序云。熹平四年詔諸儒正定五經。刋於石碑。爲古文篆隸三體。以相參檢。楊衒之洛陽伽藍記。因謂此三體本爲蔡中郎筆。聚訟遂滋。今一體漢殘石猶在人間。而此三體之石。或並歸諸漢。或指爲贋品。攷晉書衛恆傳云。魏初傳古文者出於邯鄲淳。正始中立三字石經。轉失淳法。趙至傳云。年十四詣洛陽。游大學。遇嵇康於學寫石經。表裏視之。不能去。嵇紹亦云至大學。覩先君在學寫石經古文。然則魏必有刻石經事。而三體本必屬魏而非漢。甚明。書者未必出一手。然嵇中散必其一也。可寶矣。

疑三體石經爲僞者。謂其古文與鐘鼎文不類。吾謂此不足證石經之僞。惟足證晚出古文經之僞耳。王莽時徵天下能通古文者千餘人。說書於未央庭中。其所杜撰者。卽本石所用之體也。東漢杜馬許鄭旣皆篤信之。則魏時之沿襲固宜。以此疑僞。則說文之古文。不亦僞耶。再記。

魏石經經五厄。魏書馮熙傳云洛陽雖經破亂。而舊三字石經。宛然猶在。至熙與常伯夫相繼爲州。廢毀分用。大致頹落。此一厄也。隋書經籍志云後魏之末。齊神武執政。自洛陽徙於鄴都。行至河陽。值岸崩。遂沒於水。其得至鄴者不盈太半。此二厄也。張繽曰後周伐齊。毀碑以爲礮石。此三厄也。廣川書跋云周大象中詔徙鄴城石經於洛時爲軍人破壞。至有藕載還鄴者。船壞沒溺。不勝其衆。其後得者盡破爲橋基。此四厄也。隋志又云開皇六年自鄴京載入長安。置於秘書內省。議欲補緝立於國學。尋屬隋亂。事遂寢廢。營造之司因用爲柱礎。貞觀初秘書監臣魏徵始收聚之。十不存一。此五厄也。計此石自洛而鄴。復自鄴而洛而長安。轉徙數四。摧落十九。此殘石仍出自洛。殆馮常分用前所遺詒耶。三記。

三體石經流傳端緒。據歐趙二錄。記高紳學士家藏殘石。後歸郎中趙竦。竦沒不知所歸。洪氏隸續。婁氏漢隸字原。及胡宗愈重刻石經記。謂洛陽蘇望得左氏傳拓本八百一十九字於故相王文康家。刻石洛陽。胡氏又刻之成都西樓。高紳家殘碑當時已佚。今所得見者惟隸續所錄二蘇望摹刻本而已。清光緒間黃縣丁氏得尙書君奭篇殘石百二十二字。兩年以前魏石經傳世者僅此。吾疇昔見丁石搨本。亦深疑其僞。今地不愛寶。連出兩石。前疑盡釋。爲之一快。四記。

吾鄉學秀山之學海堂。有阮文達像刻石。吾童時所常瞻拜者。龍某督學。毀堂爲兵壘。民國四年吾返學。求像不得。環山搜之。遇一橋。翻其底。像儼然存。已斷脚矣。此亦大象鄴城之橋基也。嗚呼。金石雖堅貞。奈此軍人何哉。五記。

洛陽伽藍記云、三種字石經二十五碑、表裏刻之、寫春夏尚書二部、今自洪趙所記以及出土殘石、文皆僅有尚書春秋、他經更無聞、殆正始所刻止此耶、或自楊衒之時、諸經石已燬、僅餘此耶、六記

魏馬鳴寺碑

極峭緊而極排奡、兩者相反而能兼之、得未曾有也、小歐學之、有其峭緊而無其排奡、癸亥小除夕、支道林愛蓄馬、或問之曰、吾賞其神儁、吾生平酷嗜根法師碑、亦以此、乙丑元宵再題

舊拓文殊般若經

龔定盦詩、南書無過瘞鶴銘、北書無過文殊經、指此也、莊眉叔疑爲鍾太傅書、則臆斷殊甚、大唐內典錄、載文殊所説般若波羅蜜經云、梁天監中曼陀羅在揚州譯、漢魏之交、般若宗一切經典、都未東來、況茲經之譯、又遠在放光道行小品諸般若後、鍾傅安所得而寫之、山左金石志歸諸北齊、雖不中當不遠、泰山徂徠諸摩厓寫經、既出北齊人手、此刻結體用筆、頗多與經石峪相近、其爲同時代無疑、但其淵懿茂密之氣、碻遠出諸摩崖上、定庵推許、非太過也、茲拓余以丁巳年得諸廣州、紙墨極舊、鋒穎如新、蓋數百年前物矣、甲子臘半、

東陽本蘭亭序

吾於蘭亭學至儉陋、未審東陽何氏本歷史何如、此本有黎二樵藏印、有伊墨卿觀款、有郭樂郊朱跋、吾以是寶

之乙丑正月。

漢三老忌日記

石以咸豐壬子出土。即歸餘姚周氏。此本有周清泉手拓諸印。蓋初出土拓也。乙丑正月。

漢武氏石闕銘

漢碑皆不著書者之名。而每詳紀石工。張遷之孫興。嶽廟之杜遷。此闕之孟季卯皆是也。師子之彫刻。未審有前乎此者否。此爲藝術史上一重要掌故。宜細攷闕及師子所直。爲研究漢代物價工價一資料。乙丑立春後三日。

秦泰山刻石殘字

泰山刻石二十九字。清乾隆五年燬於火。嘉慶二十年泰安縣知縣蔣因培從玉女池中得殘石二片。廑存十字。此殆重出時所拓。乙丑正月二日。

漢祀三公山碑

觀此碑。則知吳之天發神讖。並非㧖格。蓋以隸埶作篆。合當如此也。因思琅邪泰山刻石。是否毛穎所書。尙屬疑問。而李少溫一派。俗所稱鐵線篆者。昔人或謂須燒禿筆鋒作之。卽未必爾。然固傷矯揉矣。乙丑立春後三日。

魏高植志

高植志石亡後，搨片珍於星鳳。此本在王孝禹家時，沈寐叟寤寐求之不得，不獨方藥雨也。孝禹物故，所藏漢碑佳拓，已爲捷足者所攫，吾得魏志數十種，此本及劉玉志在焉，當作孤本寶之。乙丑正月。

魏劉玉志

劉玉石佚非久，故孝禹舊藏此搨，不如所藏高植志之烜赫。然此志之姸妙，實過高植，且通體完好，益非彼抱殘守缺之比也，固當同寶之。乙丑正月。

隋元太僕姬夫人墓誌

比年坊間以珂羅版景印二誌，吾所見數家，無一能及此者。蓋陸劭聞於初出土時精拓自藏，宜其神采獨絕耳。此拓出王孝玉家，卽入吾手，劭聞有知，儻不爲故劍歎失所耶。乙丑正月。

魏受禪碑

此與上尊號奏爲同時搨本，同爲俞氏舊藏，蓋筠淸館故物散落人間也。乙丑正月。

唐顏魯公書東方朔畫像贊碑

魯公篆隸。此額及碑陰額僅見。觀此可見其用力所在。淵源所出。雖云變法出新意。實亦高曾規矩也。東坡讚顏書細筋入骨。吾謂魯公所獨擅者。乃在肌理丰容。故雖蒼勁橫秋。卻如魏徵之嫵媚。若柳誠懸則露筋祠中偶像。無取焉耳。東方畫讚。書於天寶十三載冬至。公起兵討賊之前一年。時平齒壯。精力彌滿。吾常以顏書比杜詩。畫讚則其奉先詠懷前後出塞也。此本爲龔定庵舊藏明拓。生平所見。未有其比。乙丑正月。

漢耿勳碑

石臞先生金石文字跋尾不多見。右跋是正舊釋四五事。皆精確絕倫。嘉慶乙丑先生六十二歲。李鐵橋裝潢此冊後十八年也。又百二十年。民國乙丑正月三日記。

題跋標籤及釋文皆未署名。而各種並有李鐵橋藏印。以別所藏有鐵橋題跋者校之。審爲鐵橋筆也。鐵橋名東琪。任城人。即發見范巨卿碑者。

嵩高靈廟碑

此碑建置年月雖泐。然文有寇謙之輔導眞君成太平之治等語。知當在太武帝太平眞君中也。魏碑版自孝文太和景明後始大盛。遷洛以前作者寥寥。此碑殆其最古者。劉懷民爨龍顏作於劉宋。正與眞君同時。書勢亦酷類此碑。是可覘一時風尚矣。乙丑正月。

廷燦案繆筱珊藝風堂金石文字目云此碑寇謙之撰太安二年建置

魏賈思伯碑

此碑與張猛龍清頌書勢同一。兩碑所頌皆兗魯循吏。彼碑造於正光四年。此造於神龜二年。前後相距僅六年必爲一人手筆無疑。猛龍較豪放此較遒整。殆蚤數年之作不逮晚數年之純熟耶。爲臨摹計。與人規矩此卻較猛龍尤易入也。乙丑立春後三日。

舊搨懷仁聖教序

此本劉鐵雲題爲五代搨。吾嘗以羅原覺所藏宋搨校之。精采過此遠甚。此搨最古至晚宋極矣。然與吾相隨既十餘年。前後臨摹且百過。吾家青氈。固願寶之無斁也。乙丑立春後三日。

漢子游殘石

子游殘碑。所謂安陽四種之一也。金石萃編已著録。數年前安陽復有賢良方正殘石出土。字體行數並與子游石同。細校知新石實爲舊石之上截。兩石中間但缺一字耳。今合裝之。而綴寫兩石之文如左。

□賢良方正魏郡鄴□允字子游於傳載□□（下缺）□中葉有陵相重遭□奚之難扶危翊□□□至莒郡太守荊州牧□載不隕以傳于□□□行篤言忠否則獨善左琴右書不倦是□□□仕就職瘠馬羸車直道事人犯而勿欺□□□佐州戊戌詔書以有□寇廣延術士永初□□將公微應時屢旋不夷不惠可不之

開是□□元初二年六月卯卒□無閡悼遠近同哀載□以古人不貪榮爵之□而貴不朽之名故勒斯考明守是保亢謀聖□敷我漢道厥敷伊何消昔□顯祖節義高明□在聖漢有莒有荆君　□□□喪世亡英彦國□□□□銘□□□□□

晉孫夫人碑

此碑吾得自龐芝閣家。有黄小松跋。及沈均初藏印。舊跋至可寶。晉石至少。是宜珍重也。乙丑正月。

褚臨禊序

蘭亭至南宋。幾於家置一石。其祖本要不出歐褚二搨。此本爲淳祐元年曾宏父摹褚搨。刻於江西廬陵之鳳山書院者。其特異處則附有孫興公後序及羣賢詩。又有米南宮跋宋高宗御札。其後序似亦褚河南書。諸詩據米跋云。柳誠懸所得。或即誠懸筆也。末則宏父錄蘭亭掌故數則。自爲長跋。要之蘭亭刻石中文字之多。恐無以逾此矣。石不審尚存否。此本有宋牧仲藏印。當爲康熙前舊拓。羅復堪偶得之於廠肆。請曾剛父同年題以餽余。物固以罕見珍。執友拳拳之意。尤可感也。乙丑正月

魏張猛龍清頌碑

此拓冬字左撇絲毫未泐。非晚明以後物也。惜經蟫損。不然入海王村亭之千金矣。乙丑正月既望。

宋拓爭坐位帖

吾生平篤嗜顏書。顧獨不喜爭坐位。此拓以鄉先達所嘗珍襲。不惜重値收之耳。或如程易疇所謂於六朝唐人。果有心得。乃足以領其趣。願以異日。

劉宋爨龍顏碑

爨龍顏以無阮跋者爲貴。此乃近拓。但亦不惡耳。文達謂爲雲南第一古石。自光緒廿七年漢孟琁碑出土後。此又瞠乎後矣。天津橋上聞杜鵑。豈地寶移鍾南徼耶。乙丑正月記。

宋刻禊帖跋

此帖入淸後。曾爲安麓邨張晴嵐梁茝林何子貞所遞藏。勿論前代。卽此已可寶矣。歸飮冰室後九年。乙丑正月十七日補題。

延燦謹案此帖淸人尙有翁覃谿伊墨卿龐芝閣三家藏印

唐皇甫誕碑

此碑價値。羅原覺攷證綦詳。吾夙不喜以重値購唐碑。原覺爲我搜鄉先輩遺翰。得此於連平顏氏。遂以歸諸我。

既爲希世之寶。固當護惜勿俾失所也。乙丑正月跋。

漢孟琁殘碑

據碑文。孟琁卒於丙申年二月。以其年十月癸卯葬。碑立於十一月乙卯。羅叔言依長曆推算兩漢凡六值丙申。惟成帝河平四年丙申十月有癸卯。十一月有乙卯。則碑爲河平遺刻。較然無疑。西京石刻傳世者。不過四五。此碑存字二百六十。遠非趙王上壽五鳳泮池可比。眞稀世之寶矣。乙丑正月十六日。

碑中字體有絕類今楷者。可見書之變遷。其積以漸。其來甚久。謂其某體起於某時。刱自某人。皆目論也。近歲流沙墜簡出土。其中西漢之品作楷勢者尤多矣。

滇南所出兩碑。爨龍顏全用方筆。足破北方南圓之陋見。此碑可徵漢隸今隸遞嬗痕跡。皆與書學有關係。同日又記。

唐顏魯公書顏勤禮神道碑

碑以民國十一年出土。今在西安節署。此本爲劉雪亞督軍鎮華所寄贈。實出土初拓也。其銘辭爲明代一妄人剗去。易以惡詩。故不搨焉。

勤禮爲黃門之推之孫。祕監師古之弟。而魯公之曾祖。魯公先德諸碑。敍述門第。莫詳於此。多足補史乘之闕。公碑版焜燿四裔千餘年。而贋鼎亦充斥。眞者則摧拓狠籍。漶漫無復原形。斯碑出世。可謂地不愛寶也已。乙丑正月．

隋姚恭公墓志

渤海入唐後．以文皇喜右軍書．故所作益以南派風韻．鎔鑄成家．姚恭公志立於隋大業十三年．蓋其少作．亦最見本色．此宋搨本經楊大瓢跋藏．有錢梅溪印．益章其美．乙丑正月．

楊大瓢跋．所謂舊有一本．疑非原刻者．卽金薤琳琅金石萃編所著錄之本是也．坊間多有之．俗子每推爲歐書小楷軌範．其實彼本不獨非原刻．且並非翻刻．殆完全明人贋造耳．此志全文不滿七百字．彼本乃一千六百餘字．此本有志無銘．彼乃有銘．餘所述事蹟．矛盾尤夥．最奇者此言姚辯以大業十三年薨於軍幕．彼言大業七年三月遘疾．十九日薨於京兆．歧異牴牾至此．兩本不容俱眞．必有一僞明矣．錢竹汀武虛谷王蘭泉皆未見此本．而於彼本皆有跋尾．皆致懷疑．如周武帝建德五年平晉州．而彼本誤作保定五年．如隋煬帝大業六年南巡江都．而彼本誤作四年．諸如此類．不一而足．其他敍事多不見於史．無從考其合否．竹汀蘭泉雖未敢昌言彼本之贋．然已云爲後人鈎摹改竄．蓋不可解．而姑以此解之也．惟最令人迷惑者．則煬帝紀於大業七年明書三月右光祿大夫左屯衞大將軍姚辯卒．與彼本合．此本言辯以大業十三年卒．乃大盭於史也．然吾以爲彼本之作僞．殆卽援隙於此點．按資治通鑑只有義寧元年而無大業十三年．作僞者驟覩十三年字樣．驚其不合．又見煬紀有七年辯卒之語．遂附會以立異．殊不知恭帝之義寧．由唐祖擁立爲受禪地．隋煬實至唐武德元年乃見弑．就隋言隋．則大業不惟有十三年．且有十四年也．煬紀七年辯卒之說．本極突兀．辯既無傳．全史亦更無他處一道及辯名姓。而獨於紀中舉全銜大書特書其卒。故王蘭泉大以爲疑。但此且不論。而彼本關於此點若與史合者。蘭泉又已摘其下文云。是年十月癸丑朔。若循是逆推。則三月丁亥又非十九日。而實初一日。彼本終無是處也。至此本紀辯卒年。既與史戾。不容俱眞。必有一誤。謂志誤耶。當時所立。何至如此。謂志爲後人僞作耶。入唐以後。無復有稱大業十三年者。凡作僞必彌縫以求取信。斷無留此一罅漏以資人疵摘者。故但觀大業十三年五字。知必爲義寧元年所立。而隋人不承認唐所僭改之年號。仍以大業稱也。由此言之。志必爲姚辯葬時泐以霾幽者。祇宜據志以正煬紀。不宜據煬紀以正志也。金石萃編又引吳兔牀拜經樓碑帖跋尾云。隋姚恭公碑全文載在金薤琳琅。世不聞有第二本。余嘗收得一舊拓本。第有志而無銘。凡七百餘字。其撰書人名悉與原碑合。所述事跡間多互異。原碑稱辯之卒在大業七年三月。薨於京兆郡。而此碑以爲大業十三年薨於軍幕。此又其顯然不同者。意或是元明好事者摹集歐跡。改竄原碑。雜之翻刻中以欺世。未可知也。案兔牀所別得之舊拓本即此本。此本入通人之眼。大瓢以後。殆惟兔牀矣。兔牀先入爲主。謂彼本爲眞。此本爲僞。大瓢以此本爲眞。彼本爲僞。兔牀爲古籍校勘家。其鑑別書畫之識力。不如大瓢也。彼本於姚辯事蹟。鋪張揚厲。讀之儼若蓋代偉人。而其人史既不爲立傳。所載事亦什九不見於史。其爲元明人竄改此本以欺世甚明。又不待大瓢之比較書勢始能辨也。又彼本於虞世基銜題廩軍內史。(此本題內史侍郎)向無此官名。王蘭泉多方考證。卒無是處。此亦作僞者誕妄弄筆。累後人無益費精神也。兔牀所見未必便是此搨。而此本搨片傳世甚希。蓋可斷言。既落吾手。不容不極力表章。扶此孤微。故略爲考證。取僞本辭而闢之如右。他日別有所得。當更續跋也。乙丑正月二十日跋第二次。

唐文安縣主墓志

此昭陵陪葬碑之第三種也。原石已歸吳縣吳氏。拓本不易得。此拓尚舊。乙丑正月。

唐房玄齡碑

房梁公碑與雁塔聖教同爲褚登善晚年得意之作。此拓雖不如吾家所藏聖教之舊。視近拓則霄壤矣。乙丑正月。

明搨雁塔聖教序記

自周武時王褒入關。南宗書派風靡中原。至隋而南北匯流。各出新意。唐初而大成。率更融南入北。永興河南融北入南。此其大較也。河南書淵源龍藏。而益加流媚。遂開唐宋人無限法門。雁塔聖教作於永徽四年。明年武氏立爲昭儀。又明年立爲皇后。河南遂以貶死。此碑實其最晚年手筆。所謂人書俱老也。此拓墨色極舊。拓手極精。細處如晴絲游颺。姿態畢傳。六七百年前俊物也。亡友費屺懷曾藏。亦足永念

雍乾後拓本凡玄字皆剜去末筆。此本如舊。亦明拓一證。

記中兩治字皆缺末筆。高宗諱也。凡明拓皆如是。王蘭泉所藏精拓本。此治字已添筆封口。末葉治字尚如舊拓。近則兩口悉封矣。乙丑正月十九日。

明拓同州本聖教序

碑爲龍翔三年建。褚河南以顯慶三年卒於愛州。龍翔三年。則公卒後五年矣。末行大唐褚遂良書在同州倅廳十一字。筆法與全碑不類。其爲補題至易辨。顧何以解於龍翔三年一行筆法與全碑如一耶。顧亭林謂恐是後人追刻。高江邨王篛林皆云公嘗爲同州刺史。疑公歿後。好事者取雁塔本摹刻以志遺愛。然雁塔本故在此本之非摹自彼本至易見矣。王述庵又疑公所書非一本。有他稿留傳同州者。後人因以上石。然則龍翔三年一行。豈亦公豫書耶。故吾疑此碑非褚書。實當時摹褚者之所爲耳。書固極佳。然以比雁塔。則彼如游絲縹緲。此如繁英凝豔。彼如藐姑射仙。餐風嚼雪。此如命婦瓊琚玉佩。品格固有間矣。茲拓兩治字皆闕末筆。爲明拓標識。吾於懷仁雁塔皆藏有宋明精拓。與此可稱三妙。乙丑正月十九日。

唐等慈寺碑

等慈寺碑在河南汜水縣。唐太宗破王世充竇建德於此。立寺爲陣亡將士薦福。且碑以紀功也。碑中無年月。金石錄謂貞觀二年。據舊唐書太宗紀。貞觀三年十二月癸丑。詔建義以來交兵之處。爲義士勇夫殞身戎陣者。各立一寺。命虞世南李百藥褚亮顏師古岑文本許敬宗朱子奢等爲之碑銘。以紀功業。然則此碑亦必立於貞觀四年以後矣。末行書顏師古奉勅而下有泐缺。不知爲撰爲書。少監無能書名。當是撰耳。書勢風華蘊藉。爲後此徐季海一派所自出。初唐書風。萬壑爭流。無體不備。作者亦可並歐虞褚而四矣。乙丑正月。

北周華嶽廟碑

碑爲于瑾撰。趙文淵書。宇文周時一大制作。以擬漢延熹嶽廟碑者也。文淵後周書有傳。避唐高祖諱改題文深稱其少學隸楷。有鍾王之則。當時碑牓唯文深及冀儁而已。平江陵後。王褒入關。貴遊翕然並學褒書。文深之書遂被棄。文深慚恨形於言色。後知好尚難反。亦攻習褒書。然竟無所成。轉被譏議。此數語於當時書學流別導析最明。文淵書爲北派正傳。亦即結北派之局。以後被王褒奪席。於是南北混流。別成新製。隋碑之龍藏寺、元公姬夫人、董美人等。是代表也。逮唐歐虞褚薛。皆調和南北。體製大備。譬諸經學。歐虞諸公猶陸德明、孔穎達。趙文淵其劉炫之亞也。竇泉述書賦云。文淵孝逸。獨慕前蹤。至師子敬。如欲登龍。有宋齊之面貌。無孔薄之心胸。文淵師子敬。蓋謂其改習褒書後。邯鄲失故。宜爲識者笑。其本來面目。則此碑宜可代表。以八分入楷。滯而不化。上不能比魏太和景明諸刻之豪宕。下不能比隋唐各家之俊逸。亦適成爲北宗末流而已。然在書學史中。固自有其位置。又烏可忽諸。乙丑正月十九日。

唐顏魯公書金天王神祠碑

此記王蘭泉陸劭聞繆筱珊諸家皆未著錄。蓋極稀見矣。魯公起兵討賊後。旋赴鳳翔謁肅宗。爲宰相所厭。出刺蒲州。又爲御史唐旻劾誣貶饒州。傳著其事而不詳其年月。得此可補史闕。此記剛健婀娜。兩極其妙。在魯公諸碑刻中且占上乘。有康熙丁亥張淦觀款。乾隆壬寅東武竇氏藏籤。張竇皆以賞鑑名。蓋遞以明拓寶之矣。乙丑正月。

北齊韓胋墓志

此志諸家皆未著錄。蓋最近出土者。以九齡殤子而爲封墓泐志。且極諛美之辭。六朝浮靡惡習。卽此可見。旣泐志又不著其姓。抑可笑也。書卻凝重遒美。無北齊纖詭之習。乙丑正月。

北齊朱君山墓志

北碑易傷鈍滯。此獨雄秀飛動。如飢鷹將擊。側翅作勢。無怪包安吳激賞也。此搨爲王廉生舊藏。移贈王孝禹。且有劉燕廷藏印。其與通人作緣也久矣。乙丑正月。

唐雲麾將軍碑

北海碑版照四裔。雲麾尤極龍跳虎臥之姿。此搨吾得自趙聲伯家。氈墨黝澤。神采飛揚。不待夢樓兩題。始識英物也。乙丑正月。

唐顏魯公書李玄靖碑

此碑竹汀淵如題跋時。蓋在吳縣袁壽階家。壽階下世。歸吾鄉何夢華。中間又曾入潘氏海山僊館。其屬麥銘之鉤補闕字。則出何方榖。方榖不知是夢華後人否也。竹汀夢想以此本與南宗本互補。方榖卒竟其業。可謂解事也已。東坡謂顏公變法出新意。書至顏公。泯盡六朝初唐面目。信哉其能變也。然其氣骨實無不從篆隸來。欲學顏書者。但取秦權量諸刻。及漢碑中之衡方魯峻張遷趙圉令先熟臨之。則下筆不期而自肖。而不然者。日盤旋多寶麻姑家廟肘下。終無是處也。吾少年喜臨家廟及臧懷恪。顧不得善搨。亦終未有入。四年前初得此碑。以學隸餘力偶一臨寫。便覺別有縣解。獻歲多暇。摩挲舊藏。輒記之。諗世之學顏者。乙丑立春。

唐房彥謙碑

翁覃溪與梁瑤峯論書。瑤峯謂熟觀房彥謙碑。方知率更筆法。覃溪亟許爲知言。余謂率更書以險勁勝。筆筆如怒猊渴驥。正以寢饋於漢隸者深耳。魏齊人多以隸之一二筆雜糅入楷。故險而涉怪。乃至於醜。率更則化隸爲楷。無一筆是隸。無一筆非隸。所以獨有千古也。此碑在隸中不爲上乘。然循是以求率更之楷。則瑤峯之言。不可易矣。乙丑立春後三日。

魏鞠彥雲志

孝禹謂石立於正光四年。乃元魏最前時代云云。此語非是。太和景明延昌神龜墓志傳世者。尙不下十種。賈思伯此此志早四年。李璧早三年。張猛龍早一年。根法師則同年。其字體何嘗如此。龍門造像多出尋常百姓手。非書家之書。謂其別有風味。取備一格則可。謂必如此然後高古。非篤論矣。此志亦然。如山肴野蔌。雖亦悅口。終不足比思伯猛龍之鼎烹也。乙丑正月。

曹全碑

此本或云明拓，殆未必，要亦二百年前紙墨也。吾昔極寶愛之。嗣得朱竹垞舊藏精拓，即以此詒仲弟。乙丑正月。

魏耿貴嬪墓志

與司馬景和妻志同年立，書風亦略相近，彼較逸，此較遒，可並美也。乙丑正月。

魏蘭夫人墓志

魏孝明帝以戊申二月崩，臨洮王釗即位，改元武泰。三月爾朱榮廢釗立孝莊帝，改元建義。九月又改元永安。本志云以建義元年九月廿一日終於弟，粤永安元年歲次戊申十一月廿日葬，其實同一年耳。建義年號之志，尚有趙郡王元毓一種。乙丑正月。

魏元倪墓志

風華旖旎，近開等慈、遠啓趙、董，正光間書派，眞如萬壑爭流，使人目眩。乙丑正月。

魏周千記墓志

此周千記墓銘，在䨻幽石刻中，體製極爲特別。銘立於永平三年，是時墓志尚極稀見也。乙丑正月。

東魏東安王陸太妃墓志

別體字幾居半。書勢亦有意作詭異。衰世藝術之表徵也。乙丑正月。

魏司馬昇志

體長而鋒斂。在魏志石中。又一別調。乙丑正月。

魏皇甫驎志

此刻在前期魏志中爲別調。擬諸盛唐詩。張猛龍高貞等爲李杜。此則王孟耶。用筆細處如遊絲。欲斷不斷。而握透紙背。有力如虎。可謂以俊得逸。乙丑正月。

魏李憲志

用筆已近平沓。魏志中變風變雅之先聲也。乙丑正月。

魏兖州刺史張滿誌

此體從鄭道忠志一轉手。但有刻意求拙之處。不及彼志之自然。孝玉自題籤云。癸丑初出土。試拓本。知一切拓片皆出其後矣。出土後十二年乙丑正月。

魏宕昌公暉福寺碑

魏碑年代最蚤者。除嵩高靈廟外。惟此碑及始平公造像。蓋魏代一切文物。皆自孝文遷洛後耳。嵩廟筆法。隸楷參半。此碑雖楷筆八九。隸仍一二。蓋自然嬗變蛻舊未盡耳。齊周碑多故屬隸筆。則矯揉出怪矣。此碑與漢張壽殘碑。體勢最相近。同時駢迭臨之。可得佳趣。乙丑正月。

唐道因法師碑

名父之子。蓋其難哉。歐陽蘭臺早孤。母徐督教之。常以重金適市求父遺跡。刻意臨仿。卒能與率更齊名。稱大小歐。偉矣。大令學右軍而加放。蘭臺學率更而加斂。皆攝其精神而不襲其面貌。故能自立也。蘭臺得力化度最深。而收斂謹嚴。達乎其極。若書家有狷者。吾必以小歐當之矣。其人骨鯁。亦肖其書。故以忤武氏死酷吏手而不悔。卒年幾何無可考。然史稱其晚自矜重。殆所作甚希。傳世者惟此碑耳。陳東塾先生終身寢饋此碑。遂以名家。善學者務多乎哉。乙丑正月十九日。

道因續高僧傳無傳。其學業行誼賴此碑以傳。碑文標題云翻經大德者。以其曾參預玄奘譯業也。慧立慈恩法師傳記貞觀十九年三月。奘師在長安弘福寺將從事翻譯。妙選證義大德諳解大小乘經論爲時輩所推者十二人請留守司空房玄齡徵詣京師。夏六月戊戌。咸集。其第十二名爲益州多寶寺沙門道因。卽法師也。碑文云乃紆天敍。追赴京邑。止大慈恩寺。與玄奘法師證譯梵本。以法師夙望。特所欽重。瑣義片詞。咸取刊證。則師之學識見重當時。可以想見。碑又述師少時見重於彭城嵩論師。事嵩者慧嵩也。續高僧傳卷九有專傳。蓋北齊時一大師。本高昌人。以治毗曇成實及攝論名家者。碑稱師在嵩門。夏臘雖幼。業行攸高。獨於衆中迴見推挹。每敷攝論。卽令覆講。是師於蚤年已精曌攝論。又云攝論維摩。仍出章疏。然則師於攝大乘論維摩詰經。咸有著述。不審開元釋教錄曾否著錄。容細攷要之。唐時佛門碑版。足備佛教史資料者甚多。此石卽其一。又不徒以書之工見重而已。二十日再跋。

魏石門銘

石門銘筆意多與石門頌相近。彼以草作隸。此以草作楷。皆逸品也。吾鄉鄧鐵香鴻臚一生專學石門銘。然終未能得其飄逸。南海先生早年亦然。此外時流或有學者。乃怪醜至不可嚮邇。天下有只許賞翫不許學者。太白之詩與此碑。皆其類也。碑本摩厓。極不易佳拓。此拓有劉燕庭藏印。卽此已爲佳矣。乙丑正月十九日。

唐定慧禪師傳法碑

世或以裴相圭峯爲小歐道因嗣響。此皮相耳。裴書僅足與柳誠懸伯仲。結體緊峭。差勝誠懸。他非所企也。唐詩有初盛中晚。唐書亦然。中唐之書。如抱羸疾。舉以瘦硬。實則無復元氣也。歐公謂此碑文辭事跡無足採。而字法爲世所重。吾謂字實中駟。而宗密以禪宗末孫爲華嚴宗大師。其行歷多藉碑以傳。斯可貴耳。乙丑正月。

梁始興忠武王碑

魏晉禁立碑。南朝沿之。故石墨少傳世。至梁始興忠武王蕭憺。以帝室懿親。蓋在禁外。碑之厖大。吾見亦罕。隋以前碑版有書人名氏者。北朝以鄭道昭爲稱首。南朝則此碑之貝義淵也。乾道以前論書者宗帖賤碑。動以山陰法乳。臯牢一切。誠爲目論。及碑學漸昌。競尊魏齊。南碑本自希見。有齒及者。則亦附庸視之。諸家論此碑。多以其波磔森恣。謂與北碑同體。其實不然。北碑派別雖多。皆歸於凝重遒健。南碑廑存數四。莫不流美風華。以此碑與北朝之暉福寺、馬鳴寺、張猛龍等細校。可見也。此碑與馬鳴寺面目相似處甚多。互勘最易見南北書風差別。故吾以爲阮文達南北書派之論。最不可易。而南派代表。端推此碑。入唐以後。則等慈寺一派。其法嗣也。此搨爲牛金波舊藏。氈蠟尚精。不易多得。乙丑正月十九日跋藏。

隋蜀王美人董氏墓志

此石不知今藏誰氏。坊間有翻刻本。極可厭。原石拓值甚昂矣。結體極平整。而不板滯。行筆極韶秀。而不靡弱。信乎隋書無體不備也。用志美人。愈增其好。乙丑正月二十日

細讀校碑隨筆。似此本亦是贋鼎。孝玉抉擇未精耳。又儀徵汪鋆疑此志原本已屬僞作。列舉四證。深可耐思。食肉不食馬肝。未爲不知味。學書者姑舍是可耳。二十一日夜半再記。

隋車騎秘書郎張景略墓志

此志書勢。不脫北齊習氣。未爲佳搆。但隋志分書極少。此足備一格也。乙丑正月。

魏劉懿志

此銘官銜有第一酋長字樣。史傳及他碑版所未見也。乙丑正月。

隋張通妻陶貴墓志

觀此志最可見隋唐書學遞嬗之跡。非徒下開率更。即虞褚亦汲其流也。僞石則神氣索然也。近坊間亦有原石影本。然不若此拓之舊。乙丑正月二十日。

魏孫遼浮圖銘

此銘字體在刁遵崔敬邕之間。魏志中精品也。拓本流布極希。此爲新出土最初拓。有王文敏證明。絶可寶貴。乙丑正月。

魏汝南縣主簿周哲志

碑中記年號兩處。太和十口年。十字下之字皆泐。末行云。歲次丙子。則應爲太和二十年。然泐文不在和字下而在十字下。何耶。至王文敏題籤。指爲十年。則偶未察耳。乙丑正月。

字體隸筆未化。略同暉福寺。是太和間書風。又記。

吾初校此志。見其年歲錯迕。卽已懷疑。續檢方氏校碑隨筆。列此志於僞品。方氏所據理由。雖未質言。當必持之有故。果爾則魏墓志當以韓顯宗爲最古。越二日又記。

魏李璧墓志

碑以宣統元年出土。余方在日本。何澄一寄我一拓片。歡喜累日。當時曾武斷與張猛龍賈思伯同出一人手。蓋筆勢既相近。年歲復銜接也。今諦審其結體較鬆。用筆有斧鑿痕。實未足比張猛龍。要之此三碑可代表神龜正光間書風也。此本爲王孝禹舊藏。合是出土最初拓。乙丑正月。

魏李超志

此碑與崔敬邕爲一家眷屬。魏志中以風華勝者。乙丑正月。

魏元恩墓志

北邙諸元墓石。比歲次第出土者。已逾四十。此又去秋最新者。魏收魏書諸王傳缺去六卷。倘有好事者取諸石所紀閥閱。比而次之。成一魏宗室世系表。亦足不朽也。乙丑正月。

魏元景造象殘石

元景造石窟記出土初拓一紙。周君養菴肇祥所贈。辛酉春夏間。養菴在奉天義州城西北十三里大淩河濱訪得者也。像爲太和廿三年四月八日浴佛日造。爲孝文帝祈福者。然孝文實以其年四月一日殂。想道遠未及知耳。

石窟像設以雲岡爲最古。且最宏偉。而記刻之文字無一焉。造像記石刻傳世者。莫先於龍門之始平公。蓋太和十二年也。次則十九年之邱穆陵亮夫人。次則廿年之一弗。次則廿二年之高楚及北海王詳。此其第六矣。北朝一切文物皆以太和間爲全盛。其書由八分蛻入今楷。痕跡盡化。而神理固在。天骨開張。光芒閃溢。神龜正光以後諸作。雖有其風格。已遜其氣魄。俯視齊隋。益等自鄶矣。然太和書流傳綦少。除前舉五種外。惟弔比干文及韓顯宗墓志耳。（解伯達造像亦太和作品失其年）大率傳搨漶漫。或雜以棗木贋品。此刻僻在東陲。千餘年間委諸野煙蔓草。莫或過睨。然正坐是以得葆其璞。庸非厚幸耶。養菴爲言石質麤鬆。再歷年歲。慮更剝泐。頗聞近官斯土者。曾雇惡工狂搨數千通以爲市。恐非久且成沒字碑矣。此拓鋒穎若新出於硎。爲初訪得時試拓三十紙之一。後之談太和石墨掌故者。烏可輕視之。乙丑立春後十日。

遼舍利塔銘

遼石刻已少。拓片尤難得。吾家所藏。惟此而已。實周養菴在奉天所訪得拓贈也。乙丑正月。

魏景明三年韓貞造像殘石

在奉天義縣城西北十里大凌河濱之石窟。周養菴與元景造像同時訪得。以初拓本見贈。時辛酉十月。越四年乙丑正月。跋而藏之。

東魏淮南王元顯墓志

志楷書。銘隸書。實則相去無幾。其楷可謂以隸作楷。其隸可謂以楷作隸。不免合則兩傷之歎。乙丑正月。

魏元演墓志

結體極峭緊。而用筆拙處。反似有斧鑿痕。乙丑正月。

魏孫遼墓志

故有孫遼浮圖銘。書體工絕。碑估射利。遂依傍作贋鼎以欺世。然筆力靡弱惡俗。明眼人一見自能辨也。今仍存之。附浮圖銘後資勘別焉。乙丑正月。

魏元欽墓志

結體平正而用筆遒峭。張黑女之亞也。乙丑正月。

東魏廣陽王妃王令媛墓志

廣陽王湛王妃令媛同時合葬。而各爲志。撰書蓋皆同出一手。字頗傷平板。神龜正光間雄邁之氣盡矣。乙丑正月。

魏寇憑墓志

寇氏志出土者三憑演同日葬其志亦出一人手猶有太和景明遺範乙丑正月

魏元彥墓志

與李璧賈思伯張猛龍若一家眷屬乙丑正月

魏陸少文墓志

志於永平三年石門銘之後一年也今存魏志周哲韓顯宗後當數此刻也乙丑正月

魏司馬景和妻孟夫人志

孝禹跋謂北魏書有宗派是也謂此志與張猛龍如出一手則非猛龍最方嚴此則豪宕流媚也原石今在吾友姚一鄂所近拓日瘦削求如此本之豐容不可得矣乙丑正月二十一日

魏高湛志

高湛志道咸以來極烜赫因爾時魏碑出土尚少相與詫其妍麗也實則如詩之有中唐盛極而靡矣但校武定天保以後作品尙不失高曾矩矱耳此百餘年前舊拓視近拓不啻天淵乙丑正月

魏韓顯宗志

魏墓志次第出土已逾百石其太和朝作品以余所見者惟周哲志及此志而已其厚重肅穆之氣非神龜正光諸作所敢望遑論元象武定然筆法純從漢分出蛻而未化譬之於詩則如初唐爲高岑李杜作驅除難耳王孝禹跋歷舉其結體之墨守六書謂必當時老儒宿學之所爲是或然但此亦分楷遞嬗自然之結果孝禹所舉諸字正蛻而未化之一證耳北朝書體之繆盭六書亦至末葉而益甚太和時俗僞尙少又不獨此志也此搨王文敏題爲初出土本致可寶珍乙丑正月二十一日

唐李勣碑

唐太宗酷嗜二王書至以禊帖爲殉二王書傳世皆簡札行草也故太宗行草過於其楷書高宗承家學亦有足觀前此碑版無用行書者有之自太宗之晉祠銘溫泉銘始次則高宗此碑也敦煌石室有唐拓溫泉極豐腴此碑瘦削當是久搨刓損原筆或不爾爾此搨爲王孝禹舊藏尙算舊拓若近拓則更骨立矣乙丑正月

魏元萇振興溫泉頌

此刻無年月陸氏金石補正附入延昌末雖不中不遠也此與張猛龍皆足代表北魏盛時書風已脫孝文以前之樸僿而無東西分立以後之奇衺堂哉皇哉一代軌範已猛龍龍跳虎臥固非此刻所及此刻結體極平頓筆極重學書者若從此入永不墮剽薄傾側一路其北碑中之魯男子也與乙丑正月二十一日

碑額字數之多罕見其比用棋子格亦增姿態結體間盭於六書則北朝通蔽不足苛責也同日又跋

北齊時珍志

時珍志光緒七年秋在諸城西古婁鄉出土。旋於志首鐫有諸城尹氏題識一行。又於第二行空二格處鑿尹鼐出來一印。此本無之。蓋初出土拓也。乙丑正月。

周驃騎將軍鞏賓墓志

吾别藏一近拓。首行將軍二字俱殘損。神采遜此本遠甚。可知舊搨之可寶也。乙丑正月。

魏崔頠墓志

記五年前有以整張崔頠志求售者。索值逾百金。其實有何佳處。新出土魏志勝此者多矣。唉名鶩罕。恆情大抵如斯。可笑也。乙丑正月。

北魏樊可憘造像

藝風堂藏造像最富。此片亦未見著錄。何年出土。石藏何處。當訪之。

校碑隨筆亦未著錄。乙丑正月。

北齊鄭子尙墓志

石曾藏端匋齋所。今不知所在。乙丑正月。

北齊劉忻墓志

志不標姓。觀文中八采龍顏。則天斬虵諸語。必劉氏也。字謹嚴。少別體。結體平直。用筆含蓄。與朱岱林志可稱齋碑二傑。

石曾藏端午橋家匋齋藏石記所謂中堅將軍張忻志者是也。但細譯誌辭。無張氏故實。想陶齋粗心誤題耳。乙丑正月。

北齊法懃禪師銘記

北齊武成帝卽位改元大寧。明年四月。改元河淸。志立於正月。故稱大寧二年。

北齊糅隸入楷。但覺惡俗。此志其代表也。乙丑正月。

東魏高翻碑

高翻碑著錄於趙氏金石錄。石久佚。光緒二十四年在直隸磁州重出土。卽此本也。碑文剝落殊甚。趙錄已云建立歲月殘缺。惟有魏元可辨。又云歲次己未。當是元象二年。今並此諸字亦泐矣。書勢方板無生氣。但尚凝重不詭惡耳。乙丑正月。

魏貴嬪司馬顯姿墓志

此刻與司馬景和妻志，皆於俊拔之中別饒韶秀，遂爲閨媛銘幽墨刻渠範，隋之元公姬夫人董美人皆汲其流者也。乙丑正月。

魏寇臻墓志銘

新出土寇氏四志，寇憑冠演皆神龜二年物，寇治孝昌二年物，此寇臻志勒於正始三年，時代最早矣。書勢豪邁放逸，與韓顯宗一派之收斂謹嚴者適相反，而各極其勝。盛魏書家之天才，吾安從測之。乙丑正月。

魏惠猛法師墓志

右魏故照玄沙門都維那法師惠猛之墓誌銘，記年月處文已泐，不能碻得其時代。但志有高祖口口皇帝重其口口語，又有皇上口口道心語，則猛蓋爲孝文所禮，而示寂於宣武時，殆正始永平間作品耶。書體秀整朗潤，絕類龍藏寺，倘非首行一魏字，吾將武斷爲隋石矣。因思元魏之書，自太和迄孝昌間，眞如千巖競秀，萬壑爭流，殊不能以一家一派量度其價值也。乙丑正月廿一日。

魏元颺墓志

元颺志石出土未久，已失所在，或云日本人負以走矣。此本史玖聃舊藏，蓋初出土拓也。正光前魏志靡不有淵穆氣象，此刻乃類刀筆，吮豪寫之，恐入詭異矣。乙丑正月。

魏江陽王妃石婉墓志

書勢與寇臻志頗相近，擬諸盛唐詩家，高達夫之比歟。乙丑正月。

魏穆胤墓志

方嚴峻挺，盛魏正宗。乙丑正月。

漢曹全碑

此本經朱竹垞翁覃谿遞藏，竹垞原跋雖被揭去，然覃谿跋至再四，更膢以趙味辛一札，滋可寶也。乙丑正月二十六日，余五十三歲初度，與仲策摩挲竟日，輒題其後，記於天津寓廬之飲冰室。

唐夫子廟堂碑

此廟堂碑亦陝本之稍舊者，嘗以與珂羅影本伊墨卿舊藏宋拓相校，神理尙不遠，缺泐亦無多，惟此碑終須以李春湖家之唐拓爲眞面目耳。乙丑二月。

漢武氏石闕銘

吾家別有一精搨。爲吳荷屋曾藏者。惜僅有銘辭而無畫象。此雖稍新。固自可玩。乙丑二月。

漢三老石堂畫象題字

石以光緒十四五年出土於曲阜。壽歸端匋齋。今不知所在矣。漢碑傳世者。此爲最小字。乙丑二月。

漢劉平國紀功摩厓

厓在新疆阿克蘇屬之賽木里。光緒五年夏間始發現。塞外無好搨工。故墨色如此。此拓二印。一曰邊臣祥印。一曰移孝作忠效力邊陲。蓋當時戍邊將校歸裝所載耶。乙丑二月。

漢麃孝禹刻石

石以同治庚午出土於泗水。旋歸李山農。此拓有山農藏印。乙丑二月。

漢嘉陽殘石

石以光緒十八年燬於火。距出土時十餘年耳。坊間贋鼎充塞。此本原石精拓。正未易得。乙丑二月二十二日。

漢鄭季宣碑陰

第二行故孟二字。第三行內字。皆完好。乾嘉升碑前舊拓也。乙丑二月。

漢朱博殘碑

碑以光緒元年出土於山東青州之東武故城。首行惟漢河云云。蓋河平間所立矣。西京石刻傳世至希。此刻足徵篆隸蛻變之跡。當與趙王遂魯孝王二刻同寶之。乙丑二月。

漢趙王上壽刻石

自琅琊片石入海後。除鼓存疑外。此爲傳世第一古石矣。乙丑二月。

漢仙人唐公房碑

仙人唐公房碑。無年月。然碑中有居攝二年。君爲郡吏語。則立碑宜在東漢初矣。乙丑二月。

漢陳德殘碑

陳德殘碑之雄傑厚重。漢分書中罕比。乙丑二月。

漢文叔陽食堂畫象並題字

石初出土藏馬氏。後爲端匋齋所得。匋齋死。流出廠肆。有歐人貴樂爾者輦去矣。此拓有馬氏藏印。蓋出土拓也。乙丑二月。

漢延光殘碑

欲觀篆隸蛻變消息。當於此碑求之。此拓經梁茝林胡鼻山遞藏。善本也。乙丑二月。

漢右扶風丞犍爲武陽李士休表殘字

表在陝西褒城北石門。著錄家係諸永壽元年。但此拓漶漫不可辨矣。李君之諱或爲禹。猶不如字下士休二文晰。乙丑二月。

漢元鳳刻石殘字

揚州甘泉山元鳳刻石。爲漢廣陵王胥殿中物。年代在趙王上壽後。五鳳二年前。西京第二古石也。阮文達始訪得之。吾藏有文達臨本。乙丑二月。

漢石牆村刻石

上一紙爲初出土試拓.未有徐孔二跋.恐人間不可多得.乙丑二月晦.